中学语文快乐阅读系列丛书

最悦读

浪漫之约

《最悦读》丛书编写组

丛书主编：樊文春

本册主编：徐　翠

编　　委：臧　杰　　韩红兵　　李丽霞

　　　　　张继超

中国地图出版社

北　京

图书在版编目(CIP)数据

浪漫之约 /《最悦读》丛书编写组编. — 北京:
中国地图出版社,2012.1
(最悦读)
ISBN 978 - 7 - 5031 - 5931 - 2

Ⅰ.①浪…　Ⅱ.①最…　Ⅲ.①语文课—阅读教学—中
学—课外读物　Ⅳ.①G634.333

中国版本图书馆 CIP 数据核字(2011)第 027250 号

最悦读·浪漫之约

出　版	中国地图出版社			
社　址	北京市西城区白纸坊西街 3 号	邮政编码	100054	
电　话	010－83543902　010－83543949	网　址	www.sinomaps.com	
印　刷	北京世汉凌云印刷有限公司	经　销	新华书店	
成品规格	170mm×240mm	开　本	1/16	
印　张	10.5	字　数	280 千字	
版　次	2012 年 1 月第 1 版	印　次	2014 年 6 月北京第 5 次印刷	
定　价	20.00 元			
书　号	ISBN 978 - 7 - 5031 - 5931 - 2/G · 2183			

在学习的要素中，阅读是必不可少的。然而，读者在阅读过程中又容易产生疲劳。为了提高广大学生的阅读效率，适应新课程标准下中考、高考的要求，增强人文关怀和情感意识，扩大知识视野，本丛书以教育学和心理学理论为支撑，用"另类文章"（篇目前有"*"号）调节阅读节奏，在经典选文之后，适当加入"另类文章"，加入讽刺、幽默、哲理、寓言、另类奇文等具有"新奇"元素的文章，刺激读者的阅读神经，形成"阅读兴趣和阅读刺激"的循环，以平衡阅读心理，实现快乐阅读和激情阅读，有效提高阅读质量。

我们曾在1000名中学生中进行"最悦读"与"普通阅读"的分组对比实验，结果证明，经过"另类文章"的刺激，"最悦读"组在长时间持续阅读中，仍能保持轻松、愉悦的情绪和清晰、流畅的思维，而"普通阅读"组随着阅读时间的延长，就会产生头晕、记忆模糊、思维迟钝的感觉。

阅读不仅是一种味道，也是一种心情的洗礼。

许多往事如辣味一样，诱人而刺痛。美味经过口腔而转瞬即逝，只剩下火辣辣的疼痛触动神经，在心底烙下鲜红的印记。

就是在这印记上，我们迈开流浪的脚步，用"悦读"温暖回家的旅程。

就是在这印记里，我们达成了情感的共鸣，用"悦读"烘干潮湿的心灵。

有人说，阅读是一种享受——享受阳光，明媚；享受空气，清新。

我说，阅读是一种刺激——刺激情感，沸腾；刺激生活，热烈。

有人说，阅读是一种情怀——关照自然，渴望倾听，亲近生命，走入心灵。

我说，阅读是悦读——痛楚，快乐，青春的奔放，自然的明丽。

欢迎你品尝"最悦读"的饕餮大餐，享受阅读的激情与温暖！

《最悦读》丛书编写组

目 录

Mu Lu

第一编 浪漫是一种心境

第二编 河边的爱情

第三编　智者乐水，仁者乐山

第四编　我们生活的这个世界

第五编　风流人物

第六编　艺术之光

第七编　残月照荒寒

第八编　瞬息与永恒

浪漫是一种心境

　　浪漫无关风月，她是一种心境，豁达、自由、天真是对她的注解。以一种平和的心态，豁然的心情，达观的面孔，去追寻生活中的点滴温存，就是浪漫心境最本真的体现。无需诗情画意，无需山盟海誓，无需扭捏作态。

苦雨 （节选）

◇周作人

雨中旅行不一定是很愉快的，我以前在杭沪车上时常遇雨，每感困难，所以我于火车的雨不能感到什么兴味，但卧在乌篷船里，静听打篷的雨声，加上欸乃的橹声以及"靠塘来，靠下去"的呼声，却是一种梦似的诗境。倘若更大胆一点，仰卧在脚划小船内，冒雨夜行，更显出水乡住民的风趣，虽然较为危险，一不小心，拙劣地转一个身，便要使船底朝天。二十多年前往东浦吊先父的保姆之丧，归途遇暴风雨，一叶扁舟在白鹅似的波浪中间滚过大树港，危险极也愉快极了。我大约还有好些"为鱼"时候——至少也是断发文身时候的脾气，对于水颇感到亲近，不过北京的泥塘似的许多"海"实在不很满意，这样的水没有也并不怎么可惜。

我住在北京，遇见这几天的雨，却叫我十分难过。北京向来少雨，所以不但雨具不很完全，便是家屋构造，于防雨亦欠周密。除了真正富翁以外，很少用实垛砖墙，大抵只用泥墙抹灰敷衍了事。近来天气转变，南方酷寒而北方淫雨，因此两方面的建筑上都露出缺陷。一星期前的雨把后园的西墙淋坍，第二天就有"梁上君子"来摸索北房的铁丝窗，从次日起赶紧邀了七八位匠人，费两天工夫，从头改筑，已经成功十分八九，总算可以高枕而卧，前夜的雨却又将门口的南墙冲倒二三丈之谱。这回受惊的可不是我了，乃是川岛君"佢们"俩，因为"梁上君子"如再见光顾，一定是去躲在"佢们"的窗下窃听的了。为消除"佢们"的不安起见，一等天气晴正，急需大举地修筑，希望日子不至于很久，这几天只好暂时拜托川岛君的老弟费神代为警护罢了。

前天十足下了一夜的雨，使我夜里不知醒了几遍。北京除了偶然有人高兴放几个爆仗以外，夜里总还安静，那样哗啦哗啦的雨声在我的耳朵已经不很听惯，所以时常被它惊醒，就是睡着也仿佛觉得耳边粘着面条似的东西，睡得很不痛快。还有一层，前天晚间据小孩们报告，前面院子里的积水已经离台阶不及一寸，夜里听着雨声，心里糊里糊涂地总是想水已上了台阶，浸入西边的书房里了。好容易到了早上五点钟，赤脚撑伞，跑到西屋一看，果然不出所料，水浸满了全屋，约有一寸深浅，这才叹了一口气，觉得放心了，倘若这样兴高采烈地跑去，一看却没有水，恐怕那时反觉得失望，没有现在那样的满足也说不定。幸而书籍都没有湿，虽然是没有什么价值的东西，但是湿成一饼一饼的纸糕，也很是不愉快。

这回的大雨，只有两种人最喜欢。第一是小孩们。他们喜欢水，却极不容易得到，现在看见院子里成了河，便成群结队地去"趟河"去。赤了足伸到水里去，实在很有点冷，但是他们不怕，下到水里还不肯上来。大人们见小孩玩的有趣，也一个两个地加入，但是成绩却不甚佳，那一天里滑倒了三个人，其中两个都是大人——其一为我的兄弟，其一是川岛君。第二种喜欢下雨的则为蛤蟆。从前同小孩住高亮桥去钓鱼钓不着，只捉了好些蛤蟆，有绿的，有花条的，拿回来都放在院子里，平常偶叫几声，在这几天里便整日叫唤，或者是荒年之兆，却极有田村的风味。有许多耳朵皮嫩的人，很恶喧嚣，如麻雀蛤蟆或蝉的叫声，凡足以妨碍他们的甜睡者，无一不痛恶而深绝之，大有欲灭此而午睡之意，我觉得大可以不必如此，随便听听都是很有趣味的，不但是这些久成诗料的东西，一切鸣声其实都可以听。蛤蟆在水田里群叫，深夜静听，往往变成一种金属音，很是特别，又有时仿佛是狗叫，古人常称蛙蟆为吠，大约也是从实验而来。我们阶了里的蛤蟆现在只见花条的一种，它的叫声更不漂亮，只是格格格这个叫法，可以说是革音，平常自一声至三声，不会更多，唯在下雨的早晨，听它一口气叫上十二三声，可见它是实在喜欢极了。

智慧窗

　　周作人与鲁迅虽是兄弟，两人的性格和情趣却迥异。周作人的散文总给人一种闲适感，普普通通的事物在他笔下变得妙趣横生，比如这场雨。首段，在乌篷船里静听雨声，船行水中遇到暴风雨，平静地叙说中表露出他对雨的喜爱；第二段作者笔锋突转，埋怨起北京的雨给他带来的种种麻烦——房子、睡眠和书都遭到雨的破坏，言语间不经意的却仍然是宽怀和喜悦；末段写喜欢雨的两种人——孩子和蛤蟆，也包括大人，自然界的生灵共享着雨的美妙和乐趣。显然，"苦雨"并不苦，在作者心中它分明是"一场梦似的诗境"。怎样在现实的苦中寻找精神的乐，豁达的心灵、童稚的情怀不失为一条路径。

（徐翠）

阅览室

翡冷翠山居闲话

◇徐志摩

　　在这里出门散步去，上山或是下山，在一个晴好的五月的向晚，正像是去赴一个美的宴会，比如去一果子园，那边每株树上都是满挂着诗情最秀逸的果实，假如你单是站着看还不满意时，只要你一伸手就可以采取，可以恣尝鲜味，足够你性灵的迷醉。阳光正好暖和，决不过暖；风息是温驯的，而且往往因为他是从繁花的山林里吹度过来，他带来一股幽远的澹香，连着一息滋润的水汽，摩挲着你的颜面，轻绕着你的肩腰，就这单纯的呼吸已是无穷的愉快；空气总是明净的，近谷内不生烟，远山上不起霭，那美秀风景的全部正像画片似的展露在你的眼前，供你闲暇的鉴赏。

　　作客山中的妙处，尤在你永不须踌躇你的服色与体态；你不妨摇曳着一头的蓬草，不妨纵容你满腮的苔藓；你爱穿什么就穿什么；扮一个牧童，扮一个渔翁，装一个农夫，装一个走江湖的桀卜闪（吉普赛人。——编者注），装一个猎户；你再不必提心去整理你的领结，你尽可以不用领结，给你的颈根与胸膛一半日的自由，你可以拿一条这边艳色的长巾包在你的头上，学一个太平军的头目，或是拜伦那埃及装的姿态；但最要紧的是穿上你最旧的旧鞋，别管他模样不佳，他们是顶可爱的好友，他们承着你的体重却不叫你记起你还有一双脚在你的底下。

　　这样的玩顶好是不要约伴，我竟想严格的取缔，只许你独身；因为有了伴多少总得叫你分心，尤其是年轻的女伴，那是最危险最专制不过的旅伴，你应得躲避她像你躲避青草里一条美丽的花蛇！平常我们从自己家里走到朋友的家里，或是我们执事的地方，那无非是在同一个大牢里从一间狱室移到另一间狱室去，拘束永远跟着我们，自由永远寻不到我们；但在这春夏间美秀的山中或乡间你要是有机会独身闲逛时，那才是你福星高照的时候，那才是你实际领受，亲口尝味，自由与自在的时候，那才是你肉体与灵魂行动一致的时候；朋友们，我们多长一岁年纪往往只是加重我们头上的枷，加紧我们脚胫上的链，我们见小孩子在草里在沙堆里在浅水里打滚作乐，或是

3

看见小猫追他自己的尾巴，何尝没有羡慕的时候，但我们的枷，我们的链永远是制定我们行动的上司！所以只有你单身奔赴大自然的怀抱时，像一个裸体的小孩扑入他母亲的怀抱时，你才知道灵魂的愉快是怎样的，单是活着的快乐是怎样的，单就呼吸单就走道单就张眼看耸耳听的幸福是怎样的。因此你得严格的为己，极端的自私，只许你，体魄与性灵，与自然同在一个脉搏里跳动，同在一个音波里起伏，同在一个神奇的宇宙里自得。我们浑朴的天真是像含羞草似的娇柔，一经同伴的抵触，他就卷了起来，但在澄静的日光下，和风中，他的姿态是自然的，他的生活是无阻碍的。

你一个人漫游的时候，你就会在青草里坐地仰卧，甚至有时打滚，因为草的和暖的颜色自然的唤起你童稚的活泼；在静僻的道上你就会不自主的狂舞，看着你自己的身影幻出种种诡异的变相，因为道旁树木的阴影在他们纡徐的婆娑里暗示你舞蹈的快乐；你也会得信口的歌唱，偶尔记起断片的音调，与你自己随口的小曲，因为树林中的莺燕告诉你春光是应得赞美的；更不必说你的胸襟自然会跟着漫长的山径开拓，你的心地会看着澄蓝的天空静定，你的思想和着山罅间的水声，山罅里的泉响，有时一澄到底的清澈，有时激起成章的波动，流，流，流入凉爽的橄榄林中，流入妩媚的阿诺河去……

并且你不但不须应伴，每逢这样的游行，你也不必带书。书是理想的伴侣，但你应得带书，是在火车上，在你住处的客室里，不是在你独身漫步的时候。什么伟大的深沉的鼓舞的清明的优美的思想的根源不是可以在风籁中，云彩里，山势与地形的起伏里，花草的颜色与香息里寻得？自然是最伟大的一部书，葛德说，在他每一页的字句里我们读得最深奥的消息。并且这书上的文字是人人懂得的；阿尔帕斯与五老峰，雪西里与普陀山，莱茵河与扬子江，梨梦湖与西子湖，建兰与琼花，杭州西溪的芦雪与威尼斯夕照的红潮，百灵与夜莺，更不提一般黄的黄麦，一般紫的紫藤，一般青的青草同在大地上生长，同在和风中波动——他们应用的符号是永远一致的，他们的意义是永远明显的，只要你自己心灵上不长疮瘕，眼不盲，耳不塞，这无形迹的最高等教育便永远是你的名分，这不取费的最珍贵的补剂便永远供你的受用；只要你认识了这一部书，你在这世界上寂寞时便不寂寞，穷困时不穷困，苦恼时有安慰，挫折时有鼓励，软弱时有督责，迷失时有指南针。

智慧窗

这是 1925 年徐志摩在欧洲游历期间写作的一篇文章，漫谈他在佛罗伦萨的山居生活，文字如诗歌般富于乐感和意境。胡适在《追悼志摩》一文中说："他的人生观真是一种'单纯信仰'，这里面只有三个人字：一个是爱，一个是自由，一个是美，他梦想这三个理想的条件能够会合在一个人生里，这是他的'单纯信仰'。"这篇文章尽写"作客山中的妙处"，不要伴侣，书也是累赘，唯有自己全部地交付于自然，集中表达了他对自由精神的热爱和追求。

(徐翠)

秋天的况味

◇林语堂

秋天的黄昏，一人独坐在沙发上抽烟，看烟头白灰之下露出红光，微微透露出暖气，心头的情绪便跟着那蓝烟缭绕而上，一样的轻松，一样的自由。不转眼缭烟变成缕缕的细丝，慢慢不见了，而那袅时，心上的情绪也跟着消沉于大千世界，所以也不讲那时的情绪，而只讲那时的情绪的况味。待要再划一根洋火，再点起那已点过三四次的雪茄，却因白灰已积得太多，点不着，乃轻轻的一弹，烟灰静悄悄的落在铜炉上，其静寂如同我此时用毛笔写在纸上一样，一点的声息也没有。于是再点起来，一口一口地吞云吐雾，香气扑鼻，宛如偎红倚翠温香在抱情调。于是想到烟，想到这烟一股温煦的热气，想到室中缭绕暗淡的烟霞，想到秋天的意味。这时才想起，向来诗文上秋的含义，并不是这样的，使人联想的是肃杀，是凄凉，是秋扇，是红叶，是荒林，是萋草。然而秋确有另一意味，没有春天的阳气勃勃，也没有夏天的炎烈迫人，也不像冬天之全入于枯槁凋零。我所爱的是秋林古气磅礴气象。有人以老气横秋骂人，可见是不懂得秋林古色之滋味。在四时中，我于秋是有偏爱的，所以不妨说说。秋是代表成熟，对于春天之明媚娇艳，夏日之茂密浓深，都是过来人，不足为奇了，所以其色淡，叶多黄，有古色苍茏之慨，不单以葱翠争荣了。

这是我所谓秋的意味。大概我所爱的不是晚秋，是初秋，那时暄气初消，月正圆，蟹正肥，桂花飘香，也未陷入凛冽萧瑟气态，这是最值得赏乐的。那时的温和，如我烟上的红灰，只是一股熏熟的温香罢了。或如文人已摆脱下笔惊人的格调，而渐趋纯熟练达，宏毅坚实，其文读来有深长意味。这就是庄子所谓"正得秋而万宝成"结实的意义。在人生上最享乐的就是这一类的事。比如酒以醇以老为佳。烟也有和烈之辨。雪茄之佳者，远胜于香烟，因其味较和。倘是烧得得法，慢慢地吸完一支，看那红光炙发，有无穷的意味……大概凡是古老，纯熟，熏黄，熟练的事物，都使我得到同样的愉快。如一只熏黑的陶锅在烘炉上用慢火炖猪肉时所发出的锅中徐吟的声调，是使我感到同观人烧大烟一样的兴趣。或如一本用过二十年而尚未破烂的字典，或是一张用了半世的书桌，或如看见街上一块熏黑了老气横秋的招牌，或是看见书法大家苍劲雄深的笔迹，都令人有相同的快乐。人生世上如岁月之有四时，必须要经过这纯熟时期，如女人发育健全遭遇安顺的，亦必有一时徐娘半老的风韵，为二八佳人所绝不可及者。使我最佩服的是邓肯的佳句："世人只会吟咏春天与恋爱，真无道理。须知秋天的景色，更华丽，更恢奇，而秋天的快乐有万倍的雄壮，惊奇，美丽。我真可怜那些妇女识见褊狭，使她们错过爱之秋天的宏大的赠赐。"若邓肯者，可谓识趣之人。

智慧窗

　　秋天的感受，自如收放，落落大方，不急躁，不空妄，不寂寥。这个季节没有春天的急不可耐、东张西望和蠢蠢欲动；没有夏天的迫不及待、暑气蒸腾与急功近利；没有冬天的缩手缩脚和安身立命；有的就是成熟、笃定、至诚的思索。走到秋天，我们的身体恢复到和谐的中庸，更能体会：和平接物，养无限天机的中哲；忠厚存心，留有余地的大庸。闭上眼睛，梦境里瓜熟蒂落；抬眼望去，现实中硕果累累。一张一合的两个行为，都满怀喜悦与收获。

（商昌宝）

阅览室

牵牛花
◇叶圣陶

　　手种牵牛花，接连有三四年了。水门汀地没法下种，种在十来个瓦盆里。泥是今年又明年反复用着的，无从取得新的泥来加入，曾与铁路轨道旁种地的那个北方人商量，愿出钱向他买一点儿，他不肯。

　　从城隍庙的花店里买了一包过磷酸骨粉，掺和在每一盆泥里，这算代替了新泥。

　　瓦盆排列在墙脚，从墙头垂下十条麻线，每两条距离七八寸，让牵牛的藤蔓缠绕上去。这是今年的新计划，往年是把瓦盆摆在三尺光景高的木架子上的。这样，藤蔓很容易爬到了墙头；随后长出来的互相纠缠着，因自身的重量倒垂下来，但末梢的嫩条便又蛇头一般仰起，向上伸，与别组的嫩条纠缠，待不胜重量时重演那老把戏；因此墙头往往堆积着繁密的叶和花，与墙腰的部分不相称。今年从墙脚爬起，沿墙多了三尺光景的路程，或者会好一点儿；而且，这就将有一垛完全是叶和花的墙。

　　藤蔓从两瓣子叶中间引伸出来以后，不到一个月工夫，爬得最快的几株将要齐墙头了，每一个叶柄处生一个花蕾，像谷粒那么大，便转黄萎去。据几年来的经验，知道起头的一批花蕾是开不出来的；到后来发育更见旺盛，新的叶蔓比近根部的肥大，那时的花蕾才开得成。今年的叶格外绿，绿得鲜明；又格外厚，仿佛丝绒剪成的。这自然是过磷酸骨粉的功效。他日花开，可以推知将比往年的盛大。

　　但兴趣并不专在看花，种了这小东西，庭中就成为系人心情的所在，早上才起，工毕回来，不觉总要在那里小立一会儿。那藤蔓缠着麻线卷上去，嫩绿的头看似静止的，并不动弹；实际却无时不回旋向上，在先朝这边，停一歇再看，它便朝那边了。前一晚只是绿豆般大一粒嫩头，早起看时，便已透出二三寸长的新条，缀一两张长满细白绒毛的小叶子，叶柄处是仅能辨认形状的小花蕾，而末梢又有了绿豆般大一粒嫩头。有时想，明天未必便爬到那里吧；但出乎意外，明晨竟爬到了斑驳痕之上；好努力的一夜工夫！"生之力"不可得见；在这样小立静观的当儿，却默契了"生之力"了。渐渐地，浑忘意想，复何言说，只呆对着这一墙绿叶。

即使没有花，兴趣未尝短少；何况他日花开，将比往年盛大呢。

智慧窗

生命之绿是世间最纯净而令人返思的颜色吧，不知道造物主如何懂得合成这么完美的颜色。

无数次遥想千年前《将仲子》里那个羞涩的闺阁少女和俊朗的翩翩少年隔墙相会的浪漫场景，一定是一个阳光四溢的春日，树影斑驳，那墙定是爬满了幽幽爬山虎的绿墙，透着丝丝的令人眩晕的凉意，青色的枝蔓探过墙去，传达着永恒的情意。心头的希望，憧憬，试探，欲拒还迎……绿是背景，绿是主题，无言的绿承载着无声的爱。那时已经有了绿色，多么美好！

亘古不变的绿穿越时空的溪流，搭起一座连接心愿的木桥。清澈的目光落在绿意盎然的枝叶上，就像一滴轻露顺着叶脉滑落，看见了清晰的感人的条条生命传递的脉络，看到了心愿传递的精彩过程。

（杨书）

阅览室

溪 水

◇苏雪林

我们携着手走进林子，溪水漾着笑涡，似乎欢迎我们的双影。这道溪流，本来温柔得像少女般可爱，但不知何时流入深林，她的身体便被囚禁在重叠的浓翠中间。

早晨时她不能面向玫瑰色的朝阳微笑，夜深时不能和娟娟的月儿谈心，她的明澈莹晶的眼波，渐渐变成忧郁的深蓝色，时时凄咽着的忧伤的调子，她是如何的沉闷呵！在夏天的时候。

几番秋雨之后，溪水长了几篙；早凋的梧楸，飞尽了翠叶；黄金色的晚霞，从权枒树隙里，深入溪中；泼靛的波面，便泛出彩虹似的光。

现在，水恢复从前活泼和快乐了，一面疾忙地向前走着，一面还要沿途和遇见的落叶、枯枝淘气。

一张小小的红叶儿，听了狡狯的西风劝告，私下离开母校出来玩玩，直到半路上，风儿偷偷儿地溜走了，他便一跤跌在溪水里。

水是怎样的开心呵，她将那可怜的失路的小红叶儿，推推挤挤地推到一个漩涡里，使他滴滴溜溜地打圆转儿；那叶向前不得，向后不能，急得几乎哭出来；水笑嘻嘻地将手一松，他才一溜烟地逃走了。

水是这样欢喜捉弄人的，但流到坝塘边，她自己的磨难也来了。你记得么？坝下边不是有许多大石头，阻住水的去路？

水初流到石边时，还是不经意地涎着脸撒娇撒痴地要求石头放行，但石头却像没有耳朵似的，板着冷静的面孔，一点儿不理。于是水开始娇嗔起来了，拼命向石头冲突过去；冲突激烈时，浅碧的衣裳祖开了，露出雪白的胸臂，肺叶收放，呼吸极其急促，发出怒吼的声音来，缕缕银丝头发，四散飞起。

劈劈啪啪，温柔的巴掌，尽打在石头皱纹深陷的颊边，——她真的怒了，不是儿戏。

谁说大石头是始终顽固呢？巴掌来得狠了，也不得不低头躲避。于是水安然渡过难关了。她虽然得胜了，然而弄得异常疲倦，曳了浅碧的衣裳去时，我们还听见她断续的喘息声。

我们到这树林中来，总要到这坝塘边参观水石的争执，一坐总是一两个钟头。

智慧窗

还记得庄子和惠子在濠梁之上的对话吗？庄子曰："鲦鱼出游从容，是鱼乐也！"惠子曰："子非鱼，安知鱼之乐？"庄子曰："子非我，安知我不知鱼之乐？"鱼的欢乐与哀愁归根结底是人的欢乐与哀愁。这篇文章正是由移情而产生的美文，作者用人类的思想情感观照深林中的溪水，水便有了生命的意味，苦闷、活泼、调皮、抗争、无畏。拟人手法的运用使溪水充满了情趣和生命力，绚丽的辞藻营造出诗意的自然图画，文字盈满了作者远离尘嚣、亲近自然的浪漫追求。

(徐翠)

阅览室

月　迹

◇贾平凹

我们这些孩子，什么都觉得新鲜，常常又什么都不觉得满足；中秋的夜里，我们在院子里盼着月亮，好久却不见出来，便坐回中堂里，放了竹窗帘儿闷着，缠奶奶说故事。奶奶是会说故事的，说了一个，还要再说一个……奶奶突然说："月亮进来了！"

我们看时，那竹窗帘儿里，果然有了月亮，款款地，悄没声儿地溜进来，出现在窗前的穿衣镜上了：原来月亮是长了腿的，爬着那竹帘格儿，先是一个白道儿，再是半圆，渐渐地爬得高了，穿衣镜上的圆便满盈了。我们都高兴起来，又都屏气儿不出，生怕那是个尘影儿变的，会一口气吹跑呢。月亮还在竹帘儿上爬，那满圆却慢慢儿又亏了，缺了；末了，便全没了踪迹，只留下一个空镜，一个失望。奶奶说："它走了，它是匆匆的；你们快出去寻月吧。"

我们就都跑出门去，它果然就在院子里，但再也不是那么一个满满的圆了，尽院子的白光，是玉玉的，银银的，灯光也没有这般儿亮。院子的中央处，是那棵粗粗的桂树，疏疏的枝，疏疏的叶，桂花还没有开，却有了累累的骨朵儿了。我们都走近去，不知道那个满圆儿去哪儿了。却疑心这骨朵儿是繁星儿变的；抬头看着天空，星儿似乎就比平日少了许多。月亮正在头顶，明显大多了，也圆多了，清清晰晰看见里边有了什么东西。

"奶奶，那月上是什么呢?"我问。

"是树，孩子。"奶奶说。

"什么树呢?"

"桂树。"

我们都面面相觑了，倏忽间，哪儿好像有了一种气息，就在我们身后袅袅，到了头发梢儿上，添了一种淡淡的痒痒的感觉；似乎我们已在了月里，那月桂分明就是我们身后的这一棵了。

奶奶瞧着我们，就笑了:

"傻孩子，那里边已经有人了呢。"

"谁?"我们都吃惊了。

"嫦娥。"奶奶说。

"嫦娥是谁?"

"一个女子。"

哦，一个女子。我想。月亮里，地该是银铺的，墙该是玉砌的：那么好个地方，配住的一定是十分漂亮的女子了。

"有三妹漂亮吗?"

"和三妹一样漂亮的。"

三妹就乐了:"啊啊，月亮是属于我的了!"

三妹是我们中最漂亮的，我们都羡慕起来。看着她的狂样儿，心里却有了一股儿的嫉妒。

我们便争执了起来，每个人都说月亮是属于自己的。奶奶从屋里端了一壶甜酒出来，给我们每人倒了一小杯儿，说:"孩子们，你们瞧瞧你们的酒杯，你们都有一个月亮哩!"

我们都看着那杯酒，果真里边就浮起一个小小的月亮的满圆。捧着，一动不动的，手刚一动，它便酥酥地颤，使人可怜儿的样子。大家都喝下肚去，月亮就在每一个人的心里了。奶奶说:"月亮是每个人的，它并没有走，你们再去找吧。"

我们越发觉得奇了，便在院里找起来。妙极了，它真没有走去，我们很快就在葡萄叶儿上，磁花盆儿上，爷爷的锨刃儿上发现了。我们来了兴趣，竟寻出了院门。

院门外，便是一条小河。河水细细的，却漫着一大片的净沙；全没白日那么的粗糙，灿灿地闪着银光，柔柔和和地像水面了。我们从沙滩上跑过去，弟弟刚站到河的上湾，就大呼小叫了:"月亮在这儿!"

妹妹几乎同时在下湾喊道:"月亮在这儿!"

我两处去看了，两处的水里都有月亮，沿着河沿跑，而且哪一处的水里都有月亮了。我们都看起天上，我突然又在弟弟妹妹的眼睛里看见了小小的月亮。我想，我的眼睛里也一定是会有的。噢，月亮竟是这么多的：只要你愿意，它就有了哩。

我们就坐在沙滩上，掬着沙儿，瞧那光辉，我说:

"你们说，月亮是个什么呢?"

"月亮是我所要的。"弟弟说。

"月亮是个好。"妹妹说。

我同意他们的话。正像奶奶说的那样：它是属于我们的，每个人的。我们就又仰起头来看那天上的月亮，月亮白光光的，在天空上。我突然觉得，我们有了月亮，那无边无际的天空也是我们的了；那月亮不是我们按在天空上的印章吗？大家都觉得满足了，身子也来了困意，就坐在沙滩上，相依相偎地甜甜地睡了一会儿。

智慧窗

　　多么美妙的中秋之夜啊！多少年后再回想童年的时光，依然带着孩子般的稚气和兴味，不正是一种烂漫吗？李白有诗曰"举头望明月，低头思故乡"。从古至今，中秋之月不知被多少人吟诵过，大多是表达思乡之情，贾平凹的这篇文章却能跳脱窠臼。月亮牵引着孩子们的足迹，从屋内到院子再到院外，文章通过他们对月亮的好奇、幻想和寻找，营造出无限的童趣和诗意。

（徐翠）

欢乐吧

＊每个人都有酒窝
◇乔　叶

一位远房表嫂很爱笑。

一次家族年会，我和她坐在了一起，聊了一会儿，便充分地享受了她最近距离的甜美笑容。

我发现，她笑并不为什么原因，常常很平淡地说着说着就笑起来。她这么一笑不打紧，就把我们白开水一样的谈话笑成了一杯酒，显得分外有滋味起来。

回去之后我总是忘不了她的笑容，就琢磨她为什么这么爱笑，想来想去似乎明白了：她笑起来颊上有两个小酒窝，这两个小酒窝的绽放使她整个容颜都妩媚起来，活泼起来，灵动起来，也就是说，酒窝就是她表情中最灿烂最精华的地方，而只有笑才会有酒窝呈现，所以，她才那么爱笑。

酒窝就是她的美。她要把最美的那一面展示出来让人知道。

我突然想，迄今为止对这个世界最有益的美容项目也许就是做酒窝了。因为有了酒窝，这个世界的微笑肯定多了很多。我甚至有些天真地又想：如果每个人都像表嫂一样如此殷勤地把迷人的笑靥呈现给这个世界，这个世界就真要醉了。

可那些没有酒窝的人就不微笑了吗？

朋友的父亲年过七旬，一直最爱做的事情就是养昙花。昙花难养是众所周知的，但老人家还是孜孜不倦地养了四十年。他有一本"昙花日历"，哪株苗长了几片叶，哪朵苞预计何时开，日日不落。去年中秋那天，昙花一下子开了九朵，引得报社记者都来报道，老人很是风光了一把。在报纸上看见他沧桑的脸上绽放的笑容，亦纯真得如一朵昙花。

他没有酒窝。昙花就是他的酒窝吧？

单位的保洁工初中都没毕业，是个半文盲，长得也粗糙，平常都是沉默寡言，灰头土脸的。一天，偶然听见同事们讨论哪家的酱肉好吃，她居然走进来兴致勃勃地插话，说自己如何擅做酱肉。"用不了多少时间就能把猪头烧得喷香通透。"许是怕我们不当真，第二天就带来一些让我们尝，味道还真是好极了。

她没有酒窝。酱肉就是她的酒窝吧？

"你怎么能和那么多人成为好朋友？有的人和你差异太大了。"一次，我问一个人缘极好的文学前辈。他笑了笑说："我知道有人在背后议论说我交朋友没有诚意，没有原则。甚至据此断定我是世故玲珑的万金油。对此我没有任何愧疚。和平年代，人与人之间没有什么大恨深仇，彼此宽容一些，真诚一些，就会看到别人的许多好处，也就会发现许多人都是很可爱很可交的。这样循环往复，交朋友的胃口越来越好，朋友自然越来越多了。"

"别人的好处"，就是别人的酒窝吧？

原来，每个人都有自己的酒窝，这酒窝可以是品格上的丝缕之彩，可以是性情上的点水之光，可以是手艺上的一技之长，也可以是深藏在内心的那些智慧、善良、幽默、同情、慈悲……

谁都喜欢用这酒窝去盛放美好的事物，谁都愿意让自己最中意最可爱的地方成就生命的华美和绚丽。

如果你能够敏锐地发现这些酒窝，真诚地欣赏这些酒窝，这些酒窝也都会为你打开，让你饮酒。

喝了这些酒，你就会明白，原来，有太多太多的人都用特有的酒窝表达着对这个世界的热爱；原来，每一滴酒里都折射着人们对自己和对生活的眷恋。

包括你自己。

悦客群

丢了鱼的水
其实每个人都是有酒窝的，只是有些人善于发现。

卖火柴的小女孩
酒窝能折射出你对人生的热爱，对美好事物的爱怜与追求。你的酒窝就是你的闪光点，你的微笑便是你自信的表现。

阅览室

塞外的春天

◇梁容若

说到长城外边，古代的诗人们，常常想作永久的荒凉。"春风不度玉门关""春风疑不到天涯""三春那得桃杏花"，好像塞外是常冬常寒，除了飞沙飘雪以外，什么都没有。其实塞外自有动人的春天，也绮丽，也温馨，使人热辣辣，软绵绵，所看到听到的都充满了生命的愉快欢欣。

首先报道春消息的是"啦啦"的白乌鸦，跟"嘎嘎"的长颈雁。它们回来了，也就是说真要"大地回春"了。到了"惊蛰"，蛰伏的昆虫们可并不惊动，只是沙滩可以看见惊鸿，树上新飞来了鸣鸠，陪衬上旧有的百灵、沙鸡……天上地上，声音色泽都起了新的变化。简单的复杂了，素朴的绚烂了。

"春分河自烂"，冷冰冰静悄悄的黄河，长眠了四个月，忽然塌陷龟裂，接着流起凌来，大块的像山，小块的像床，有长条，有方块，你撞我，我挤你，筑成了冰坝，拦高了春水，大渠小渠，黄水汤汤，有金色鲤鱼在跳跃。当家家尝到开河鱼的鲜味儿的时候，宏哗咆哮的黄河流凌完了，平滑如镜，皮筏子、平底船都等着下河了。

清明确是天清日朗，可是走遍原野，也看不见一点嫩绿草芽。春雨贵如油，那是华北的话，要是在塞外，清明时节雨纷纷，简直是百年不遇的事。碰到阴天，也说不定还是飘几片白雪。杏花要到谷雨节才能看到，天气太干了吧，薄薄的花瓣，小小的花朵，像憔悴多病的荬人。从谷雨到立夏，世界可要剧变了。娇艳是榆叶梅，芬芳是丁香，高雅是真珠穗，泼辣是马兰莩，海棠夭桃，应有尽有，葡萄藤萝，到处都成架。如果您立在归绥城头上看去，真是烟云雾树，家家锦绣，百花烂漫，万紫千红。轻浮的柳絮，精制的杨花，滥造的榆钱，随着风，飘来飘去，自由地成堆成垛。踏上去，有的软绵绵，有的沙沙响，可算是十分春色，布满了人间。

要想看看塞外的嬉春图，那么，黄昏的平沙落雁，清晨的乳鸠争巢，当然很有意思。不过最有情趣的还是艳阳天芳草地里看牧场。时间最好在太阳刚刚西斜的当儿，成百成千的牛羊驼马，都吃得饱欣欣地，胖油油地，各有各的美丽，各有各的精神。您看吧，有的比肩晒太阳，有的卧着说家常，有的双双在散步，有的成对儿比犄角；有的追，有的跑，有的抱，有的跳；有三角的趣剧，有四角的笑料，有勇武的正生，有滑稽的丑角。胜利的拉开嗓子唱歌，失败的夹着尾巴逃走。形形色色，画不出也写不出。这儿的爱情广场，没有金钱、地位、门第的问题，各自凭了先天的毛色，当下的健康，平常的人缘，一时的机智，决定成功跟失败，大体上看，是"天地皆春，百兽率舞"。

我看过幽燕的上林春色，我看过江南的草长莺飞，这些都不能使我忘情于塞外的渠口春涨，绕郭柳烟。我参与过陕坝的"手栽杨柳三千树"，我抚摸过归绥的"春风十万散榆钱"。六七年来，却是越走越远，越走越向南，哪里是天上，哪里是人间？哪里是中原，哪里是九边？我怕听嘎嘎的雁声，因为它还是海阔天空，有去有还。我愿藉春风寄语，我想请海水传言，看饱了繁花似锦，听够了软语如绵；最好是青春结伴，最快是人在春先，我希望再踏草原，我希望飞度阴山，看天青日白，万家胜欢，埋骨在黄河湾处，大青山前。

智慧窗

对于塞外，我们既熟悉又陌生。塞外是"大漠孤烟直，长河落日圆"的荒凉与辽阔，是"忽如一夜春风来，千树万树梨花开"的冰雪与寒冷，是"撩乱边愁听不尽，高高秋月照长城"的征战与乡愁。然而，正如作者所言，塞外并非"常冬常寒"，"塞外自有动人的春天"。与其他地方的春天相比，塞外的春天一样都是生命的欢欣萌动，但塞外的春天又有不同：晚来一些，冰河解冻，牛马成群，天青日白。作者这段美好的回忆，让我们对塞外的认识增添了一丝春意。历史经验和书本知识常常会禁锢我们的心灵，亲身去感受奇妙的世界吧！它给予我们每个人的都只是一个侧面。

（徐翠）

阅览室

风把人刮歪

◇刘亮程

刮了一夜大风。我在半夜被风喊醒。风在草棚和麦垛上发出恐怖的怪叫，类似女人不舒畅的哭喊。这些突兀地出现在荒野中的草棚麦垛，绊住了风的腿，扯住了风的衣裳，缠住了风的头发，让她追不上前面的风。她撕扯，哭喊。喊得满天地都是风声。

我把头伸出草棚，黑暗中隐约有几件东西在地上滚动，滚得极快，一晃就不见了。是风把麦垛刮走了。我不清楚刮走了多少，也只能看着它刮走。我比一捆麦大不了多少，一出去可能就找不见自己了。风朝着村子那边刮。如果风不在中途拐弯，一捆一捆的麦子会在风中跑回村子。明早村人醒来，看见了一捆捆麦子躲在墙根，像回来的家畜一样。

每年都有几场大风经过村庄。风把人刮歪，又把歪长的树刮直。风从不同方向来，人和草木往哪边斜不由自主。能做到的只是在每一场风后，把自己扶直。一棵树在各种各样的风中变得扭曲，古里古怪。你几乎可以看出它沧桑躯干上的哪个弯是南风吹的，哪个拐是北风刮的。但它最终高大粗壮地立在土地上，无论南风北风都无力动摇它。

我们村边就有几棵这样的大树，村里也有几个这样的人。我太年轻，根扎得不深，躯干也不结实。担心自己会被一场大风刮跑，像一棵草一片树叶，随风千里，飘落到一个陌生地方。也不管你喜不喜欢，愿不愿意，风把你一扔就不见了。你没地方去找风的麻烦，刮风的时候满世界都是风，风一停就只剩下空气。天空若无其事，大地也像什么都没发生。只有你的命运被改变了，莫名其妙地落在另一个地方。你只好等另一场相反的风把自己刮回去。可能一等多年，再没有一场能刮起你的大风。你在等待飞翔的时间里不情愿地长大，变得沉重无比。

去年，我在一场风中看见很久以前从我们家榆树上刮走的一片树叶，又从远处刮回来。它在空中翻了几个跟头，摇摇晃晃地落在窗台上。那场风刚好在我们村里停住，像是猛然刹了车。许多东西从天上往下掉，有纸片——写字的和没写字的纸片、布条、头发和毛，更多的是树叶。我在纷纷下落的东西中认出了我们家榆树上的一片树叶。我赶忙抓住它，平放在手中。这片叶子的边缘已有几处损伤，原先背阴的一面被晒得有些发白——它在什么地方经受了什么样的阳光？另一面粘着些褐黄的黏土。我不知道它被刮了多远又被另一场风刮回来，一路上经过了多少地方，这些地方都是我从没去过的。它飘回来了，这是极少数的一片叶子。

风是空气在跑。一场风一过，一个地方原有的空气便跑光了，有些气味再闻不到，有些东西再看不到——昨天弥漫村巷的谁家炒菜的肉香，昨晚被一个人独享的女人的体香，下午晾在树上忘收的一块布，早上放在窗台上写着几句话的一张纸。

风把一个村庄酝酿许久的、被一村人吸进呼出弄出特殊味道的一窝子空气，整个地搬运到百里千里外的另一个地方。

每一场风后，都会有几朵我们不认识的云，停留在村庄上头，模样怪怪的，颜色生生的，弄不清啥意思。短期内如果没风，这几朵云就会一动不动赖在头顶，不管我们喜不喜欢。我们看顺眼的云，在风中跑得一朵都找不见。

风一过，人忙起来，很少有空看天。偶尔看几眼，也能看顺眼，把它认成我们村的云，天热了盼它遮遮阳，地旱了盼它下点雨。地果真就旱了，一两个月没水，庄稼一片片蔫了。头顶的几朵云，在村人苦苦的期盼中果真有了些雨意，颜色由雪白变铅灰再变墨黑。眼看要降雨了，突然一阵南风，这些饱含雨水的云跌跌撞撞，飞速地离开了村庄，在荒无人烟的南梁上，哗啦啦下了一夜雨。

我们望着头顶腾空的晴朗天空，骂着那些养不乖的野云。第二天全村人开会，做了一个严厉的决定：以后不管南来北往的云，一律不让它在我们村庄上头停，让云远远滚蛋。我们不再指望天上的水，我们要挖一条穿越戈壁的长渠。

那一年村长是胡木，我太年轻，整日缩着头，等待机会来临。

我在一场南风中闻见浓浓的鱼腥味。遥想某个海边渔村，一张大网罩着海，所有的鱼被网上岸，堆满沙滩。海风吹走鱼腥，鱼被留下来。

另一场风中我闻见一群女人成熟的气息，想到一个又一个的鲜美女子，在离我很远处长大成熟，然后老去。

各种各样的风经过了村庄。屋顶上的土，吹光几次，住在房子里的人也记不清楚。无论南墙北墙东墙西墙都被风吹旧，也都似乎为一户户的村人挡住了南来北往的风。有些人不见了，更多的人留下来。什么留住了他们？

什么留住了我？

什么留住了风中的麦垛？

如果所有粮食在风中跑光，所有的村人，会不会在风停之后远走他乡，留一座空荡荡的村庄。

早晨我看见被风刮跑的麦捆，在半里外，被几棵铃铛刺拦住。

这些一墩一墩，长在地边上的铃铛刺，多少次挡住我们的路，挂烂手和衣服，也曾多少次被我们愤怒的镢头连根挖除，堆在一起一把火烧掉。可是第二年它们又出现在那里。

我们不清楚铃铛刺长在大地上有啥用处。它浑身的小小尖刺，让企图吃它的嘴，折它的手和践它的蹄远离之后，就闲闲地端扎着，刺天空，刺云，刺空气和风。现在它抱住了我们的麦捆，没让它在风中跑远。我第一次对铃铛刺深怀感激。

也许我们周围的许多东西，都是我们生活的一部分，生命的一部分，关键时刻挽留住我们。一株草，一棵树，一片云，一只小虫……它替匆忙的我们在土中扎根，在空中驻足，在风中浅唱……

任何一株草的死亡都是人的死亡。

任何一棵树的夭折都是人的夭折。

任何一粒虫的鸣叫也是人的鸣叫。

智慧窗

　　李陀曾经说过："刘亮程的才能在于，他好像能把文字放到一条清亮透明的小河里淘洗一番，洗得每个字都干干净净，但洗尽铅华的文字里又有一种厚道。"把人刮歪的这股风虽然来自新疆戈壁的村庄，却能唤起人类普遍的生命意识。如果作者没有深邃的哲思和浪漫的情怀，怎么能有这样独特的体悟？天高云阔的"村庄"对所有的生命都是平等的，人不过是其中一种生命。

（徐翠）

阅览室

葡萄月令

◇汪曾祺

一月，下大雪。

雪静静地下着。果园一片白。听不到一点声音。

葡萄睡在铺着白雪的窖里。

二月里刮春风。

立春后，要刮四十八天"摆条风"。风摆动树的枝条，树醒了，忙忙地把汁液送到全身。树枝软了。树绿了。雪化了，土地是黑的。

黑色的土地里，长出了茵陈蒿。碧绿。

葡萄出窖。

把葡萄窖一锹一锹挖开。挖下的土，堆在四面。葡萄藤露出来了，乌黑的。有的梢头已经绽开了芽苞，吐出指甲大的苍白的小叶。它已经等不及了。

把葡萄藤拉出来，放在松松的湿土上。

不大一会，小叶就变了颜色，叶边发红；——又不大一会，绿了。

三月，葡萄上架。

先得备料。把立柱、横梁、小棍，槐木的、柳木的、杨木的、桦木的，按照树棵大小，分别堆放在旁边。立柱有汤碗口粗的、饭碗口粗的、茶杯口粗的。一棵大葡萄得用八根、十根，乃至十二根立柱。中等的，六根、四根。

先刨坑，竖柱。然后搭横梁，用粗铁丝紧后搭小棍，用细铁丝缚住。

然后，请葡萄上架。把在土里趴了一冬的老藤扛起来，得费一点劲。大的，得四五个人一起来。"起！——起！"哎，它起来了。把它放在葡萄架上，把枝条向三面伸开，像五个指头一样的伸开，扇面似的伸开。然后，用麻筋在小棍上固定住。葡萄藤舒舒展展，凉凉快快地在上面呆着。

上了架，就施肥。在葡萄根的后面，距主干一尺，挖一道半月形的沟，把大粪倒在里面。葡萄上大粪，不用稀释，就这样把原汁大粪倒下去。大棵的，得三四桶。小葡萄，一桶也就够了。

四月，浇水。

挖窖挖出的土，堆在四面，筑成垄，就成一个池子。池里放满了水。葡萄园里水气溟溟，沁人心肺。

葡萄喝起水来是惊人的。它真是在喝哎！葡萄藤的组织跟别的果树不一样，它里面是一根一根细小的导管。这一点，中国的古人早就发现了。《图经》云："根苗中空相通。圃人将货之，欲得厚利，暮溉其根，而晨朝水浸子中矣，故俗呼其苗为木通。""暮溉其根，而晨朝水浸子中矣"，是不对的。葡萄成熟了，就不能再浇水了。再浇，果粒就会涨破。"中空相通"却是很准确的。浇了水，不大一会，它就从根直吸到梢，简直是小孩嘬奶似的拼命往上嘬。浇过了水，你再回来看看吧：梢头切断过的破口，就嗒嗒地往下滴水了。

是一种什么力量使葡萄拼命地往上吸水呢？

施了肥，浇了水，葡萄就使劲抽条、长叶子。真快！原来是几根根枯藤，几天工夫，就变成青枝绿叶的一大片。

五月，浇水，喷药，打梢，掐须。

葡萄一年不知道要喝多少水，别的果树都不这样。别的果树都是刨一个"树碗"，往里浇几担水就得了，没有像它这样的："漫灌"，整池子的喝。

喷波尔多液。从抽条长叶，一直到坐果成熟，不知道要喷多少次。喷了波尔多液，太阳一晒，葡萄叶子就都变成蓝的了。葡萄抽条，丝毫不知节制，它简直是瞎长！几天工夫，就抽出好长的一节的新条。这样长法还行呀，还结不结果呀？因此，过几天就得给它打一次条。葡萄打条，也用不着什么技巧，一个人就能干，拿起树剪，劈劈啦啦，把新抽出来的一截都给它铰了就得了。一铰，一地的长着新叶的条。

葡萄的卷须，在它还是野生的时候是有用的，好攀附在别的什么树木上。现在，已经有人给它好好地固定在架上了，就一点用也没有了。卷须这东西最耗养分，——凡是作物，都是优先把养分输送到顶端，因此，长出来就给它掐了，长出来就给它掐了。葡萄的卷须有一点淡淡的甜味。这东西如果腌成咸菜，大概不难吃。

五月中下旬，果树开花了。果园，美极了。梨树开花了，苹果树开花了，葡萄也开花了。

都说梨花像雪，其实苹果花才像雪。雪是厚重的，不是透明的。梨花像什么呢？——梨花的瓣子是月亮做的。

有人说葡萄不开花，哪能呢！只是葡萄花很小，颜色淡黄微绿，不钻进葡萄架是看不出的。而且它开花期很短。很快，就结出了绿豆大的葡萄粒。

六月，浇水、喷药、打条、掐须。

葡萄粒长了一点了，一颗一颗，像绿玻璃料做的纽子。硬的。

葡萄不招虫。葡萄会生病，所以要经常喷波尔多液。但是它不像桃，桃有桃食心虫；梨，梨有梨食心虫。葡萄不用疏虫果。——果园每年疏虫果是要费很多工的。虫果没有用，黑黑的一个半干的球，可是它耗养分呀！所以，要把它"疏"掉。

七月，葡萄"膨大"了。

掐须、打条、喷药，大大地浇一次水。

追一次肥。追硫铵。在原来施粪肥的沟里撒上硫铵。然后，就把沟填平了，把硫铵封在里面。汉朝是不会追这次肥的，汉朝没有硫铵。

八月，葡萄"着色"。

你别以为我这里是把画家的术语借用来了。不是的。这是果农的语言，他们就叫"着色"。

下过大雨，你来看看葡萄园吧，那叫好看！白的像白玛瑙，红的像红宝石，紫的像紫水晶，黑的像黑玉。一串一串，饱满、磁棒、挺括，璀璨琳琅。你就把《说文解字》里的玉字偏旁的字都搬了来吧，那也不够用呀！

可是你得快来！明天，对不起，你全看不到了。我们要喷波尔多液了。一喷波尔多液，它们的晶莹鲜艳全都没有了，它们蒙上一层蓝兮兮、白糊糊的东西，成了磨砂玻璃。我们不得不这样干。葡萄是吃的，不是看的。我们得保护它。过不两天，就下葡萄了。

一串一串剪下来，把病果、瘪果去掉，妥妥地放在果筐里。果筐满了，盖上盖，要一个棒小伙子跳上去蹦两下，用麻筋缝的筐盖。——新下的果子，不怕压，它很结实，压不坏。倒怕是装不紧，逛里逛当的。那，来回一晃悠，全得烂！葡萄装上车，走了。

去吧，葡萄，让人们吃去吧！

九月的果园像一个生过孩子的少妇，宁静、幸福，而慵懒。我们还给葡萄喷一次波尔多液。哦，下了果子，就不管了？人，总不能这样无情无义吧。

十月，我们有别的农活。我们要去割稻子。葡萄，你愿意怎么长，就怎么长着吧。

十一月，葡萄下架。

把葡萄架拆下来。检查一下，还能再用的，搁在一边。糟朽了的，只好烧火。立柱、横梁、小棍，分别堆垛起来。

剪葡萄条。干脆得很，除了老条，一概剪光。葡萄又成了一个大秃子。

剪下的葡萄条，挑有三个芽眼的，剪成二尺多长的一截，捆起来，放在屋里，准备明春插条。

其余的，连枝带叶，都用竹笤帚扫成一堆，装走了。葡萄园光秃秃。

十一月下旬，十二月上旬，葡萄入窖。

这是个重活。把老本放倒，挖土把它埋起来。要埋得很厚实。外面要用铁锹拍平。这个活不能马虎。都要经过验收，才给记工。

葡萄窖，一个一个长方形的土墩墩。一行一行，整整齐齐地排列着。风一吹，土色发了白。

这真是一年的冬景了。热热闹闹的果园，现在什么颜色都没有了。眼界空阔，一览无余，只剩下发白的黄土。

下雪了。我们踏着碎玻璃碴似的雪，检查葡萄窖，扛着铁锹。

一到冬天，要检查几次。不是怕别的，怕老鼠打了洞。葡萄窖里很暖和，老鼠爱往这里面钻。它倒是暖和了，咱们的葡萄可就受了冷啦！

智慧窗

乍一看，这是篇关于农作物葡萄的说明文：从一月到十二月，文章完整地记录了一年里葡萄的生长过程。再一看，原来这是篇抒情散文。汪曾祺师从沈从文，追求文学语言和情感的浑然天成，这种审美情趣与他淡泊的人生态度是分不开的。1958年汪曾祺被划为右派，下放到张家口农业研究所接受改造，面对繁重的体力劳动和压抑的政治环境，他却能苦中作乐、有滋有味——葡萄便是他当时最喜爱的农作物——因为他以一颗朴素的心看到了自然万物的生命之美，自我的生命与葡萄的生命发生了精神的契合，如此才为我们呈现出这样一个没有世俗纷扰，只有生的喜悦的纯净清明的世界。

(徐翠)

阅览室

牡丹的拒绝

◇张抗抗

它被世人所期待、所仰慕、所赞誉，是由于它的美。

它美得秀韵多姿，美得雍容华贵，美得绚丽娇艳，美得惊世骇俗。它的美是早已被世人所确定、所公认了的。它的美不惧怕争议和挑战。

有多少人没有欣赏过牡丹呢？

却偏偏要坐上汽车火车飞机轮船，千里万里跋山涉水，天南海北不约而同，揣着焦渴与翘盼的心，滔滔黄河般地涌进洛阳城。

欧阳修曾有诗云：洛阳地脉花最重，牡丹尤为天下奇。

传说中的牡丹，是被武则天一怒之下逐出京城，贬去洛阳的。却不料洛阳的水土最适合牡丹的生长。于是洛阳人种牡丹蔚然成风，渐盛于唐，极盛于宋。每年阳历四月中旬春色融融的日子，街巷园林千株万株牡丹竞放，花团锦簇香云缭绕——好一座五彩缤纷的牡丹城。

所以看牡丹是一定要到洛阳去看的。没有看过洛阳的牡丹就不算看过牡丹。况且洛阳牡丹还有那么点来历，它因被贬而增值而名声大噪，是否因此勾起人的好奇也未可知。

这一年已是洛阳的第九届牡丹花会。这一年的春却来得迟迟。

连日浓云阴雨，四月的洛阳城冷风飕飕。

街上挤满了从很远很远的地方赶来的看花人。看花人踩着年年应准的花期。

明明是梧桐发叶，柳枝滴翠，桃花梨花姹紫嫣红，海棠更已落英缤纷——可洛阳人说春尚不曾到来；看花人说，牡丹城好安静。

一个又冷又静的洛阳，让你觉得有什么地方不对劲。你悄悄闭上眼睛不忍寻觅。你深呼吸掩藏好了最后的侥幸，姗姗步入王城公园。你相信牡丹生性喜欢热闹，你知道牡丹不像幽兰习惯寂寞，你甚至怀着自私的企图，愿牡丹接受这提前的参拜和瞻仰。

然而，枝繁叶茂的满园绿色，却仅有零零落落的几处浅红、几点粉白。一丛丛半人高的牡丹枝株之上，昂然挺起千头万头硕大饱满的牡丹花苞，个个形同仙桃，却是朱唇紧闭，皓齿轻咬，薄薄的花瓣层层相裹，透出一副傲慢的冷色，绝无开花的意思。偌大的一个牡丹王国，竟然是一片黯淡萧瑟的灰绿……

一丝苍白的阳光伸出手竭力抚弄着它，它却木然呆立，无动于衷。

惊愕伴随着失望和疑虑——你不知道牡丹为什么要拒绝，拒绝本该属于它的荣誉和赞颂？

于是看花人说这个洛阳牡丹真是徒有虚名；于是洛阳人摇头说其实洛阳牡丹从未如今年这样失约，这个春实在太冷，寒流接着寒流怎么能怪牡丹？当年武则天皇帝令百花连夜速发以待她明朝游玩上苑，百花慑于皇威纷纷开放，唯独牡丹不从，宁可发配洛阳。如今怎么就能让牡丹轻易改了性子？

于是你面对绿色的牡丹园，只能竭尽你想象的空间。想象它在阳光与温暖中火热的激情；想象它在春晖里的辉煌与灿烂——牡丹开花时犹如解冻的大江，一夜间千朵万朵纵情怒放，排山倒海惊天动地。那般恣意那般宏伟，那般壮丽那般浩荡。它积蓄了整整一年的精气，都在这短短几天中轰轰烈烈地迸发出来。它不开则已，一开则倾其所有挥洒净尽，终要开得一个倾国倾城，国色天香。

你也许在梦中曾亲吻过那些赤橙黄绿青蓝紫的花瓣，而此刻你须在想象中创造姚黄魏紫豆绿墨撒金白雪塔铜雀春锦帐芙蓉烟绒紫首案红火炼金丹……想象花开时节洛阳城上空被牡丹映照的五彩祥云；想象微风夜露中颤动的牡丹花香；想象被花气濡染的树和房屋；想象洛阳城延续了一千多年的"花开花落二十日，满城人人皆若狂"之盛况；想象给予你失望的纪念，给予你来年的安慰与希望。牡丹为自己营造了神秘与完美——恰恰在没有牡丹的日子里，你探访了窥视了牡丹的个性。

其实你在很久以前并不喜欢牡丹。因为它总被人作为富贵膜拜。后来你目睹了一次牡丹的落花，你相信所有的人都会为之感动：一阵清风徐来，娇艳鲜嫩的盛期牡丹忽然整朵整朵地坠落，铺散一地绚丽的花瓣。那花瓣落地时依然鲜艳夺目，如同一只奉上祭坛的大鸟脱落的羽毛，低吟着壮烈的悲歌离去。牡丹没有花谢花败之时，要么烁于枝头，要么归于泥土，它跨越萎顿和衰老，由青春而死亡，由美丽而消逝。它虽美却不吝惜生命，即使告别也要留给人最后一次惊心动魄的体味。

所以在这阴冷的四月里，奇迹不会发生。任凭游人扫兴和诅咒，牡丹依然安之若素。它不苟且不俯就不妥协不媚俗，它遵循自己的花期自己的规律，它有权利为自己选择每年一度的盛大节日。它为什么不拒绝寒冷？！

天南海北的看花人，依然络绎不绝地涌入洛阳城。人们不会因牡丹的拒绝而拒绝它的美。如果它再被贬谪十次，也许它就会繁衍出十个洛阳牡丹城。

于是你在无言的遗憾中感悟到，富贵与高贵只是一字之差。同人一样，花儿也是有灵性、有品位之高低的。品位这东西为气为魂为筋骨为神韵只可意会。你叹服牡丹卓尔不群之姿，方知"品位"是多么容易被世人忽略或漠视的美。

智慧窗

　　雍容华贵的花中之王牡丹被人们视为富贵的象征，洛阳牡丹更是历史悠久、名满天下，每年四月人们趋之若鹜来到洛阳，就是为了一睹牡丹的芳容。这一次却被牡丹拒绝了。牡丹拒绝阴雨和寒冷，拒绝苟且和媚俗。这次拒绝，让我们意识到牡丹不止是富贵，更是不流于世俗、独立而高洁的高贵，这才是它真正的美。牡丹的拒绝带给众人失望和恼怒，唯独让作者发现了牡丹品性的真实，不能不说它得益于作者别样的视角、独特的情怀和浪漫的心境！

（徐翠）

阅览室

音乐是一种心境
◇周小静

当朋友们告诉我，他们如何对交响乐、奏鸣曲、室内乐一筹莫展的时候，我这样对他们说。

肖邦让黑白相间的钢琴轻轻起伏，当清澄的和弦与如歌的旋律从中飞逸出来的时候，你有没有感受到他那一腔柔情？他在向你诉说一个流亡者的孤独，诉说爱情带来的惆怅，还有那莫名的、却永远弥漫于心头的雾霭……贝多芬让百十来人的大乐队轰然作响，当铿锵嘹亮的号角音调震撼整个大厅的时候，你有没有体会到那股英雄的豪气？他在向全世界宣告人类的理想，人类的力量，他伸出巨大的拳头，猛击在命运布下的锁链上！柴可夫斯基深情地唱起俄罗斯农民的曲调，他是在告诉你，那广袤的土地上，有着那么深重的、三套马车印下的辙迹。舒伯特也把一个独行旅人的背影，悄悄印在菩提树的绿阴间，你看到他了吧？别闭上你的心扉，瞧，他们正向你走来，凝视着你的眼睛，握住你的手。

音乐是一代又一代的心境。

很久以前，人们就懂得，对上帝齐声的赞颂和祈祷，有着多么不可思议的力量，他们的灵魂会因之震颤，也会因之归于安宁。于是，在一座座或简陋如古窟，或华丽如圣殿的教堂四壁中，回荡起和谐庄重的歌声。但如果步入今天世界各地的基督教堂，你可能会惊异地听到迥然不同的祈祷和赞颂——强劲的律动、狂热的噪音，混杂着爵士乐的布鲁斯音调……人群也不再是低头下跪、喃喃念诵的人群，而是无数向天空挥动着的黑色的、白色的、黄色的和棕色的手臂，是无数张渴望自由和欢乐的、热切的面孔。巴赫在他的乐曲中，以美妙的和谐、均衡、严谨体现了建立秩序、树立权威的"巴洛克"时代风貌，他引着你走进的，是宏伟壮丽、坚固精巧的殿宇。而柏辽兹却用《幻想交响曲》中狂热的音浪裹挟着你左奔右突，直到古典的形式扭曲、变形、坍塌，然后，听他高唱挣脱灵魂桎梏、摧毁旧日城堡的浪漫主义赞歌……循着音乐之声，不知不觉中，走进深邃而迷人的历史幽境中去。每一扇被你推开的大门后面，都有不同的歌声为你响起，那就是一代又一代人心境的回声。

音乐是你自己的心境。

在拥有了贝多芬、莫扎特、肖邦、柴可夫斯基这么多的朋友以后，在穿越历史的隧道，把无数充满了爱与恨的旋律装满行囊，这个时候音乐就是你自己的心境。

一个男孩告诉我，曾有一个黄昏，他和一个女孩静静地坐在湖边。只想坐坐，看看夕阳，不说什么。可不知从什么地方，传来了柴可夫斯基的钢琴曲《船歌》。他说，那旋律太美了，太脆弱了，让人只想依偎到一种温柔中去，于是——他后来有些怪怪地笑着说——爱情，主宰了那个黄昏。隔了很多日子，他再一次听到那首《船歌》却无论如何也找不到那种让人不能自己的感觉了，为此他失落了好一阵。这个男孩选择听贝多芬的《命运》交响曲的日子，也很特别。那是一个夏日的中午，刚刚还晴朗如少女面庞的天空，只几秒钟便昏黄得可怕，卷着灰沙的狂风呼啸着钻进所有的门窗、楼道，到处是乒乒乓乓和措手不及的人们惊叫的声音。这个男孩从容不迫地把《命运》磁带塞进录音机，然后提到门口，旋到最大的音量，按下了放音键，霎时，整个楼里灌满了这伟大的、压倒一切的声音，窗外弥漫着的黄沙和东倒西伏的大树，也都变得非同寻常的壮观。那以后，他很久不敢再听《命运》，唯恐丢失记忆中那惊心动魄的体验。

这一幕幕体验犹如一幅幅画。有时候我真恨自己不是个画家，否则，我会用油彩把那种体验记录下来。比如听肖邦《雨滴》前奏曲时，我"看"到的——雨中繁茂葱翠的草木、乡村修道院屋檐的一角，那只淋湿了的、静静悬挂着的钟……还有内蒙古乌兰布托沙漠上，清冷的晨风中升起的朝霞，地平线那边一架马车的剪影，赶车人悠长婉转的歌声……在听音乐的时候，你和我都可能是出色的诗人、画家、舞蹈家。

一位指挥家在一次排练中对他的演奏员大声说："音乐不在谱子里，它在你的心里！"我想，他的意思是让这位演奏员把自己的情感调动起来，进入一种心境，这样，他的琴声才能称之为音乐。同样，对我们这些听音乐的人来说，进入一种心境也是极其宝贵的。别怕那些交响乐、奏鸣曲、室内乐之类的名词，那只是作曲家所选择的、表达他们心境的某种形式而已。什么时候，你听见了他们在音乐中向你诉说的一切；什么时候，你获得了涌遍全身心的、无以替代的激情，我想，你就绝对是一位听音乐的内行了。因为你找到了他们的心境，也找到了你自己。

智慧窗

> 音乐是没有国界的艺术，不借助语言，只有音符旋律萦耳。音乐是创作者的心境，承载着历史的足迹和艺术家的爱恨，是一个时代的回声。音乐也是欣赏者的心境，恰当的时间、合适的地点、贴切的气氛，能让人穿越时空，与创作者同呼吸共命运，对艺术家的爱恨感同身受，心灵契合，产生奇妙的通感。对于伟大的音乐，两种心境缺一不可。没有创作者的心境，就没有伟大音乐的诞生；没有欣赏者的心境，就没有伟大音乐的传承。
>
> （徐翠）

河边的爱情

泰戈尔曾说过："世界上最遥远的距离，不是我就站在你面前，你却不知道我爱你；而是，明明知道彼此相爱，却不能在一起。"正如席慕容也在《印记》中所说的那样"不要因为也许会改变，就不肯说出那句美丽的誓言；不要因为也许会分离，就不敢求一次倾心的相遇"。爱要说，不要因为要经历"衣带渐宽终不悔，为伊消得人憔悴""心似双丝网，中有千千结"的相思之苦而徘徊，更不要因为在离别时有"执手相看泪眼，竟无语凝噎"的万千感情在心头时而后悔，勇敢追求才会不留遗憾！要为了与爱人相濡以沫，共同唱响暖暖的关于爱的歌！

两棵树的守望

◇司 哲

一粒树种被埋在瓦罐下已有些时日了，在昏昏沉沉中，她忽然听到一声很轻微的爆裂声，她一下子被同类的这种声音鼓舞了，开始没日没夜地试着冲出黑暗的种种方法。她的努力没有白费，在这个春天即将结束的时候，她终于咬破了瓦罐的一丝缝隙，顶出了一片嫩黄的叶子。

好不容易探出头来的她还没来得及站稳脚跟，就开始迫不及待地寻找先她破土的那粒种子了。她这才发现，他长在离她不远的空阔的院子里，已有半米多高了，而自己的身上，却压着一堵高高的墙。

为了往上长，她拼命地吮吸着这个夏季里的阳光雨露，不管雷雨大作还是狂风肆虐，她都挺直腰杆努力向上。尽管瓦罐刺破了她的脚掌，墙壁划伤了她的肌肤，她都心无旁骛，甚至拒绝了一棵向日葵的献媚，一株剑兰的示爱。冬天到来的时候，她终于长到半米高了，但他却早已越过墙头，任她怎么努力也够不着哪怕他一根细微的枝条。

这个冬天似乎特别漫长，她常常在朔风中抖动着细细的枝条向他招手。他却根本没有理会到她内心的呐喊。既然牵不到他的手，那就缠绕住他的根须吧！这样想着，她竭尽全力将根须向他的方向延伸，全然不顾瓦片的锋利和墙壁的挤压。当春天到来的时候，她细小的根须终于触摸到了他。

一股温柔的缠绕使他注意到了她的存在，他这才发现她满身伤痕。他有力的根须轻轻地从那些伤口上绕过去，像千万只细小的血管将她密密地包裹起来。

23

春去春又来，他的枝叶已覆盖了半个院子，他已能傲视整个院子里所有的花草树木了。望着他伟岸挺拔的身躯，再看看自己碗口般尚显弯曲的身材，似乎永远也无法达到和他并肩的高度。她有些灰心也有些胆怯了。他仿佛看穿了她的心事，根须更有力地攀紧她。她被他有力的筋骨提携着，一点一点地变高变粗。现在，她的个头已越过高高的墙头，终于能和他一起倾听微风的呢喃，细数天上的白云了。

那是一个狂风大作的深夜，风狞笑着一次次向她发起进攻，每一次摇动都会使她的肌肤在和石墙的摩擦中留下道道伤痕，根部更是掠过撕裂般的疼痛。为了减轻她的痛苦，他的身子尽量向她倾斜，像老鹰保护自己的雏儿一样把所有的枝条伸展开，全力遮住向她头上袭来的风暴，条条根须似一根根细小的绷带，将她密密麻麻地缠绕起来。数不清的根须你缠我，我绕你，已分不清谁是谁的。在风雨面前，他们已融为一体。

斗转星移。一个月儿圆圆的秋夜，她感到自己的身体鼓胀得有些莫名其妙。继而，她抑制不住内心的狂跳而颤抖了：等待了多年的那个心愿终于就要实现了！纷纷扬扬的米粒般的花苞铺天盖地地洒满了她的树冠。第二天，整座院子飘满了清幽的柔香，他一下子被这少有的奇香唤醒了，他要叫醒她，和她一块分享这份美好。忽然，他呆住了：她正以前所未有的美丽向他微笑，每一朵细小的花瓣里都灌满了醉人的甜香。

他默默地注视着她，为她蓄积了那么久的美丽绽放而感动。只有他知道，为了能早日让他看到这一天，她付出了多大的痛苦和代价啊！那些斑斑驳驳的伤痕就是最好的证明。

天大亮的时候，大院里的人们都惊叹起来："这棵桂树真是奇怪，一夜之间花儿全开了。"听到人们褒扬她，他的叶子"哗哗"舞得更响了。

第二天，一些人推倒了院墙，比比画画地来到他们跟前："这棵桂树留下，院子里的白杨刨了。"随着镐头的深入，他们盘根错节的根须展露在人们面前，任人们怎么分都分不开。"真是奇怪，两棵树的根长在一起了。"很多人在小声嘀咕。他们哪里知道：为了能彼此拥有，他们经过十多年的努力才成为现在这个样子，每一镐下去，都是在挖彼此的心呀！

白杨倒下的一刹那，所有的桂花纷纷坠地，洋洋洒洒地下了一场桂花雨。过了没几天，人们惊奇地发现：桂树死了，倾斜着倒在了白杨的干上。

智慧窗

行走的金鱼

"守望"自古以来就是爱情最宝贵之处，因为有了坚守，才有了忠贞。我赞美那些爱情的守望者。他们是爱情的丰碑。

桂花飘

反对！读过舒婷的《神女峰》吧，记得那句吗？"与其在悬崖上展览千年，不如在爱人肩头痛哭一晚！"我们总不能为失去的东西痛苦一生，甚至献出生命吧，失去的就让它失去，人要学会新生。

初恋音乐盒 （节选）

◇霍忠义

　　回到宿舍，我摸了摸额头，他的热吻似乎还在。我打开箱子，拿出了那个我一直不敢动不愿动的音乐盒。打开盖子，将小人儿放在圆盘上，顿时，那首古老经典的英文歌曲充满了整个屋子。音乐声中，我又想起了那个迷途的夜晚，还有让我情窦初开的19岁生日。我沉浸在音乐中，感情在乐曲中起伏，我将头埋于掌中，任泪水悄悄滑落。"他既然这么喜欢我，为什么不表白呢？难道他还要一个女孩主动向他表白吗？"我正陷入沉思中，音乐结束了，突然响起了一个声音，一个我再熟悉不过的声音，那磁性的声音曾多少次牵我梦魂："晓晓，我爱你，做我的女友好吗？如果愿意，就请送我一根你的长发，因为一根长发代表一生的牵挂！"

　　顿时我被惊得目瞪口呆！我捧起音乐盒，捧起那爱情的表白，紧紧地抱在胸前。我终于明白了他为什么会对我的态度急转直下。当时没有听完音乐的我也无法明了音乐盒中古老乐曲之后所藏的这段秘密，更无法给他回复，而他一定以为是我拒绝了他，于是违心地接受了叶子的爱情。这个发现让我心痛得热泪长流。命运为什么喜欢捉弄人？

　　当晚，我铺纸提笔沾着泪给他写了一封信，我不愿这样的误会伴我们一生，尽管我们已经错失了最好的时光。信中，我没有忘记给他一根长发，我只是表明，我当初真的是愿意的，愿意的呀！

　　很快他回信了：

　　晓晓：

　　走得最急的都是最美的风景，伤得最最深的也总是那些最真的感情。

　　给你送音乐盒后那几天，我如坐针毡，我盼见你又怕见你，而每次见到你，你总是一脸平静的微笑，我以为你一定拒绝了我。本来，我想让所有的秘密伴我一生并随着我的生命沉入大地泥土，成为永远，但是，那天在车站吻了你，我当时在心中无数次告诫自己：不吻她，你将抱憾终身。你知道，那我该要多大的勇气呀！

　　你的生日是我费了好大的劲才打听到的，在这之前的半个月，我就一个人悄悄骑车到东郊的工艺品厂，我请求工人为我制作一个特别的音乐盒，因为一般的音乐盒只有音乐，而我想将我想对你讲的话做到音乐盒中去。起初，工人不同意，但最后他们被我的真诚所打动，为我录音，制作，而且音乐盒的外观也按我的要求重新作了设计，送给你的礼物我要与众不同还要有情调。本来，这样的单件生产成本很高，但工厂也只收了我普通音乐盒的价钱。临了，年长的那位工人拍拍我

的肩说："小伙子，祝你好运。"

我记得我俩第一次单独外出的情景，回来时，我们迷路了，南辕北辙，其实是你迷路了，而我一直很清楚，我是故意要走错路，因为我想和你多待一会。当我向北拐时，我怕你当时会认出路，谁知你根本没认出来……

看到这里，泪水早已模糊了我的双眼。

在人生中，爱情这列车靠站的时间总是很短很短，这就要求我们每个人随时做好登车的准备。火车总给我们每一个乘客同样的机会，如果一旦错过，我们只能在车下看着那些最勇敢最有准备的人在爱情列车上微笑。

如果早知道这个道理，也许我会不顾一切地向江浩表白。或者，如果他仅仅将他的爱情表白放在那段古典歌曲之前，我们的爱情也将会是另一番模样。

我只想告诉恋爱中的朋友，如果你给心爱的人送了音乐盒，请一定将爱情表白放在音乐前面。常常，爱情成功与否，就只差一曲音乐的时间。

智慧窗

《初恋音乐盒》是霍忠义先生的经典爱情名篇，讲述了一个叫梅晓晓的女大学生错失一段爱情的凄美的初恋故事。故事中的男孩子江浩是一个心思细腻、文笔不错也很帅气的小伙子，而梅晓晓则长发飘飘、亭亭玉立，他们结缘于校报学生记者团。两个人互相爱慕，江浩更是千方百计打探女孩子的生日，并在梅晓晓生日的时候送给她一件表达爱情的信物——特意请工人师傅制作的音乐盒。由于江浩将爱情的表白藏在了一曲音乐之后，而梅晓晓那天晚上恰好没有听完这曲音乐，一波三折的故事由此展开，误会猜忌也由此产生，两人都为对方疏远自己而伤心，同时，他们都接受了别人的爱情。

一直到江浩毕业离开后，梅晓晓才再次打开音乐盒听完了整个乐曲，也明了了对方的心思……相爱的人彼此错过，令人惋惜！而本篇结尾"我只想告诉恋爱中的朋友，如果你给心爱的人送了音乐盒，请一定将爱情表白放在音乐前面。常常，爱情成功与否，就只差一曲音乐的时间"极具哲理性。

(李丽霞)

阅览室

一个女人的爱情观

◇张晓风

忽然发现自己的爱情观很土气，忍不住笑了起来。

对我而言，爱一个人就是满心满意要跟他一起"过日子"，天地鸿蒙荒凉，我们不能妄想把自己扩充为六合八方的空间，只希望彼此的火烬把属于两人的一世时间填满。

客居岁月，暮色里归来，看见有人当街亲热，竟也视若无睹，但每看到一对人手牵手提着一把青菜一条鱼从菜场走出来，一颗心就忍不住恻恻地痛了起来，一蔬一饭里的天长地久原是如此味永难言啊！相拥的那一对也许今晚就分手，但一鼎一镬里却有其朝朝暮暮的恩情啊！

爱一个人原来就只是在冰箱里为他留一只苹果，并且等他归来。

爱一个人就是在寒冷的夜里不断在他杯子里斟上刚沸的热水。

爱一个人就是喜欢两人一起收尽桌上的残肴，并且听他在槽里刷碗的音乐——事后再偷偷地把他不曾洗干净的地方重洗一遍。

爱一个人就有权利霸道地说："不要穿那件衣服，难看死了。穿这件，这是我新给你买的。"

爱一个人就是一本正经地催他去工作，却又忍不住躲在他身后想捣几次小小的蛋。

爱一个人就是在拨通电话时忽然不知道要说什么，才知道原来只是想听听那熟悉的声音，原来真正想拨通的，只是自己心底的一根弦。

爱一个人就是把他的信藏在皮包里，一日拿出来看几回、哭几回、痴想几回。

爱一个人就是在他迟归时想上一千种坏可能，在想象中经历万般劫难，发誓等他回来要好好罚他，一旦见面却又什么都忘了。

爱一个人就是在众人暗骂："讨厌！谁在咳嗽！"你却急道："唉，唉，他这人就是记性坏啊，我该买一瓶川贝枇杷膏放在他的背包里的！"

爱一个人就是上一刻钟想把美丽的恋情像冬季的松鼠秘藏坚果一般，将之一一放在最隐秘最安妥的树洞里，下一刻钟却又想告诉全世界这骄傲自豪的消息。

爱一个人就是在他的头衔、地位、学历、经历、善行、劣迹之外，看出真正的他不过是个孩子——好孩子或坏孩子——所以疼了他。

也因此，爱一个人就是喜欢听他儿时的故事，喜欢听他有几次大难不死，听他如何淘气惹厌，怎样善于玩弹珠或打"水漂漂"，爱一个人就是忍不住替他记住了许多往事。

爱一个人就不免希望自己更美丽，希望自己被记得，希望自己的容颜体貌在极盛时于对方如霞光过目，永不相忘，即使在繁花谢树的冬残，也有一个人沉如历史典册的瞳仁可以见证你的华彩。

爱一个人总会不厌其烦地问些或回答些傻问题，例如："如果我老了，你还爱我吗？""爱。""我的牙都掉光了呢？""我吻你的牙床！"

爱一个人便忍不住迷上那首白发吟：

亲爱的，我年已渐老

白发如霜银光耀

唯你永是我爱人

永远美丽又温柔……

爱一个人常是一串奇怪的矛盾，你会依他如父，却又怜他如子；尊他如兄，又复宠他如弟；想师从于他，跟他学，却又想教导他把他俘虏成自己的徒弟；亲他如友，又复气他如仇；希望成为他的女皇，他唯一的女主人，却又甘心做他的小丫鬟小女奴。

爱一个人会使人变得俗气，你不断地想：晚餐该吃牛舌好呢，还是猪舌？蔬菜该买大白菜，还是小白菜？房子该买在三张犁呢，还是六张犁？而终于在这份世俗里，你了解了众生，你参与了自古以来匹夫匹妇的微不足道的喜悦与悲辛，然后你发觉这世上有超乎雅俗之上的情境，正如日光超越调色盘上的一样。

爱一个人就是喜欢和他拥有现在，却又追忆着和他在一起的过去。喜欢听他说，那一年他怎样偷偷喜欢你，远远地凝望着你。

爱一个人便是小别时带走他的吻痕，如同一幅画，带着鉴赏者的朱印。

爱一个人就是横下心来，把自己小小的赌本跟他合起来，向生命的大轮盘去下一番赌注。

爱一个人就是让那人的名字在临终之际成为你双唇间最后的音乐。

爱一个人，就不免生出共同的、霸占的欲望。想认识他的朋友，想了解他的事业，想知道他的梦。希望共有一张餐桌，愿意同用一双筷子，喜欢轮饮一杯茶，合穿一件衣，并且同衾共枕，奔赴一个命运，共寝一个墓穴。

前两天，整理房间时，理出一只提袋，上面赫然写着"孕妇服装中心"，我愕然许久，既然这房子只我一人住，这只手提袋当然是我的了，可是，我何曾跑到孕妇店去买衣服？于是不甘心地坐下来想，想了许久，终于想出来了。我那天曾去买一件斗篷式的土褐色短楼，便是用这只绿袋子提回来的，我的确闯到孕妇店去买衣服了。细想起来那家店的模样儿似乎都穿着孕妇装，我好像正是被那种美丽沉甸的繁殖喜悦所吸引而走进去的。这样说来，原来我买的那件宽松适意的斗篷式短楼竟真是给孕妇设计的。

这里面有什么心理分析吗？是不是我一直追忆着怀孕时强烈的酸苦和欣喜而情不自禁地又去买了一件那样的衣服呢？想多年前冬夜独起，灯下乳儿的寒冷和温暖便一下涌回心头，小儿吮乳的时候，你多么希望自己的生命就此为他竭泽啊！

对我而言，爱一个人，就不免想跟他生一窝孩子。

当然，这世上也有人无法生育，那么，就让共同教育的学生，共同经营的事业，共同爱过的子侄晚辈，共同谱成的生活之歌，共同写完的生命之书来做他们的孩子。

也许还有更多更多可以说的，正如此刻，爱情对我的意义是终夜守在一盏灯旁，听轰声退潮再复涨潮，看淡紫的天光愈来愈明亮，凝视两人共同凝视过的长窗外的水波，在矛盾的凄凉和欢喜里，在知足感恩和渴切不足里细细体会一条河的韵律，并且写一篇叫《爱情观》的文章。

智慧窗

　　友情、亲情、爱情，在文学中，是永不褪色的主题，而张晓风却以自己独特的方式向读者抒发了对朋友的友情，对家人、儿女的亲情，对丈夫的爱情，从而使读者领略其丰富多彩的感情世界。走进张晓风的《一个女人的爱情观》才知道爱一个人原来就是："在冰箱里为他留一只苹果，并且等他归来"；就是"手牵手提着一把青菜一条鱼从菜场走出来"……

　　这是张晓风眼中的爱情观，当今大胆开放的恋情、快餐式的爱情已经使这个时代的少男少女们失去憧憬。而作者的这种爱情观或许也是现代人最不以为然的、"土气"的爱情观，但她的爱情观，却使我们想起了叶芝的"多少人爱慕你年轻时的容颜，我只爱你脸上老去的皱纹，爱你朝圣者的灵魂"的诗句！朴素的爱情，却隽永含蕴，令人回味无穷！

(李丽霞)

河边的爱情

◇李书磊

今天读来，《诗经》中真正活下来的诗是那些爱情诗；而阅读《诗经》中的爱情诗我发现了一个动人的情节：这些爱情大都发生在河边，爱的歌咏有很多都同河流或河水有关。那首开宗明义且家喻户晓的《周南·关雎》写的就是河边的爱情："关关雎鸠，在河之洲。窈窕淑女，君子好逑"是一种虚写的起兴，但要知道起兴实际上常常是即景的：举目望去，随意所见的物事就随手拈来加入歌诗，因而起兴往往是不可分割的本真意想；还有那首著名的《郑风·柏舟》。"汎彼柏舟，在彼中河"，这姑娘在河边萌动对那垂发少年的思念。"南有乔木，不可休息。汉有游女，不可求思""有狐绥绥，在彼淇梁。心之忧矣！"（《卫风·有狐》）"蒹葭苍苍，白露为霜。所谓伊人，在水一方"……唱不完的爱情就紧贴着那流不尽的河水。

自然这河水与爱情、河流与情歌的关联本出自无心，然而唯其无心反倒更见出了一种本质的亲缘。到底是为什么爱总靠着河、河总关爱着爱？

后世词人说"柔情似水，佳期如梦"，或许这情与水真是一种品质上的呼应；不过真正使我们动心的乃是另外一则关于河水的典故——《论语》中的典故。当年孔子来到了河边，子在川上曰："逝者如斯夫！不舍昼夜。"孔子对人生本有一种纯净澄清的达观，但他面对河流也不禁发出这种感叹。赫拉克利特说，"你不可能两次踏进同一河流"，这明晰的哲理论断中似也透露出一种深刻的骚怨。真是一呼一应，无独有偶。而深入民间的谚语更像是一种绝望的控诉，民谚说："西流东到海，何时复西归！"

哲人和俗人发出了共同的感叹，这河流究竟为什么如此扣动人类的心弦？

或许河水向人们提醒的最惊心的东西乃是孔子所说的"逝者"。那从容而恒常的流逝乃是时间的赋形长，时间无情地离去恰像这河水；而时间正是人生的本质，人生实际上是一种时间现象，你可以战胜一切却不可能战胜时间。因而河流昭示着人们最关心也最恐怖的真理，流水的声音宣示着人们生命的密码。对河流的惶恐定是人类代代相传的一种原始记忆：日常的生活中你可以逃遁于有意无意的麻木，而面对河流你却无法回避那痛苦的觉悟。面对河流你会想起你已经失去和必将失去的一切，想起在这永恒的消逝中生命的短暂与渺小，会有一种无法安慰的绝望揪住你的心，你感到一种无限凄凉的脆弱与感伤。也正是这个时候爱情就产生了。在这冰冷的空虚中你想抓住点什么，你想靠住点儿什么，你的心渴望着慰藉。于是男人就想起了"窈窕淑女"，女人就想起了"髧彼两髦"的少年。这一切都是那样地自然而然。爱情是人类无望人生中唯一的救赎，也是人在无边的沉沦中本能的呼号。除了爱情人们还能依凭什么呢？长生与飞升的痴想明知是一种幻影，而人间再伟大的功业也终会烟消云散，这时候爱情这种同样短暂的东西却获得了一种神秘的永恒力量，人们就凭借这力量与残酷的世界抗衡。情人们的喧哗就盖住了河边的咒语。

人们面对河流即是面对命运，河边的爱情即是人类对命运的反抗。

智慧窗

相传男女本是一体，后被一劈两半，从此开始了绵绵无期的寻寻觅觅，从相识、相爱到牵手一生，有很长的路要走，于是爱情之路上就留下了各种各样的足迹，爱情也因此成为文学作品中永不枯竭的歌颂主题！而《河边的爱情》中作者对爱情做了自己的诠释：认为"《诗经》真正活下来的诗是那些爱情诗"，而《诗经》中的"爱情大都发生在河边，爱的歌咏有很多都同河流或河水有关"。并认为："爱情是人类无望人生中唯一的救赎，也是人在无边的沉沦中本能的呼号。除了爱情人们还能依凭什么呢？长生与飞升的痴想明知是一种幻影，而人间再伟大的功业也终会烟消云散"，而"爱情这种同样短暂的东西却获得了一种神秘的永恒力量，人们就凭借这力量与残酷的世界抗衡"。相信通过阅读《河边的爱情》，对越来越远离古朴爱情的我们来说，会获得别样的感动！

(李丽霞)

阅览室

暖暖的歌 （节选）
◇林清玄

云自小路飞起来了，爱是一首暖暖的歌。让星空用幸福的微光照我们，让日月用快乐的明亮引我们，我在檐前望着你的方向，望过山的高旷、水的长波，在我的灵魂我的血液里，酿满使我醉的你的微笑。我把左手交给你、把右手交给你、把一切交给你，他们将永远是你的了，我对你说。

近年来，我逐渐地感觉到，真正爱情的可贵不在于突破创造，而能够平静地相守才是真正的可贵。也许这样的思想是有些老态了，只企求一步步地走向未来，再也不希冀奔驰了，因为我认识"守静"不只是爱情，也是生命的最高的情操。那样的感觉像是：航过千辛万难、惊涛骇浪而渐渐驶进一个安全的港湾，纵然有万劫不磨的情爱，终也会倦于漂泊流浪吧！

我深深知道，这里是我最初的流浪和最后的归宿了，我只希望在这个澄明的湖底轻泛着心灵的小舟，湖外有山山外有海海外有喧嚣的世界，可是我不愿去理会，因为此地连涟漪都是平静，我可以酣卧着，可以把每个星星都亮成灯火，把每一丝空气都凝成和风，所有的豪华都隐在云山海外，真淳则在有月亮的时候，自湖底幽幽地浮上来。

从稚嫩羞涩的初恋走出来，从飞扬浪漫的热恋走出来，从无边无际的热烈的温柔里走出来，只因为千万种语言千万种表情千万种想念，都再也无法表达我心灵里轻柔完美的芬芳。便突然走进一个无尘的世界，微凉而醇厚的一路上花都是香的，树皆结果，每一朵花每一个果子都诠释着两个生命，两个无限的完美。

　　真的不能希求更多，也不愿希求更多了，拥有的一朵花已经腾过整个花季，里面盛满知足的宁静，里面透露着一个悠久而坚定的信仰。你的笑貌写进我的历史，你的声音塑进我的生命。许多枯萎的树在那个世界里长出新叶，许多美丽的传说成为新的故事，许多许多情爱的历练仅只在说明，一颗爱的心灵不死。

　　我一直都在为追寻而不快乐的，直到一片真情若清晨的晓钟把我的忧郁唤醒，直到一片阳光原先照耀我而后自我的心灵发光，我才快乐起来，是那一个我心爱的名字扎根于我的心中，才在灰黄的枯原上，绽放了生命的绿色。我应该感谢的，却在说不出感谢的当时，一条河静静地流入我的血液，成为我的生命我的历史我不朽的信仰，歌在河里诗在河里希望也在河里。我知道再也用不着感谢了，我的生命正虔诚地答复这个感谢，从许许多多的变易中已经走到了不变的世界，我要停泊，然后用桨纺织一个蓝蓝的天色，以及灿烂的星光。

　　让世界的吵闹去喧嚣它们自己吧！让湖光山色去清秀它们自己吧！让人群从远处走来或者自身边擦过吧！我只要用四个手掌，围成一个小小的谷，纯粹只有我们自己的风雨和阳光，纵是落雪之夜，让寒冷凝结在无边的黑暗中，我们的世界里唱着一首暖暖的歌。

智慧窗

　　阅读《暖暖的歌》时会有种莫名的感动，会给人的心灵带来一种震撼，一如行走在喧闹中突然发现了一眼清泉，为它的淡淡的幸福和哀伤所包围，无法自拔，也许这才是我们向往的生活和持有的爱情态度。世上有不可胜数的我们仰慕的爱情，有那么多的擦肩而过的诱惑，或许，在每个人的理想中，都希望在和爱人相拥的世界里，唱着一首暖暖的歌，关于爱的歌！正如作者所说的那样："让星空用幸福的微光照我们，让日月用快乐的明亮引我们。"向爱出发，因为我们深信："许多许多情爱的历练仅只在说明，一颗爱的心灵不死。"

（李丽霞）

阅览室

多年以后
◇卿　子

　　那个梦，似乎很遥远了，遥远得似乎影子倒像一种真实。

　　怎样的涧索和苍廓呢？漠漠黄沙中，你一动不动，只飘忽地笑，笑。像你头上缠绕的土黄色带子，烟也似地飞袅。

　　梦回，对桑主提起，在土黄色调俯压下，你紧盯着一个地方是是非非地笑，好像不很吉祥。桑主听过眼泪立刻掉了下来。我说别这样好不好？这算怎么一回事呢？一年之后，当桑主嫁了人，我跑去看你，才知你的腿出了毛病。多多少少怪宿命的，桑主后来说。

　　你并不是一个十分好的人，所有的人都清楚这是事实，可所有的人也都清楚，任何东西都不能阻止一个人去爱另一个人，爱一种独立的精神。你愈发瘦了。风急的夜里，不住地咳嗽。除了书和药，大概只有你是多余的了。你扬起下巴笑。仿佛好开心好开心。你说你听到朋友说有人来看你，还以为是开玩笑呢。我说怎么会。你咧了咧嘴角，就不再言语了。

桑主常流着泪说你留不留下来根本就无所谓。可我知道桑主为什么那么说，为了什么你始终支撑着站着。结过婚的人不敢让自己也不敢让别人说那些触动心灵的话。生命就像一条路百转千回，长亭更短亭地连接中，你相信自己是最矗拔的一座。因为过程，你便是生活，你便必然因果，是一把不可质疑的骨头和血。站在生活中央，或站在生活边缘，谁是必须？谁是次要？你不在乎其他那么多，你理解自己。

走的时候，我坚持一个人走，你笑谑假如有一天在异乡发现我，站着倒着睁着眼睛闭着眼睛你都不会感到奇怪。我说桑主也不会奇怪。你突然哭了。你说你爱桑主，真的，很爱很爱。我说我明白。我说如果我真的钟情一个人，我会拎起不足握的家当一点都不后悔地跟他走。跨出一步，也许意味着天涯，而那盖头盖脸苍苍桑桑我的爱人，他应该感到这一生我们是多么沉稳的甜蜜和幸福。

该走的迟早要走，任何理由都人为的狡智和牵强。画册里的洛水仙子还凝睇在水彩的荷上，而从前勾抹它的人却去了别的地方。多年之后，纵使岁月流转中仍有你热泪横流的模样使人放心不下，纵使天荒地老，水也燃烧，我想，有的人是再也不回来了。

阅览室

有时候爱是一种错觉

◇周国平

　　你翻阅他的人生履历，追寻着他的足迹，感受着他的喜怒哀乐，并为着他的开心而开心，为着他的忧郁而忧郁。

　　你以为这就是爱了。

　　你读他的文字，欣赏着他的才气，喜欢听他的言谈欢笑，喜欢贴近他的感觉，甚至为着他愿意与你说话，而欣喜异常。

　　你以为这就是爱了。

　　你对自己说你是愿意做他的新娘的，愿意与他携手百年，愿意为他置一处温暖的家，让他从此不再漂泊，愿意为他生儿育女共享天伦。

你以为这就是爱了。

不可否认，你的确对他动情动心了。

只是，某一天，当他离你而去，最开初，你有过思念，有过失落，甚至有过惆怅与痛楚。但是，随后的日子，你忘记得很快。另一处风景闯入你的视野，代替了先前所有的思念，你觉得相形之下，你更爱眼前的风景。

你欣赏着眼前这个他，喜欢着眼前这个他，并时常幻想着与这个他共结连理。亦如当初对先前的他，感觉是惊人的相似。

这个时候，偶尔想起先前的他，你只是笑笑，笑自己当初的幼稚与天真，你说，那不是爱，那只是自己给自己编织的情网，你喜欢垂钓爱情，钓的是自己的感觉和自己的血肉。

可是，你又如何把握眼前这一份感觉，就真的是爱了呢？

或许，你喜欢的只是他头上的光环，喜欢的只是打败身边那些仰慕者的感觉。

因为年轻，你耐不住寂寞；因为年轻，你争强好胜；因为年轻，你酷爱着征服。你用征服男人，来见证着你的魅力；征服男人，也带给你做女人的快乐。

正如某人所说，你爱的不是他这个人本身，而是恋爱的感觉，你需要有一种恋爱的味道、恋爱的气息、恋爱的热闹充斥你年轻的生命过程，消耗你过剩的精力。因此，你不断的制造着爱的对象，制造着爱的感觉，你爱着爱他的感觉，爱着想念他的味道，爱着为他写情书的激动，同时还爱着被他冷落被他粗暴地教训的酸涩，爱着因为他喜欢众多女人和众多女人喜欢他而引发的醋味。你沉迷在这种爱的痛快之中，无法自拔。

这，其实是爱的错觉。

爱的错觉，让你忽略了一样，最现实的一样，那便是与他真实相守一辈子，那些平平淡淡岁月里，柴米油盐的琐碎；那些风霜雪雨来临时，生命要承受的刀光剑影。对这些，你没有想过，或许你想过，却只是轻描淡写的以为那很简单。

在你看来，有爱就够了。

可是，有爱是绝对不够的。纸上谈兵似的恋情，无异于画饼充饥；只沉浸在甜言蜜语中的恋情，是经不起时间和霜雪考验的。

智慧窗

人人都渴望甜蜜美满的爱情，但在周国平先生看来，有时候爱是一种错觉，它最容易让我们失去理智，迷失方向，或许爱的本质不是甜蜜而是悲伤。到底什么是真正的爱？或许，很多人曾经为此迷惑，也曾苦苦求索，周国平先生给出了他的答案：当你以为自己爱了的时候，不妨让自己暂时地远离，把心里升腾的爱火人为地灭一灭，然后重新打量你自以为爱着的对象，看看自己是不是具有足够懂得他的能力，至少是不是愿意努力地去了解他、理解他，并始终欣赏着他。然后，你还需把他所有的优点全部抛开，只看他的缺点，并尽可能放大他的缺点，再问问自己，你能不能够包容？你是否愿意无论贫富、疾病、环境恶劣、人生失意失利，都一心一意忠贞不渝地爱护他，在人生的旅程中永远与他心心相印相依相偎，直至白头偕老？相爱的人如果都如周国平先生所说的那样理智地想一想，相信，一定会品尝到爱情的甜蜜！

(李丽霞)

虱子的 "得宠" 和自辩
◇丁 荞

在跟人类亲密接触的寄生虫中，恐怕没有哪一种能像虱子那样，得到那么多的"恩宠"。皇室宫殿，青楼别馆，它可以自由出入；帝王将相，才子佳人，它都有肌肤之亲。也正因有此"殊荣"，它便也常出现在文人笔下，演绎出不少令人解颐喷饭的趣闻逸事来。

英国著名哲学家罗素在《结婚与道德》一文中曾谈道，中古时的欧洲人，卫生状况很差。当时肮脏不洁要受到赞美，占统治地位的教会认为"凡使肉体清洁的爱好者皆有发生罪恶之倾向"。因此，跟肮脏不洁相伴而生的虱子"被称为神的明珠，爬满这些东西是一个圣人的必不可少的记号"。于是，人身上生了虱子仿佛是获得了荣誉勋章，成了一件十分光彩的事。诚如《我们是文明么》一书中所写，"十八世纪的太太们的头上成群地养着虱子"。即使那些衣着华贵、十分讲究的贵妇人，青丝上也"明珠"串串，重重扑粉、厚厚衬垫的高髻上也爬满了虱子……

虱子在我国的"荣耀"，也绝不输于欧洲。尽管国人没有将不洁看得那般神圣，但名人的肮脏

邋遢、不修边幅一向是被当成美德歌颂的，因此他们身上的虱子身价也不同凡响。清人褚人获编的《坚瓠集》中有这样一个故事：有一天，王安石与王禹玉一同上朝，有只虱子悄悄地从王安石的衣领里爬出来，一路蜿蜒地爬到他的胡须上。宋神宗看到了，莞尔一笑，把王安石笑了个一头雾水。退朝时，王安石便问同僚王禹玉，皇上为何而笑。王禹玉指着他须上的虱子以实相告。王安石急忙让从者将虱子消灭，王禹玉却制止说："此虱屡在宰相的须间漫游，又经过皇上检阅，如

此'高贵的身份'，怎么能杀？只能将它放生。"此语一出，引得众人大笑，虱子也得以"功成身退"。

在革命战争年代，虱子也照样能走红。据说那时虱子曾被称做"革命虫"，革命队伍中很少有人没招过虱子。在《红幕后的洋人——李敦白回忆录》中，美国人李敦白曾写到这样一件事：1946年，在延安的一次舞会上，朱德曾风趣地问他："你身上长虱子没有？要是没长虱子，你就算不上真正的革命同志。"朱老总这话，具有一定的代表性。确实，当时许多人都把身上长虱子当成革命的标志，并以此为荣。

一只丑陋不堪的小虫，竟能如此得宠，而且还被人称做"有恒德"（"有恒德"出自唐代陆龟蒙《后虱赋》："衣缁守白，发华守黑；不为物迁，是有恒德。"），这让多数人都难以接受。元末有个叫杨维桢的人，就曾经对虱子大加挞伐。有一次，他在杭州的一家客店里过夜，被壁虱狠狠地咬了一通，气得他写了篇《骂虱赋》，大骂虱子说："老天为何生出你们这些孽种！你们的毒嘴吸足了膏血，养得又肥又臭，专在世上害人。我要去告发你们，将你们统统消灭！"哪知虱子听了并不害怕，反唇相讥说："我们不过是些小毒小臭，虽吸点人血，但出没适节，死生有时。哪像你们人世中的大毒大臭，违法乱纪，伤风败俗，坑害国家，残害百姓，像豺狼一般凶狠，枭獍一样残暴。他们恶贯满盈却受不到惩处，而那些忠义之士反倒常受迫害，良善之人不得善报。这种黑白颠倒使得大毒大臭们更加肆无忌惮，为所欲为。你为何不去骂他们，只拿我们这些卑琐的小虫子出气呢？"一席话，说得这位杨先生"增愤加怖，涕泗不支"，无言以对。

啊，可鄙可恶的虱子，却讲出了可圈可点的真话。谁能说它讲的没有道理呢！

悦客群

我要飞

最近不知道怎么了，越是那些曾经讨厌的东西，越能得到大家的认可。人人喊打的老鼠变成了人人喜爱的米奇，蜘蛛、蝙蝠这些阴暗的动物也能变成正义的化身，周星驰的一句"小强"让所有的蟑螂不但翻身解放，甚至还成了不屈不挠勇敢生存的英雄形象。唉，不是我不明白，这世界变化快啊。

阅览室

想 你
◇王鼎钧

想你。天晴，想你；天阴，想你；花开，想你；花落，想你；人聚，想你；人散，想你。

走近大海，想你；吸到新鲜空气，想你；走过你走过的街道，想你；听到你用过的口头禅，想你；从书本里看见某些字，想你；从地图上看见某些县，想你；吃你所讨厌的通心粉，想你；用你所讥笑的日本伞，想你。

想你沉思的眼。想你霓虹灯下的脸。想你打字机键盘上的手。想你溜冰场上的臂。想你下楼时簌簌作响的裙。想你飞过窗口的头发。想你发怒时的鼻子。想你哭泣时的肩膀。想你在水池中正面的影子。想你在月光下侧面的影子。

到那条泥径上，向每一个水汪中找你。到那座大楼前，向每一片玻璃中找你。到人群中，向每一双瞳孔中找你。到山上，向每一片树荫中找你。向每一寸空间找你。向每一本诗集找你。向音乐会的弦上找你。向摄影师的显影药水中找你。向剪影人的剪刀边缘找你。

恨我不是资本家，盖一座宏伟的大楼，用你的名字。恨我不是探险家，发现一座荒岛，用你的名字。恨我不是科学家，发现一种蝶，用你的名字。

甘愿长寿，为了再见。甘愿空闲，为了回忆。甘愿献身革命，为了给你一个更好的现实世界。甘愿信教，因为你可能有一个天堂。

想你，恨你。你将一切弄乱，将一切打碎，将一切点着燃光，将花香弄得如此浊，将菜味弄得如此淡，将人生弄得如此短而夜如此长。

可是有什么理由恨你？因为你将一个宝藏打开？因为你有一万次微笑？因为你低声说童年的故事？因为你使星期天成为上帝降福的日子？

你使一块石头跳起了脉搏。若非你，他不知道 A 弦和 G 弦的分别，看不出上午的山不是下午的山，不会用怜悯的眼色看兔子、用快乐的眼色看小狗，不会支持因妻子生病而失职的丈夫，不会在火车隆隆而过时祷告它多制造团圆、少制造离别。尽他两掬之所能容，你在里面放满了宝石。

记得在碧潭看月。记得那晚是中秋。记得那天天气阴沉，碧潭是一个很大的黑窟窿。记得来看月的人都等着，沉默地站在潭边。记得等了很久很久，云开了，碧波、弓桥、小舟、丛树、岩石，月光把这一切都创造出来。记得碧潭四周响起一片欢呼，原来潭边排满了等月的人。人人仰脸看天，在天光下，大家的脸排成一片鹅卵石。记得那天月色真好，无法形容。一切透明，山影透明，潭水透明，人心透明。记得空气新鲜洁净，使人舍不得呼吸。记得世界精致美丽，使人想飞、想化。可是月光把这个世界创造出来以后，立即予以凝固，一切停止不动，连潭心的小舟都停止不动。只有月亮在动。其实不是月亮，是云动。云又从四周合拢，而且变黑。恢复了初来时的情形，碧潭是个黑窟窿。再等下去没有希望，开始落毛毛细雨。月光只照了十几分钟，看月的人都满足了。散开，没有怨言。回家，保持着快乐的感受。到底看见明月，不负佳节。已经看见这么好的月色，不虚此行。

记得明月，记得你，能照亮生命的光，只要有，不嫌短。感伤，知足，想你，不恨你。

智慧窗

王鼎钧先生的散文结构与文调大开大阖，快速、锐利、错落，时而空灵，时而平实，时而拙朴古雅。而读《想你》，感情真挚，心思细腻，以生花妙笔描绘出了恋爱之中的人，一日不见，如隔三秋之感。在文中挥洒自如，随意的思绪下，常有妙语迭出，更让人不自觉想起了《诗经·静女》中"爱而不见，搔首踟蹰"的诗句中那个急于见到心爱女孩的男子，让人在不觉中嫣然。如果相爱之人都能如王鼎钧先生所言："记得明月，记得你，能照亮生命的光，只要有，不嫌短。感伤，知足，想你，不恨你。"相信，会更深刻地体会到爱情的甜蜜！

(臧杰)

"礻"

◇陈京松

　　深夜。中文系支部书记办公室的灯还亮着。石任戴着老花镜，左手捏着一张碎纸片，右手一页一页地翻着学生的德育课作业，将上面的字迹和纸片上的逐一对照，但一无所获。纸片是下午系里搞卫生，石任在垃圾堆里捡到的，上面写着"我爱你"三个字。为了制止学生在校谈恋爱的不良行为，他大会说，小会讲，还找了系里所有与异性接触较多的学生苦口婆心地谈了话。可今天，仍然发现了这块情书残片！

　　石任凭多年学生工作的经验断定，这一定是毕业班学生所为。他没有毕业班的课，想起手头有几份学生写的入党申请书，便拉开抽屉。他愣住了，难怪眼熟，纸片上的笔迹竟是郭燕的！郭燕是系团总支宣传委员，很听话，是石任发展入党的第一号种子。她怎么会干这种事？他又拿起纸片，发现"我爱你"后面还有半个字"礻"，这很可能是郭燕恋人姓名一个字的偏旁。他找出全系学生的名册，把姓名中带"礻"的全都挑了出来。除去两个女生，还有三人。石任首先排除了赵福民，他是一年级新生，入学刚一个月，与郭燕不相识。祁大为也不可能，个子太矮，而且，情书一般用爱称，不会把姓也挂上，写成"我爱你，祁大为"。看来，嫌疑最大者，当属张礼宾！石任曾亲眼见到，张礼宾把一本书交给郭燕。石任看过电视剧《围城》，受到的最大启发就是，借书是谈恋爱最常用的手段，因为一借一还，就有了两次见面的机会。可是，张礼宾政治上不求上进，连团组织都没有参加。郭燕就是真敢谈恋爱，也不该与他呀！也许郭燕的恋人是外系的？会不会是教师？石任越想越觉得问题严重，他决定，第二天一早，就找郭燕，让她如实交代。

　　已经十二点了。石任离开办公室，慢慢往家走。在中文系新出的黑板报前，他本能地站下来审查。打头的是一首诗，第一句是："我爱你，祖国！"石任一眼就看出，这是郭燕的笔迹。

智慧窗

　　《"礻"》对石任的僵化、呆板作了不动声色的批评。从人物的行为内容来看，作者利用了误会来制造悬念，通过铺排和渲染误会来进一步强化了悬念，待最后抖出谜底、解开误会时，才发现是互不相关的两件事交错在一起了。石任很认真、很严肃地追查"情书"的作者，而事件真相却是一个误会，一件不值得一提的小事。事件表象越是严肃认真，事件真相越是不屑一提，表层与深层的矛盾就越鲜明，作品的幽默感就越强烈。在不动声色的客观叙述中，对描写对象进行了强烈的批评。

（李丽霞）

第八棵馒头柳

◇刘心武

丈夫是搞地质的，出差是家常便饭，总是背袋一背就走了，她从来不送。丈夫下楼出门她也从不回头张望。

这回丈夫又走了。门在丈夫背后关上时，她正站在桌边收拾碗盘，一副若无其事的表情。但门关上以后，她却撂下手里的东西，去往阳台。

她站在阳台上朝下望。阳台下面是马路，马路边上栽着一排馒头柳，馒头柳的树冠又大又绿，从楼上俯看下去并不像馒头而像帐篷。她习惯性地朝阳台下往东数第八棵馒头柳那里望去。她等待着，她知道，再过五六分钟，丈夫的身影将在那棵馒头柳下出现。

他们这幢楼楼门开在没有阳台的一面。丈夫从楼门出去，绕出楼区前往地铁入口，必从第八棵馒头柳那儿经过，然后便会经过一座治安岗亭。每次，她总是欣慰地在预计的时间、预计的位置望见丈夫宽厚的背影和那个经丈夫设计、由她改制的帆布旅行背包，她总默默地对着那脊背、那背包送去她的祝福。但她从未向丈夫吐露过这隐秘的一幕，连儿子也全然未察觉。

这天，她习惯性地去往阳台，却忽然不习惯起来，因为丈夫的背影迟迟没有出现。他必得去乘坐地铁直往北京站，不可能改往别的方向。怎么第八棵馒头柳下不见他的踪影？

惶急中，她痛切地意识到，这往常短暂而稳拿的一瞥对于她有多么重要！她忍不住跑到楼下。楼门口空空荡荡。她不知不觉地来到第八棵馒头柳下，朝四面张望着。难道他钻到地底下或飞到天上去了？真不可思议。她差一点就跑进治安岗亭去报警。回到家中时儿子跟她说什么她没听见，却听见了街上急救车"呜哇呜哇"的由远及近又由近及远的声响。她无端地朝儿子发了火，心里堵着一块鹅卵石。

接连好几天她都无精打采。她一会儿暗自取笑自己，一会儿又从逻辑推理上断定情况的不正常。终于，有天晚上她接到了丈夫从很远的地方打来的电话，她情不自禁地说："你哪儿去了？你急死我了！"丈夫莫名其妙，于是她便向他倾诉了一切，她怎么每次分别时都表面上装作若无其事，每次却都要跑到阳台上去望他的背影，在那第八棵馒头柳下……电话那边沉默了一会儿，然后是丈夫深受感动的声音："傻瓜！那天我刚一出门就遇上了咱们楼的老王，他们单位的车正好接他去火车站，我就蹭了他的车，你真是死心眼儿……不过，我知道那棵馒头柳，对，第八棵馒头柳。你知道吗？每次我出差回去，你别看我进门的时候跟没事人儿似的，其实，我一走到那棵馒头柳下，就忍不住抬头望咱们家的阳台，咱们家的窗户，有时一站好几分钟，特别是晚上，那一窗灯火，让我心里头好爱你们……"

撂下电话，她才发现儿子站在面前。儿子问她："妈，您干吗抹眼泪儿？"

智慧窗

当爱情走过热恋时的甜蜜浪漫，当爱情步入婚礼的殿堂，当爱情不再轰轰烈烈，当天使坠落凡尘，当爱情留给我们的更多的是被柴米油盐酱醋茶琐事缠绕的平淡，当平淡的生活使美丽的爱情神话变得不堪一击，使甜蜜的爱情犹如一杯不断加水的蜂蜜，慢慢地变得淡而无味，我们如何去守护自己的爱情？

阅读刘心武先生的《第八棵馒头柳》，会给大家以深思与启迪：

也许，爱情有时并不需要海誓山盟的誓言，一份牵挂、一个眼神、一次凝望，就够了。

（李丽霞）

阅览室

修补爱情

◇毕淑敏

东西用得久了，便会磨损。小到一双鞋子，大到整个天空。于是诞生了修补这个行当。从业人员从街头古朴的老鞋匠，到谁都未曾谋面的一位叫做女娲的神仙。

只有珍贵的东西，才需要修补。我们不会修补一次性的筷子和菲薄的面巾纸，但若损坏的是一双象牙筷子和一幅名贵字画，又是家传的珍宝和友人的馈赠，那就大不一样了。你会焦灼地打探哪里有技艺高超的工匠，为了让它们最大限度地恢复原貌，不惜殚精竭虑。

我们修补，是因为我们怀有深情。在那破损的物件的皱褶里，掩藏着岁月的经纬和激情的图案。那是情感之手留下的独一无二的指纹，只属于特定的人和特定的刹那。

考古人员修复文物，所费的精力，绝对大于再造一件新品。比如一个陶罐，掉了耳朵，破了边沿，漏了帮底，假若它是新出厂的，肯定扔在垃圾箱里，但在修复者眼里，它们是不可替代的唯一。于是绞尽脑汁，将它复原到美轮美奂。陶罐里盛着凝固的历史和永恒的时间。修补是一个工程，需要大耐心，大勇气，大智慧。耐心是为了对付那旷日持久的精雕细刻，勇气是为了在漫长的修复过程中，坚定自己的信念和抵御他人的不屑。智慧是为了使碑的破损处，变得更加牢靠而美观。

　　人们常常担心修补过的器物，是否还有价值。也许在外观上会遗有痕迹，但在内在品质上，修补处该更具强韧的优势。听一位师傅说，锔过的碗，假如再摔于地，哪怕别处都碎成指甲盖大的碗渣，但被锔钉箍过的瓷片，依旧牢牢地拢在一起。

　　爱情是我们一生中最需精心保养的器皿，它具备可资修补的一切要素。爱是珍贵的，爱是久远的，爱是有历史的，爱是渗透了情感的，爱是无价之宝。

　　爱情的修理工，不能假手他人，只能是我们自己。当我们签下爱情契约的时候，也随手填写了它的保修单。我们既是爱情的制造者，也是它的使用者和维修者。这种三合一的身份，使人自豪幸福也使人尴尬操劳。爱情系统一旦出了故障，我们无法怨天尤人，只有痛定思痛地查找短路，更换原件，改善各种环境和条件……

　　古书上说，假如宝玉有了裂纹，可用锦缎包裹，肌肤相亲，昼夜不离身，如此三年。那美玉得了人的体温滋养，就会渐渐弥合，直至天衣无缝，成为人间至宝。

　　不知这法子补玉是否灵验？若以此法修补爱情，将它放进两颗胸膛，以血脉灌溉，以精神哺育，以意志坚持，以柔情陶冶，它定会枯木逢春，重新郁郁葱葱。

智慧窗

　　女性在散文创作上有着天生的亲和力，毕淑敏的散文文字神闲气定，字里行间流露的是她的冷静与善意。《修补爱情》更是作者以其女作家的敏感、细腻、唯美的特质，反映了她对生活、对生命、对爱情的感性认知和理性思考，因而也使本文具有了自然、优美、直达人心的魅力。

　　文章从日常生活入手："东西用久了，就会破损"，破损后，珍贵的东西，才需要修补，这也是人之常情。在我们的惯常思维中，实物破损才可以修补，但在作者的眼里："爱情是我们一生中最需精心保养的器皿，它具备可资修补的一切要素。爱是珍贵，爱是久远的，爱是有历史的，爱是渗透了情感的，爱是无价之宝。"极具哲理性的语言，给人以无尽的启迪！

（李丽霞）

智者乐水，仁者乐山

　　山山水水，本是大自然造物主"不经意"之间的"创作"，而这些创作在那些"有情者"的眼中，就带上了这样那样的感情：或是壮丽，或是秀美，或是辽阔，或是精致，或者让人生出了对大自然之雄奇的感慨，或者让人产生了思乡之情，或者让人有了浪漫的情怀……于是，那些作家笔下的文字使那些本没有生命的山山水水渐渐变得灵动起来。

　　有时候，我们真不知道是那些作家的文字成就了大自然的景色，使那些景色变成了很多人都向往的"世外桃源"；还是那些景色成就了那些作家，使他们的文字成为世代传颂的名篇。

　　山山水水，总关情！

山水境界

◇刘长春

没有山水的日子是枯燥乏味的日子。这样的日子，便使我常常想起天台的山水。天台山水之奇遍拟天下名山，犹见名山有不及处。清朝有个学者叫潘来的，跑了不少地方，还为此做了文章。我的眼中，华山的高旷，幽溪的苍寒，螺溪的峭陡，明岩的诡异，桃源的隽永，赤诚的秀丽……还有一石横空两龙争斗的石梁飞瀑，比之"飞流直下三千尺"的庐山瀑布与有"天下第一瀑"之称的雁荡大龙湫，却另有一种雄奇巧妙的意境。游石梁时，曾与允观法师邂逅，论及天下山水，他说："出奇无穷，探索无尽者，恐怕只有天台山水了。"我暗自猜度，他说的就是山水境界了！

禅家有妙语。说是：先是见山是山，见水是水；再是见山不是山，见水不是水；后来又是见山是山，见水是水。

因此，我想起，在这个世界上，在人的一生中，有许许多多的境界，而所有的境界都是需要由心灵默默地体验的。

比如爱情。"衣带渐宽终不悔，为伊消得人憔悴"是一种境界；"昨夜西风凋碧树，独上高楼，望尽天涯路"是一种境界；"蓦然回首，那人却在灯火阑珊处"又是一种境界。

比如谈禅。天台国清寺里的两个师僧，一叫寒山，一名拾得，走在月光里林木摇曳的石桥上，开始了这样的一问一答：

寒山问：世间谤我欺我辱我笑我轻我贱我恶我骗我如何处治？

拾得答：只是忍他由他避他耐他敬他不要理他，你且看他！

红尘如网。为人处世，达到了这样一种境界，心如月光一样空明，和林子一起可以遍挡多少人世的烦恼与纷扰。

个人有各自的人生，各自的人生有个人的境界。

遗憾是一种境界，苦难是一种境界，孤独、超脱、静守、陶醉……也都是境界。

此时，我又走在国清寺那条幽深而没有市声喧闹的林荫路上，一眉瘦月，几缕清风。大山缄默不语，松涛和蔼地抚摸，东、西两涧的水似一张琴弦弹奏着一种宁静。人生在世，想透了真是什么都不奇怪，心就会安然。得失苦乐算不了什么，那些小名小利的争斗，那些经济大潮冲击下的种种诱惑，是多么的微不足道……

山水，是大自然为人类专门创造的清洗带。人，一旦进入山水，宠辱皆忘，清洗了燥热，清洗了烦忧，清洗了苦恼，清洗了不平……没有山水的人生是暗淡的，疏远山水的人思想是驳杂的。

所以，我常常希望走近山水，亲近山水，在月光下孤独地或是与人一起漫步，"只有在忘掉自己时才更韵味无穷地进行默思和遐想"（卢梭语），感受着山水的一种宁静、博大和忍耐，换取一个平和的心境，然后面对生活，那便是自己人生的另一种境界。探索无尽的山水境界，也是人的境界。

智慧窗

　　"仁者乐山，智者乐水"，山水之景各有其不同之美，却又同是造物主对人类的"恩赐"。那些山山水水虽然不声不响，却可以默默地涤清我们心灵上的烦恼、忧愁与苦痛。

　　纵情于山水之中，我们感受着大自然的美丽与神奇；宠辱皆忘之时，我们感受着大自然所带给我们的美好与感动；静静地走在山水之中，我们体会到了"诗中有画，画中有诗"的意境，那种意境也使我们对人生有了更多的体悟，那些体悟：如诗，如画，如禅，如道……

　　　　　　　　　　　　　　　　　　　　　　　　　　　（臧杰）

阅览室

西溪的晴雨

◇郁达夫

　　西北风未起，蟹也不曾肥，我原晓得芦花总还没有白，前两星期，源宁来了西湖，说他倒觉得有点儿失望，因为湖光山色，太整齐，太小巧，不够味儿。他开来的一张节目上，原有西溪的一项；恰巧第二天又下了微雨，秋原和我就主张微雨里下西溪，好教源宁去尝一尝这西湖近旁的野趣。

　　天色是阴阴漠漠的一层，湿风吹来，有点儿冷，也有点儿香，香的是野草花的气息。车过方井旁边，自然又下车来，去看了一下那座天主圣教修士们的古墓。从墓门望进去，只是黑沉沉的，冷冰冰的一个大洞，什么也看不见，鼻里却闻吸到了一种霉灰的阴气。

　　把鼻子掀了两掀，耸了一耸肩膀，大家都说，可惜忘记带电筒，但在下意识里，自然也有一种恐怖，不安和畏缩的心意，在那里作恶，直到了花坞的溪旁，走进窗明几净的静莲庵堂去坐下，喝了两碗清茶，这一些鬼胎方才洗涤了个空空脱脱。

　　游西溪，本来是以松木场下船，带了酒盒行厨，慢慢儿地向西摇去为正宗。像我们那么高坐了汽车，飞鸣而过古荡，东岳，一个钟头要走百来里路的旅客，终于是难度的俗物，但是俗物也是俗益，你若坐在汽车座里，引颈而向西向北一望，直到湖州，只见一派空明，遥盖在淡绿成荫的斜平海上；这中间不见水，不见山，当然也不见人，只是渺渺茫茫，青青绿绿，远无岸，近亦无田园村落的一个大斜坡，过泰亭山后，一直到留下为止的那一条沿山大道上的景色，好处就在这里，尤其是当微雨朦胧，江南草长的春或秋的半中间。

从留下下船，回环曲折，一路向西向北，只在芦花浅水里打圈圈；圆桥茅舍，桑树蓼花，是本地的风光，还不足道；最古怪的，是剩在背后的一带湖上的青山，不知不觉，忽而又会得移上你的面前来，和你点一点头，又匆匆的别了。

摇船的少女，也总好算是西溪一景：一个站在船尾把摇橹，一个坐在船头上使桨，身体一伸一俯，一往一来，和橹声的咿呀，小波的起落，凑合成一大又圆又曲的进行软调。游人到此，自然会想起瘦西湖边，竹西歌吹的闲情，而源宁昨天在漪园月下老人祠里求得的那支灵签，仿佛是完全的应了，签诗的语文，是《鄘风·桑中》章末后的三句，叫做"期我乎桑中，要我乎上宫，关我乎淇之上矣"。

此后便到了交芦庵，上了弹指楼，因为是在雨里，带水拖泥，终于也感不到什么的大趣。但这一天向晚回来，在湖滨酒楼上放谈之下，源宁却一本正经地说："今天的西溪，却比昨日的西湖，要好三倍。"

前天星期假日，日暖风和，并且在报上也曾看到了芦花怒放的消息；午后日斜，老龙夫妇，又来约去西溪，去的时候，太晚了一点，所以只在秋雪庵的弹指楼上，消磨了半日之半。一片斜阳，反照在芦花浅渚的高头，花也并未怒放，树叶也不曾凋落，原不见秋，更不见雪，只是一味地浩荡，飘飘然，浑浑然，洞贯了我的肠腑，老僧无相，烧了面，泡了茶，更送来了酒，末后还拿出了纸和墨，我们看看日影下的北高峰，看看庵旁边的芦花荡，就问无相，花要几时才能全白？老僧操着缓慢的楚国口音，微笑着说："总要以阴历十月的中间；若有月亮，更为出色。"说后，还提出了一个交换的条件，要我们到那时候，再去一玩，他当预备些精馔相待，聊当做润笔，可是今天的字，却非写不可，老龙写了"一剑横飞破六合，万家憔悴哭三吴"的十四个字，我也附和着抄了一副不知在那里见过的联语："春梦有时来枕畔，夕阳依旧上帘钩。"

喝得酒醉醺醺，走下楼来，小河里起了晚烟，船中间满载了黑暗，龙妇又逸兴遄飞，不知上哪里去摸出一枝洞箫来吹着。"其声呜呜然，如怨如慕，如泣如诉，余音袅袅，不绝如缕"，倒真有点像是七月既望，和东坡在赤壁的夜游。

智慧窗

西溪似乎并不如西湖那么出名，但是，西溪的美似乎更加具有悠然的江南气息。西溪应当是安静的吧，可以和三五好友一起赏景品茶；西溪应当是湿润的吧，江南的雨淅淅沥沥地下在每个人的心中；西溪应当是清香的吧，春雨伴着清茶的味道，淡淡的就让人醉了……

西溪应该是在我们的梦中出现过一次又一次的精致的江南：有雨，有茶，有香，有情，有湖，有船，还有那些撑着油纸伞眉宇间带着淡淡哀怨的江南的姑娘……这是一幅多么美丽的画卷呀！

（臧杰）

爱晚亭

◇谢冰莹

萧索的微风，吹动沙沙的树叶，潺潺的溪水，和着婉转的鸟声。这是一曲多么美的自然音乐呵！

枝头的鸣蝉，大概有点疲倦了？不然，何以它们的声音这样断续而凄楚呢？

溪水总是这样穿过沙石，流过小草轻软地响着，它大概是日夜不停的吧？

翩翩的蝶儿已停止了它们的工作躺在丛丛的草间去了。唯有无数的蚊儿还在绕着树枝一去一来地乱飞。

浅蓝的云里映出从东方刚射出来的半边新月，她好似在凝视着我，睁着眼睛紧紧地盯望着我——望着在这溪水之前，绿树之下，爱晚亭旁之我——我的狂态。

我乘着风起时大声呼啸，有时也蓬头乱发地跳跃着。哦哦，多么有趣哟！当我左手提着绸裙，右臂举起轻舞时，那一副天真娇憨而又惹人笑的狂态完全照在清澄的水里。于是我对着溪水中舞着的影儿笑了，她也笑了！我笑得更厉害，她也越笑得起劲。于是我又望着她哭，她也皱着眉张开口向我哭。我真的流起泪来了，然而她也掉了泪。她的泪和我的泪竟一样多，一样快慢地掉在水里。

有时我跟着虾蟆跳，它跳入草里，我也跳入草里，它跳在石上蹲着，我也蹲在石的上面，可是它洞然一声跳进溪水里，我只得怅惘地痴望着它很自由地游行罢了。

更有时鸟唱歌，我也唱歌；但是我的嗓子干了，声音嘶了。它还在很得意很快活似的唱着。

最后，我这样用了左手撑持着全身，两眼斜视着衬在蔚蓝的云里的那几片白絮似的柔云，和向我微笑的淡月。

我望久了，眼帘中像有无限的针刺着一般，我倦极了，倒在绿茸茸的嫩草上悠悠地睡了。和煦的春风，婉转的鸟声，一阵阵地，一声声地竟送我入了沉睡之乡。

梦中看见了两年前死去的祖母，和去腊刚亡的两个表弟妹。祖母很和蔼地在微笑着抱住我亲吻，弟妹则牵着我的衣要求我讲《红毛野人的故事》，我似醒非醒地在觉伤心，叹了一声深长的

冷气。

清醒了,清醒了,完全清醒了;打开眼睛,满眼春色,于是我又忘掉了刚才的梦。

然而当我斜倚石栏,倾听枫声,睨视流水,回忆过去一切甜蜜而幸福的生活时,不觉又是"清泪斑斑襟上垂"了。

但是,清风吹干了泪痕,散发罩住着面庞的时候,我又抬起头来望着行云和流水,青山和飞鸟微微地苦笑了一声。

唉!

我愿以我这死灰、黯淡、枯燥、无聊的人生,换条欣欣向荣,生气蓬勃的新生命。我愿以我这烦闷而急躁的心灵,变成和月姊那样恬淡,那样幽闲。我愿所有的过去和未来的泪珠,都付之流水!

我愿将满腔的忧愤,诉之于春风!

我愿将凄切的悲歌,给予林间鸣鸟!

我愿以绵绵的情丝,挂之于树梢!

我愿以热烈的一颗赤心,浮之于太空!

我愿我所有的一切,都化归乌有,化归乌有呵!

淡淡的阳光,穿过丛密的树林,穿过天顶,渐渐地往西边的角上移去,归鸦掠过我的头顶,呜呀呜呀地叫了几声;蝉声也嘈杂起来,流水的声音似乎也宏大了,林间的晚风也开始了它们的工作,我忽而打了一个寒噤,觉得有些凉意了,站起来整理了衣裙,低头望望我坐着的青草,已被我践踏得烘热而稀软了。

"春风吹来,露珠润了之后,它该能恢复原状吧?"我很悲伤地叹息着说。

我提起裙子,走下亭来,一个正在锄土的农夫,忽然伸了伸腰,回转头来目不转睛地望着我——一直到我拐弯之后,他才收了视线。

1926 年春于麓山之昆涛亭

智慧窗

"远上寒山石径斜,白云生处有人家。停车坐爱枫林晚,霜叶红于二月花。"因为这样一首经典的古诗,所以提到爱晚亭,人们总是会想到秋天,想到红叶。其实,无论是秋天还是红叶,都并不代表着"死灰、黯淡、枯燥、无聊",而应该是一种新生命的蕴蓄。消极的人眼中的世界常常是萧索的,积极的人眼中的世界总是生机勃勃的。

那么,不妨让我们用积极的眼光去看待这个世界,这样,哪怕是秋天、哪怕是落叶,哪怕真的是萧索和黯淡的景色,我们仍旧可以感受到蕴蓄于其中的新的生命的力量。

(臧杰)

风雨醉翁亭 （节选）

◇何 为

　　那天驱车出城，在琅古道下车步行。湿漉漉的宽阔青石板道长约二里许，道旁两侧，浓荫蔽空，如入苍黑色的幽寂之境。时或可见古栈道的车辙，使人想象遥远的岁月。行经一座绿苔斑斑的古老石桥，举首可见林木掩映的亭台楼阁，有一组苏州园林格局的建筑紧靠崖壁下，这就是传誉古今的醉翁亭所在地。

　　醉翁亭在宋朝初建时，其实不过是一座孤立的山亭。史载九百多年前，欧阳修被贬谪到滁州任太守，为琅山的秀丽景色所迷醉，在职约两年三个月时间，感怀时世，寄情山水，常登此山饮酒赋诗。琅古刹住持僧智仙同情欧阳修的境遇，尤钦佩他的文才，特在山腰佳胜处修筑一亭，以供太守歇脚饮酒。欧阳修时年仅四十，"自号曰醉翁"，即以此亭名为醉翁亭，其传世之作《醉翁亭记》盖出于此。

　　雨中走向醉翁亭，恍如进入古文中的空灵境界，有一种超越时空的幻异感。过了古桥，骤闻水声大作。原来连日多雨，山溪水势湍急，水花银亮飞溅。小溪流绕过一方形石池，池水清澈澄明，此即欧文中所说的"酿泉"。掬水试饮，清甜无比。不知道这立有碑刻的"酿泉"是否即太守酿酒之泉。

　　将近千年以来，沧海桑田，历经变迁，最早的醉翁亭只能存于欧文之中了。然而，山水犹在，古迹犹在，醉意犹在。人们是不愿《醉翁亭记》中抒情述怀的诗画美景在人间消失的。

　　想必是为了满足远道而来访古寻幽者的愿望，现在的醉翁亭发展为"九院七亭"，又称"醉翁九景"，都是历代根据欧文中的某些意境拓展兴建的，远非曩时"太守与客来饮于此"的山野孤亭可比。例如门楣上题着"山水之间"和"有亭翼然"这一类小院，其名皆取自欧文。这组建筑中，多半又以"醉"与"醒"为主体，后者如"醒园"和"解醒阁"，似乎欧阳修常常喝得烂醉如泥，非醒酒不可。其实未必如此，这位太守自己说得很明白："饮少辄醉""颓乎其中者，太守醉也"，我看都是一种姿态。他的本意"在乎山水之间也"，即使带有一点醉眼蒙眬中看人生世相的意味，实际上也是十分清醒的。

　　今之醉翁亭位于正门的东院，是一座典雅的飞檐亭阁。亭侧的巨石上刻着篆书的"醉翁亭"三个大字，碑石斜卧，宛然似呈醉态。斜风细雨，在亭内亭外徘徊良久。旋即到亭后的"二贤堂"。这"二贤"有几种说法，一种较为可信的说法是指欧阳修和苏东坡。这里有一座新塑的欧阳修高大立像。屋外漫步时，忽然觉得，有些古迹还是"虚"一些，回旋的余地大一些，更能激发思古之幽情，归根结底这也是爱国主义的感情，我如是想。

从"二贤堂"向西至"宝宋斋"，进入明建砖木结构的狭小平屋。屋内有两块青石古碑，嵌于墙垣之间，高逾七尺，宽约三尺。两碑正反面刻着苏东坡手书的《醉翁亭记》全文，每字足有三寸见方。"欧文苏字"，勒石为碑，稀世珍宝，何等名贵！然而在那灾难的十年间，竟有愚昧狂暴之徒以水泥涂抹古碑上，铁笔银钩，几不可辨。这两块巨型碑石，既是历史文明的见证，又是野蛮年代留下的印证。游人驻足而观，无不为之长叹。虽然近年来另建六角形仿古"碑亭"一座，将"宝宋斋"中的古碑加工拓印后另立碑石于此，然较之原件逊色多矣，成为永远无法弥补的缺憾了。

智慧窗

因为有了欧阳修的《醉翁亭记》，所以，醉翁亭就成了一个令人向往的地方。在我们的想象中，醉翁亭应该是一个古朴、安静，又充满着历史沧桑感的地方。走近那里，可以发发思古之幽情，可以感受到千年前古人的情怀。那一刻，我们似乎都能拥有一种与古代文人墨客相通的心境。

雨中走在醉翁亭，应该更是别有一番滋味和感慨的吧？那一片细雨将醉翁亭洗得洁净，更将走在这里的旅人的心也洗刷得纤尘不染。恍惚间，我们仿佛看到了欧阳修挥毫写下《醉翁亭记》时的洒脱与飘逸。

（臧杰）

阅览室

灵洁九寨沟（节选）

◇艾煊

九寨沟，阴晴晦暝，四时景色不同。山美，树美，云美，雪峰美，瀑布美。最美的是大大小小串珠般的，一百一十四个梯级湖泊。这些有灵性的神秘小湖，来自天上，流注到距我们头顶三千公尺的高空，凝汇成令人看了心跳的明洁圣湖。

湖水，清澈见底，洁净无染，透彻明亮，但又不是单纯的亮白。它透明的色调，竟会是五颜六色，落彩缤纷。

水晶无影。九寨沟的湖水，和水晶同质，无论多么深，都可窥透湖底。水草有生命，水底岩石也有生命。就连原始林中枯死后沉入湖中的树木，也起死回生，在湖水里重新获得了生命。

天下湖泊多矣，但一湖之水难分两色。唯九寨沟的这些小湖极为奇妙，一湖晶亮的水，竟分成为好几片互不混同的色块。蓝，绿，黄，红。每一色，又化开来，洇染成了若干深深浅浅、透明无影的色阶。藏青，宝蓝，淡蓝，墨绿，翠绿，浅绿，鹅黄，金黄，紫红，桃红。

这湖水色泽的五彩，自何而来？这些绮丽美色，并非山岭、流云、花树的倒影。色阶丰富的恬静神秘水色，你，来自何方？

九寨沟的高山梯级湖泊，湖水是由高处倾泻式地往下流淌。但无一丝一毫躁动感，看不到它在忙忙碌碌地奔流。水表平静无波。

世间万千湖泊，往往在月光下才显示出很美。九寨沟的小湖，阳光照耀下的湖水，也和月光下的湖水一样，温柔，平和，宁静。

湖水澄澈，明亮，多色。像是多民族幼儿园中，各种肤色儿童，睁大稚气纯真透明的眼睛。湛蓝眼珠，釉黑眼珠，亮褐眼珠。

这里是俗尘世界，并非天神的仙游苑。如此美的俗世山光，如此美的俗世凡水，除此川康高原外，人间还会有几处？

我的笔钝词拙，只能叙述，形容，无法传达她的灵妙仙韵。

文字力弱。也许音乐或绘画，可传其一二神妙。

古琴曲有《高山流水》，弹奏的是七十二澎湃激流。不知今乐中，有曼吟九寨沟秀山柔水的圣曲否？

古今西洋油画中，有没有描绘过类似九寨沟的绝色湖泊？古今中国画中，无论泼墨山水或青绿山水，有没有显示出如同九寨沟般的明澈，和她丰富的色调？

九寨沟的湖水，美绝，妙绝，灵绝。若非身临此境，如何领会世间竟有此洗涤灵魂的纯水。我平生在许多美湖上居住过，航行过，但从未有过像面对此湖时，这般令人感动得心醉，心悸。我痴望着澄澈宁静的湖水。这无言的情意脉脉的纯净水，渗透进心的深处。感动得人无法自持，泪，默默地溢眶缓流。如是一个人独游，我将匍匐于岸边，面对天和湖，伏地虔诚膜拜。世世代代礼的拘囿，我辈已丧失了想哭就哭想笑就笑的真人性。我这浊世庸人，无计脱俗，灵魂无翅飞升，只好从俗。

圣洁的湖水，原是天帝滋养熊猫的琼浆。人进熊猫退，在此居住了亿万年的憨熊猫，让出了如此美的栖息之地，如古代隐逸之士般远避人类无端的侵扰。善良的熊猫，你这高山隐士，此刻结庐于何所？

人们极爱九寨沟。但近十数年间，三十万人的侵扰，又无情地搅乱了此山此林此湖亿万年绝美的宁静。

人人都说九寨沟美。美，这象形字该当如何构成？古人造字有误，以火烤羊肉为美。那只是口腹物欲之美。到了九寨沟，忽有所悟。山水人，三者叠加，方可视为象形文的美字。这是人与自然的融溶之美。

智慧窗

"黄山归来不看山，九寨归来不看水"这句谚语既是对黄山、九寨的赞美，更道出了黄山之山、九寨之水难以用言语形容的绝妙。九寨的水仿佛领着你走进了一个童话的世界，在那里有缤纷的色彩，那些美丽鲜亮的色彩为走进去的人们营造了一个如梦的仙境。

大自然最绝妙的景色，也许是任何艺术形式都难以描摹尽的。那种美丽的景色，会让你久久地沉浸其中，不能自拔，更会让你觉得自己的"渺小"与"卑微"。那就让每一个走进去的人都怀着一颗"谦卑"的心，好好感受大自然所带给我们的妙绝吧！

（臧杰）

抚仙湖里的鱼 （节选）

◇贾平凹

　　如此近地坐在海边，看海水摇曳出一片一片光波，如无数的刀在飞舞，而刹那间恍惚，整个海面陡然翘起，似乎要颠覆过来，这还是平生第一次。两千年的七月十五日下午，我就是这样坐在尖山下的小渔村口，面对着云南的抚仙湖。抚仙湖当地人称之是海。海是这么的蓝！原以为水清无色，清得太过分了竟这般蓝，映得榕树也苍色深了一层。有人就坐在树下的石砌岸上，将赤着的脚浸在海里，上身的白衫发着莹光，却能看见水中那如藕的腿和染成绛红的脚的指甲。屋主用一种大的捞勺从海里舀水冲洗石子走道，舀上来的水里有一尾青脊梁的小鱼，欢乐着蹦，然后就蹦到了海里。而榕树枝上就挂了一个如罐似的铜锅，锅里正为我们烹着辣汁的鱼。

　　今天能吃到最鲜美的鱼了。我是这么想着，异常兴奋。一份考古杂志上讲，人并不是猴子所变的，而是来自水里。如果这种结论成立，鱼与人类应该算是亲近的，是鱼养活了人。花的开放是为着蜂蝶来采，鱼的生成就为着把坟墓建在人腹吗？那么，铜锅里的鱼来自海的哪一角呢？它活了多少岁月在等待着了我这个北方的人？！

　　我环顾着海的周边，午后的霞光和水汽使群山虚化成水墨画中的皴染。唯独尖山在屋后，真实明显，它无基无序，拔地而起，阴影就铺了全部的渔村。将眼光尽量地往远处看，海的那边影影绰绰能看到有着楼房的县城，半个小时前，我们就是从那里驱车绕道从尖山的背后过来的。同来的云南人告诉说，如果运气好，逢着个好的天气，清晨依稀能看见在海面上有原来县城的幻影。但我没福看到。我看到的只是这么几户人家的小渔村。或许这地方原本就是一个小渔村，小渔村发展成了旧城，旧城又发展成了小渔村。沧桑变化，变化成如今的模样真是再好不过的事了。据说那次旧城沉没，正好是一个晚上，除一对无眠的老夫妇逃出外，屋舍、人物、家畜全无消息。人是从水里爬上岸的动物，而那么一城的人又复归于水里，他们是变成了人鱼吗？一只水鸟贴着海面飞过来，兜一个圈儿，又贴着海面飞了去，在偶然望见的那一个崖头下，石头上坐着了一个人，我想象那会不会坐着一个人首鱼身的美人鱼呢？

　　“那是捞鱼的。”陪我的人说。

　　“捞鱼的？”我怎么能相信呢，“坐在崖头下捞鱼？！”

　　原来这里的人很少荡船在海里张网捕鱼。古老的时候，他们用勺能连鱼带水舀上来，或者用竹茅在水里扎。如今鱼的需求量多了，也只是在崖头下的小石穴里等着鱼钻竹篓，这如同猎人的守株待兔。小石穴里，都是有泉水往海里流的，流出的泉和海的颜色不同，水质也不同，鱼顺着泉水往上游，只消在那儿放一个竹篓，鱼就进去了。泉水在海水中的光亮，如佛在尘世的召唤，海里那么多的鱼，能不能完满成自己的生命，将坟墓修建在人的肚腹，就看它的造化了。

关于这个海里的鱼，是怎样的一种社会，有怎样的生存方式和信仰，真是无法想象的神秘。我提议能否去海上看看呢，于是搭乘了汽艇，遗憾地并没有见到一条鱼，鱼一定是沉潜在海底，海底里有水晶宫一样的去处吧？汽艇开得快起来，柔软的水面竟成了坚强的陆地，颠簸得身子生疼。陪同的人说要看鱼得阴历十五月圆的夜里，所有的鱼都游近了远处的那个孤岛下，若站在孤岛上可以看见四周一圈几米宽的鱼群带，白花花一片，鱼的划水声响成一种轰轰声。但那天不是阴历的十五，天又不是晚上，我仍是没有看到鱼，上得了孤岛，岛上住着一座佛庙，佛庙的门掩着，庙的花坛边坐着一群鲜艳的年轻女子，我弄不明白那是来庙里烧香的游客，还是鱼上了岸的化身？

智慧窗

小时候，我们都听过有关小美人鱼的故事。似乎从那个时候开始，我们就认定水中的鱼儿一定是一个充满灵气而又异常漂亮、良善的女孩，于是，我们便希望那个美丽的小美人鱼能有一个美好的结局，希望她能够和自己心爱的王子过上美满幸福的生活。于是，人鱼公主生活的宫殿便常常出现在我们的梦中，那也是我们对大海、对湖泊的童话式的想象。

当我们渐渐长大，有一日真的来到了海边，去到了湖边，我们仍旧惦念着我们儿时故事中的小人鱼公主，仍旧惦记着她是否能够拥有一个美满的结局——公主和王子从此过上了幸福的生活，是在大海里的水晶宫中么？

(臧杰)

阅览室

桂林山水（节选）

◇方 纪

桂林山水的宜于入画，古人早已注意到了。宋代诗人黄庭坚就写道："桂岭环城如雁荡，平地苍玉忽嵯峨。李成不生郭熙死，奈此千峰百嶂何。"诗人的意思，恐怕不止是说当时画家画桂林山水的少，还在说，即使李成、郭熙在，也还没有画出如桂林山水的这般秀丽来吧？后来元明人多画黄山，到清初的石涛，由于他的出生桂林，才把他幼年的印象，带入山水画中，形成了独特的风格。到了近代，山水画大师黄宾虹，便以"遍写桂林山水"为生平得意，齐白石更说"自有心胸甲天下，老夫看惯桂林山"了。所以看起来，桂林山水的入画，对于丰富中国山水画的技法，该是不无关系的。

至于在文学上，为桂林山水塑造出一种形象，为人所公认，并能传之千古，恐怕至今还要推韩愈的"江作青罗带，山如碧玉簪"两句。他把桂林山水拟人化，比喻为一个素朴而秀美的女子，确是有独到的观察。虽然这种形象，在我们时代的生活里已经看不见了，但透过对于古代生活的理解，人们还是可以想象出桂林山水的面貌和性格来的。这次到桂林，登叠彩山，攀明月峰，凌空一望，果然，漓江澄碧，自西北方向款款而来，直逼明月峰下，然后向东一转，穿桂林市，绕伏波山、象鼻山，向东南而去。正像一条青丝罗带，随风飘动。而周围的山峰，在阳光和雾霭的照映中，绿的碧绿，蓝的翠蓝，灰的银灰，各个浓淡有致，层次分明；正像美人头上的装饰，清秀淡雅。

概括一带自然面貌，塑造出鲜明的形象来，在文字上是不容易的，往往不是过分刻画，就是失之抽象。难怪后来的诗人，包括那些知名的如黄庭坚、范成大、刘后村等，虽都到了桂林，写了诗，但却没有一个形象如韩愈的这般概括而生动。范成大写《桂海虞衡志》，极力状写桂林山水的奇异，结果是人家不相信，只好画了图附去。可见用语言文字，表现一些人所不经见的东西，是需要一点艺术手段的。

古人于描写山水中创造意境，不独描写自然的面貌，是早有体会的。所以山水画、风景诗，才成为作者思想与人格的表现。柳宗元的遭贬柳州为"谬人"，终日"施施而行，漫漫而游"，结果是写出了好些意境清新、韵味隽永的散文来。试读从《桂州訾家洲亭记》以下，至《至小丘西小石潭记》的十来篇，在描写桂林一带的山水上，真是精美无匹。这些散文虽只记述一次出游，或描写一丘一壑，一水一石，长不逾千，短的不到二百字，但那观察之细微，体会之深入，描绘之精确，文字之简洁，在古代描写风景的散文里，可以说是少见的。柳宗元在这些文章里创造了一系列前人所无的境界，到最后，却自己写道："坐潭上，四面竹树环合，寂寥无人，凄神寒骨，悄怆幽邃。以其境过清，不可久居，乃记之而。"（《至小丘西小石潭记》）他对这样的山水得出一个"清"字的境界来，这于他那个时代的桂林的自然面貌，并自身遭遇的感受，是非常确切的。但当他概括地写到桂林的山，便也只有"发地峭竖，林立四野"八个字了。

智慧窗

"桂林山水甲天下"，人们早早地就将"天下第一"的美誉给了这样一片神奇的山山水水，于是，在没有去桂林之前，便已心驰神往，想见识一下这"天下第一"究竟是怎么样的景色。

当我们真的走到了桂林山水的面前，我们便会觉得"天下第一"的美誉一点也不为过。那时候，你只觉得自己的眼睛已经不够用了，四周的美景，让你目不暇接、连声赞叹。那些文人的赞美之词，那些画家的山水风景，怎能写得尽、画得完桂林山水的绝世之美？

（臧杰）

阅览室

感悟失去

◇道 宇

生命在一点一滴凝聚的同时，其实也在一分一秒地失去。

有一天我们发现自己长大了，却也发现童年失去了，而且还失去了透明的童真。

有一天我们发现自己懂事了，却也发现少年失去了，而且还失去了风发的意气。

有一天我们发现自己成熟了，却也发现青年失去了，而且还失去了刚直的锐气。

为了糊口，整日奔波忙碌，不知不觉中失去了曾经激荡于心的诗情和梦想。

为了挣钱，于是太在乎得失，不知不觉中失去了曾经引以为豪的慷慨和义气。

为了保住名利，学会了察言观色和见风使舵，不知不觉中失去了曾经被人称道的率直和坦荡。

可能在我们叹息早晨没有日出的时候，已经失去了本来就很宝贵的晨光。

可能在我们赞赏皎洁的月色的时候，已经失去了月光下宁静的思考。

可能在我们为碰壁而黯然神伤的时候，同时又失去了再次进攻的时机。

可能在我们为某一成功而得意祝贺时，同时已失去了洞察自己潜在危机的清醒。

我们的手掌就那么大，不可能把全世界的好东西都抓住，捧起雪花，雪终将化掉；就是掬起一捧海水，海水也终将从指缝间漏尽。

我们的头脑能装进的东西毕竟有限，过多地记住了别人对自己的不好，就失去了与人为善的心意；过多地记住了过去的失意与伤心，就失去了再次进取再搏一把的勇气；过多地记住了遭遇的丑恶和不公，就失去了对美好与善良的希冀与坚信。

认真想想，有时我们追逐的只是些过眼烟云，而我们失去的恰恰是尤可珍重的宝物；我们得到了许多世俗称道的东西，而我们失去的恰恰是人生最为迷人的淡泊与宁静。

青春容颜终将失去，但一定不要失去向上的心。

手中的权力终将失去，但一定不要同时失去了人格的魅力。

甚至，我们的生命也终将失去，但一定不要同时失去了人们对你的敬意和怀念。

也许，我们失去的可能比得到的要多，这不要紧，因为我们最终得到的是最宝贵的。正如失去了青春年华，却开辟了一方实现自己理想的天地一样；正如失去了轻松无忧的生活，而寻找到了任自己飞翔的天空一样。

智慧窗

水天一色

有时，我们得到应该得到的很少，却失去不应该失去的很多，这是令人遗憾的；我们得到不应该得到的很多，但同时也失去不应该失去的很多，这也是令人遗憾的。失去什么是肯定的，但得到什么就是未知的了。这么看人生是很不公平的，但这就是人生，没有往返，只是单程。

太湖游记 （节选）

◇钟静文

　　朋友，你试听：惠山街，五里长。踏花归，鞋底香。你再听：一枝杨柳隔枝桃，红绿相映五里遥。在这些民众的诗作里，把那五里街说得多么有吸引人的魅力啊！正是柳丝初碧、夭桃吐花的艳阳天，而我却居然"失之交臂"，人间事的使人拂意的，即此亦足见其一端了。我也知道真的"踏花归"时，未必不使我失望，或趣味淡然，但这聊以自慰的理由，就足以熨平我缺然不满足之感了么？那未免太把感情凡物化了。

　　为了路径的顺便，我们又逛了一下锡山。山顶有龙光寺，寺后有塔。但我们因怕赶不及时刻回苏州，却没有走到山的顶点便折回了。这样的匆匆，不知山灵笑我们否？辩解虽用不着，或者竟不可能，但它也许能原谅我们这无可奈何的过客之心吧。

　　梅园，是无锡一个有力的名胜，这是我们从朋友的谈述和《游览大全》的记载可以觉得的。当我们刚到园门时，我们的心是不期然地充满着希望与喜悦了。循名责实，我们可以晓得这个园里应该有着大规模的梅树的吧。可惜来得太迟了，"万八千株芳不孤"的繁华，已变成了"绿叶成荫于满枝"！然而又何须斤斤然徒兴动其失时之感叹呢？园里的桃梨及其他未识名的花卉，正纷繁地开展着红白蓝紫诸色的花朵，在继续着梅花装点春光的工作啊。我们走上招鹤亭，脑里即刻联想到孤山的放鹤亭。李君说，在西湖放了的鹤，从这里招了回来。我立时感到"幽默"的一笑。在亭上凭栏眺望，可以见到明波晃漾的太湖，和左右兀立的山岭。我至此，紧张烦扰的心，益发豁然开朗了。口里非意识地念着昔年读过的"放鹤亭中一杯酒，楚山水鳞鳞"的诗句，与其说是清醒了悟，还不如说是沉醉忘形，更来得恰当些吧。

　　出了梅园，又逛了一个群花如火的桃园；更经历了两三里碧草、幽林的田野及山径，管社山南麓的万顷堂是暂时绊住我们的足步了。堂在湖滨凭栏南望，湖波渺茫，诸山突立，水上明帆片片，往来出没其间，是临湖很好的眺望地。堂旁有项王庙。这位"夭亡"的英雄，大概是给司马迁美妙的笔尖醇化了的缘故吧，我自幼就是那样的喜爱他、同情他，为他写过了翻案的文章，又为他写过了颂扬的诗歌。文章虽然是一语都记不起来了，诗歌却还存在旧稿本里。年来虽然再不抱着那样好奇喜偏的童稚心情了，可是对他的观念，至少却不见比对他的敌人（那位幸运的亭长）来得坏。我走进了他那简陋的庙宇，在心理上的根据，并不全是漠然的。在我的脑里，以为他的神像至少是应该和平常所见的古武士的造像一样，是神勇赫然，有动人心魄的大力的。哪知事实上所见的，竟是"白面、黑须、衮冕、有儒者气象"，不似拔山盖世之壮士呢！我想三吴的人民，是太把英雄的气态剥去，而给予以不必要的腐儒化了。

　　不久，我们离去管社山麓，乘着小汽船渡登鼋头渚了。渚在充山麓，以地形像鼋头得名的。

上面除建筑庄严的花神庙外，尚有楼亭数座。这时，桃花方盛开，远近数百步，红丽如铺霞缀锦，春意中人欲醉。庙边松林甚盛，葱绿若碧海。风过时，树声汹涌如怒涛澎湃。渚上多奇石，突兀俯偃，形态千般。我们在那里徘徊顾望，四面湖波，远与天邻，太阳注射水面，银光朗映，如万顷玻璃，又如一郊晴雪。湖中有香客大船数只，风帆饱力，疾驰如飞。有山峰几点，若浊世独立不屈的奇士。湖上得此，益以显出它的深宏壮观了。

智慧窗

梅花和桃花都是中国古代文人颇为喜爱的吟咏对象，尤其是梅花，作为"四君子"之首，它似乎早已成为了中国古代文人一种精神和气节的象征。"梅妻鹤子"便是文人与梅花故事中最广为传颂的一个吧。如果说梅花是中国古代文人精神和气节的象征，那么，桃花就常常被看做是美好爱情的象征了，那样一首"去年今日此门中，人面桃花相映红。人面不知何处去，桃花依旧笑春风"的诗使桃花成了爱情的代名词。

在游太湖的时候感受梅花的精神与傲骨，体味桃花的甜蜜与芳香，更为太湖之美增添了几多情趣。

（臧杰）

阅览室

游石钟山记

◇季羡林

幼时读苏东坡的《石钟山记》，爱其文章奇诡，绘声绘色，大为钦佩，爱不释手，往复诵读，至今犹能背诵，只字不遗。但是，我从来也没有敢梦想，自己能够亲履其地。今天竟能于无意中来到这里，真正像做梦一般，用金圣叹的笔调来表达，就是"岂不快哉"！

石钟山海拔只有五十多米，摆在巍峨的庐山旁边，实在是小巫见大巫。但是，山上建筑却很有特点，在非常有限的地面上，"五步一楼，十步一阁，廊腰缦回，檐牙高啄，各抱地势，钩心斗角"。今天又修饰得金碧辉煌，美轮美奂。从山下向上爬，显得十分复杂。从怀苏亭起，步步高升，层楼重阁，小院回廊，花圃清池，佛殿明堂，绿树奇花，翠竹修篁，通幽曲径，花木禅房，处处逸致可拘，令人难忘。

这里的碑刻特别多，几乎所有的石头上都镌刻着大小不同、字体不同的字。苏轼、黄庭坚、郑板桥、彭玉麟等等，还有不知多少书法家或非名家都在这里留下手迹。名人的题咏更是多得惊人，从南北朝至清代，名人咏石钟山之诗多达七百多首。从陶渊明、谢灵运起，直至孟浩然、李白、钱起、白居易、王安石、苏轼、黄庭坚、文天祥、朱元璋、刘基、王守仁、王渔洋、袁子才、蒋士铨、彭玉麟等等都有题咏。到了此地，回忆起将近两千年来的文人学士，在此流连忘返，流风余韵，真是想发思古之幽情。

　　此地据鄱阳湖与长江的汇流处，历代兵家必争之地，在中国历史上几次激烈鏖兵。一晃眼，仿佛就能看到舳舻蔽天、烟尘匝地的情景。然而如今战火久熄，只余下山色湖光辉耀祖国大地。

　　我站在临水的绝壁上，下临不测，碧波茫茫。抬眼能够看到赣、皖、鄂三个省份，云山迷蒙，一片锦绣山河。低头能够看得到江湖汇流，扬子江之黄与鄱阳湖之绿，泾渭分明，界线清晰，并肩齐流，一泻无余，各自保持着自己的颜色，决不相混，长达数十里。"楚江万顷庭阶下，庐阜诸峰几席间"，难道不能算是宇宙奇迹？我于此时此地极目楚天，心旷神怡，仿佛能与天地共长久，与宇宙共呼吸。不由得心潮澎湃，浮想不已。我想到自己的祖国，想到自己的民族。我们的祖先在这里勤奋劳动，繁殖生息，如今创造了这样的锦绣山河万里。不管我们目前还有多少困难和问题，终究会一一解决，这一点我深信不疑，我真有点手舞足蹈，不知老之将至了。这一段经历我将永远记忆。

　　我游石钟山时，根本没想写什么东西。有东坡传流千古的名篇在，我是何人，敢在江边卖水，圣人门前卖字！但是在游览过程中，心情激动，不能自已，必欲一吐为快，就顺手写下了这一篇东西。如果说还有什么遗憾的话，那就是我没能在这里住上一夜，像苏东坡那样，在月明之际，亲乘一叶扁舟，到万丈绝壁下，亲眼看一看"如猛兽奇鬼，森然欲搏人"的大石，亲耳听一听"噌吰如钟鼓不绝"的声音。我就是抱着这种遗憾的心情，一步三回首，离开了石钟山。我嘴里低低地念着不知道是什么时候在我心中吟成的两句诗："待到耄耋日，再来拜名山"，我看到石钟山的影子渐小渐淡，终于隐没在江湖混茫的雾气中。

智慧窗

　　石钟山似乎是因为苏东坡才出名的吧？当然，苏东坡的那篇《石钟山记》也使得人们在赞叹苏东坡诗词之妙的同时不由得要去赞叹他写散文的功夫也十分了得。也许那时候我们背下了《石钟山记》，也就将文中所描摹的景色牢牢地印在了自己的心中，想着有一日我们也要去那里，看看那里的山山水水是否真如苏东坡笔下那般神奇瑰丽。

　　其实，每一位到过石钟山的人可能对石钟山都会有不同的印象和感受。然而，相同的是那些山山水水所带给我们的无穷震撼，使我们都忍不住想写下一篇属于自己的《石钟山记》。

（臧杰）

我们生活的这个世界

　　有人觉得自己的生活平淡如水，珠不知，水也会有不同的滋味。茶水清新淡雅，酒水醇厚芳香，咖啡香醇味浓……即便只是一杯白开水，细细地品味，也可以从中品出一丝淡淡的甜味，那甜味也许就是生活中的小美好与小幸福。

　　会生活的人，绝不会去抱怨生活的平淡无味，因为他们有一双善于发现美好和幸福的眼睛，因为他们有一颗能够体会到美好和幸福的心灵。所以，他们能够从平淡如水的生活中体味到生活的意趣，他们的生活也就变得不再平淡。

　　其实，我们生活的这个世界是丰富多彩的，你只需要留心地发现、仔细地感受，你便不会再错过那些平淡中的美好与幸福。

喝　茶

◇周作人

　　前回徐志摩先生在平民中学讲"吃茶"——并不是胡适之先生所说的"吃讲茶"——我没有工夫去听，又可惜没有见到他精心结构的讲稿，但我推想他是在讲日本的"茶道"（英文译作Teaism），而且一定说得很好。茶道的意思，用平凡的话来说，可以称作"忙里偷闲，苦中作乐"，在不完全的现世享乐一点美与和谐，在刹那间体会永久，是日本之"象征的文化"里的一种代表艺术。关于这一件事，徐先生一定已有透彻巧妙的解说，不必再来多嘴，我现在所想说的，只是我个人的很平常的喝茶观罢了。

　　喝茶以绿茶为正宗，红茶已经没有什么意味，何况又加糖——与牛奶？葛辛（George Gissing）的《草堂随笔》（原名 Private Papers of Henry Ryecroft）确是很有趣味的书，但冬之卷里说及饮茶，以为英国家庭里下午的红茶与黄油面包是一日中最大的乐事，东方饮茶已历千百年，未必能领略此种乐趣与实益的万分之一，则我殊不以为然。红茶带"土斯"未始不可吃，但这只是当饭，在肚饥时食之而已；我的所谓喝茶，却是在喝清茶，在赏鉴其色与香与味，意未必在止渴，自然更不在果腹了。中国古昔曾吃过煎茶及抹茶，现在所用的都是泡茶，冈仓觉三在《茶之书》（Book of Tea, 1919）里很巧妙的称之曰"自然主义的茶"，所以我们所重的即在这自然之妙味。中国人上茶馆去，左一碗右一碗地喝了半天，好像是刚从沙漠里回来的样子，颇合于我的喝茶的意思（听说闽粤有所谓吃功夫茶者自然更有道理），只可惜近来太是洋场化，失了本意，其结果成为饭馆子之流，只在乡村间还保存一点古风，唯是屋宇器具简陋万分，或者但可称为颇有喝茶之意，而未可许为已得喝茶之道也。

　　喝茶当于瓦屋纸窗下，清泉绿茶，用素雅的陶瓷茶具，同二三人共饮，得半日之闲，可抵十年的尘梦。喝茶之后，再去继续修各人的胜业，无论为名为利，都无不可，但偶然的片刻优游乃正亦断不可少。中国喝茶时多吃瓜子，我觉得不很适宜，喝茶时可吃的东西应当是清淡的"茶食"。中国的茶食却变了"满汉饽饽"，其性质与"阿阿兜"相差无几，不是喝茶时所吃的东西了。日本的点心虽是豆米的成品，但那优雅的形色，朴素的味道，很合于茶食的资格，如各色的"羊羹"（据上田恭辅氏考据，说是出于中国唐时的羊肝饼），尤有特殊的风味。江南茶馆中有一种"干丝"，用豆腐干切成细丝，加姜丝酱油，重汤炖热，上浇麻油，必以供客，其利益为"堂倌"所独有。豆腐干中本有一种"茶干"，今变而为丝，亦颇与茶相宜。在南京时常食此品，据云有某寺方丈所制为最，虽也曾尝试，却已忘记，所记得者乃只是下关的江天阁而已。学生们的习惯，平常"干丝"既出，大抵不即食，等到麻油再加，开水重换之后，始行举箸，最为合适，因为一到即罄，次碗继至，不遑应酬，否则麻油三浇，旋即撤去，怒形于色，未免使客不欢而散，茶意都消了。

　　吾乡昌安门外有一处地方名三脚桥（实在并无三脚，乃是三出，因以一桥而跨三汊的河上也），其地有豆腐店曰周德和者，制茶干最有名。寻常的豆腐干方约寸半，厚可三分，值钱二文，周德和的价值相同，小而且薄，才及一半，黝黑坚实，如紫檀片。我家距三脚桥有步行两小时路程，故殊不易得，但能吃到油炸者而已。每天有人挑担设炉镬，沿街叫卖，其词曰：

辣酱辣，

麻油炸，

红酱擦，

辣酱拓，

周德和格五番油炸豆腐干。

其制法如上所述，以竹丝插其末端，每枚三文。豆腐干大小如周德和，而甚柔软，大约系常品，唯经过这样烹调，虽然不是茶食之一，却也不失为一种好豆食。——豆腐的确也是极好的佳妙的食品，可以有种种的变化，唯在西洋不会被领解，正如茶一般。

日本用茶淘饭，名曰"茶渍"，以腌菜及"泽庵"（即福建的黄土萝卜，日本泽庵法师始传此法，盖从中国传去）等为佐，很有清淡而甘香的风味。中国人未尝不这样吃，唯其原因，非由穷因即为节省，殆少有故意往清茶淡饭中寻其固有之味者，此所以为可惜也。

一九二四年十二月

智慧窗

"喝茶当于瓦屋纸窗下，清泉绿茶，用素雅的陶瓷茶具，同二三人共饮，得半日之闲，可抵十年的尘梦。"

淡泊的言语，勾勒出一种喝茶的境界，一种理想，一种对于时间的漠视……

瓦屋下、纸窗内，外面的俗尘屏蔽了，偶尔抿一口清茶，淡淡的苦味在舌尖和齿间停留，隐隐它就弥漫出幽幽的清香。人生的烦恼、生存的纷苦……都淡忘了。

淡淡的茶味中，生命渐渐以一种自嘲的幽默感在心底的泥沼中直立起一个简约的、晶莹的、恬淡的、纯真的灵魂。

宁静超脱并不是消极消沉，能在当今这种充斥着物质、欲望、金钱、名利的社会中保有这种心态，才是乐观积极的表现，是精神境界的提升。

（刘倩）

阅览室

南京的古董迷

◇方令孺

有一班住在南京稍久的人，看见这里变成日见繁荣的都市，心上很觉得不安，谁都在心坎上留着一个昔日荒凉的古城的影子，像怀念一个老友似的，看见一切都在渐渐变更了，心里就起了一股怨气，真像对一个老朋友说：你"不念携手好，弃我如遗迹"一样的悲伤。每逢走出家门总找那些没有开辟的小路走，眯着眼笑，说：这还是十年前的古城呢。因此××庙的附近常常看见这些先生们的影子。××庙原来也有些与从前不同了，但不同的只是庙前的一条河，画船少了，笙歌歇了，再没有满楼红袖招人。至于那些古旧的茶寮，香味扑鼻的炒货店，随地招揽生意的花摊，仍都充满了乡下城里各种偷闲的人，还有从几座高楼上送下胡琴檀板伴着凄凉慷慨的歌声，听的人简直疑心他们个个都是江南李龟年，因此生出无限的兴感，都和在浓茶烧饼的香味中细细咀嚼着吞下。最吸引这班先生的是一些古董铺，对于那些斑斓破碎的旧瓦缸旧陶器尤觉珍贵非常。

"先生这是新近才掘出来的，"古董店老板拿着一个四耳瓶说，"瞧这瓶只口上有点儿破缺，釉子可多么细润，真是宋朝的东西，您拿去吧，价钱也不会错，您瞧着给吧。"这种瓶起初确不很贵，有时只花一块钱就可买得，买的人也就对此发生兴趣，古董铺也就可以为招摇了。

在许多斑斓破碎的旧瓦缸旧瓷器的中间，有时会突然发现稀有的东西，像××买得的唐雕大佛头只花数十元，于是有懊悔没有先发现的，有默默羡慕的，有带着讽刺来批评的，各种人之间有一位先生又去暗暗搜觅，果然也得了一尊较小而造美异常的另一个佛头，于是又起了一阵比较、批评、谈论、骄傲。有的说：大佛头可比作汉魏文章，小佛头可比作六朝小品，为了争较这句话，大家又赌酒哄笑以至忘记了这个新的都市了。

不知道从什么地方来了一批宋瓷碗，有人说是江南铁路造路时在城外附近掘出一个碗库，里面重重叠叠不知道有几千个；上一层压碎了，下一层还是这样完好如新。碗的式样是底小口大，确系宋碗形式，又颜色除彩花、净白、鹅黄以外，有一种青色；按北京宋柴窑有几句名言就是："青如天，明如镜，薄如纸，声如磬"，拿这种青色碗与这名言对照，的确是这样轻薄透明，而且轻轻一敲就发出如古庙钟声一样幽远好听的声音。头一个发现的人还是什么收藏家，把这种碗照样置版，并附了一篇考据的长文登在某大学刊物上。一时惊为稀有之奇珍。从此在积雪的狭巷里，在深暗的古董铺中，不断有这班先生的踪迹了。大家互相介绍，互相争取，一时热闹，不可以言喻。

有一回有四个人到古董店去找碗。老板拿出两个小巧的绿色凸梅花的小碗。这四个人中间谁先抢到谁就死捏着不放，那一个没有抢到的就向他说：你前天不是已经买到一件好东西了吗？这个应当让给我。但是先拿的人还是死捏着不放松，谁肯让？这个求让不得的人就飞跑到另一个人身边，乘其不在意的时候，把他正拿在手里观摩的碗，猛然抢来，买下了。古董铺老板见这种情形，怎么不把价提得异常高呢？

一年过去了，不知有多少人都买这种碗，就是后来被选择剩下的，也有人全包了去，素来不玩古董的人，也要买几个，作为奇货可居。后来古董店还是源源不断的有得来，这可怪了，那定是什么神库吧，怎么这样像奇迹一般的取之不尽呢。于是怀疑、考查、研究都来了。结果所谓柴窑，所谓宋瓷，都是仿古假造的。到底是从什么地方，是什么人假造，也还没有一个确实证据。从前所争买这些的先生们只有彼此相顾哑然。究竟谁上了谁的当呢？只有各自咨嗟，各自隐恨而已。到底得大佛头的先生心中有所慰藉，不是为了搜觅宋瓷也不会得着那个大佛头。另一位先生也倒不灰心，索性把兴趣集中到陶器上，所以一直到现在还是没有一天不看见他不徘徊于古董铺里，搬些破碎的，完整的，圆的，扁的，长的，短的瓦当，土罐回到家中，现在已有几百件，楼上楼下桌椅几凳上无处不是，怕将来要专造一座仓库来收藏吧。现在这位先生正预备写一本陶器源流史，我们且企予望之。

智慧窗

　　我总有种感怀，也不知对错，我总是认为痴迷古董者都是易于沉溺往昔之人，他们去赏去看去买去藏去迷去爱，痴迷的不是古董本身，而是在于寻觅和向往流光于古董之上、蕴涵于古董之中的往昔——痴迷于古人的文化，痴迷于古人的生活，痴迷于古人的一切来慰藉自己对于往日的怀念。慢慢地就演变成了一种习惯，慢慢地就将这种痴迷融入了自己的生活，让昨日的东西与今天的生活纠缠交错，相互交杂，让自己的整个精神世界变得复杂而又多彩。

（刘倩）

阅览室

北京的春节

◇老　舍

　　按照北京的老规矩，过农历的新年（春节），差不多在腊月的初旬就开头了。"腊七腊八，冻死寒鸦"，这是一年里最冷的时候。可是，到了严冬，不久便是春天，所以人们并不因为寒冷而减少过年与迎春的热情。在腊八那天，人家里，寺观里，都熬腊八粥。这种特制的粥是祭祖祭神的，可是细一想，它倒是农业社会的一种自傲的表现——这种粥是用所有的各种的米，各种的豆，与各种的干果（杏仁、核桃仁、瓜子、荔枝肉、莲子、花生米、葡萄干、菱角米……）熬成的。这不是粥，而是小型的农业展览会。

　　腊八这天还要泡腊八蒜。把蒜瓣在这天放到高醋里，封起来，为过年吃饺子用的。到年底，蒜泡得色如翡翠，而醋也有了些辣味，色味双美，使人要多吃几个饺子。在北京，过年时，家家吃饺子。

　　从腊八起，铺户中就加紧的上年货，街上加多了货摊子——卖春联的、卖年画的、卖蜜供的、卖水仙花的等等都是只在这一季节才会出现的。这些赶年的摊子都教儿童们的心跳得特别快一些。在胡同里，吆喝的声音也比平时更多更复杂起来，其中也有仅在腊月才出现的，像卖宪书的、松枝的、薏仁米的、年糕的等等。

　　在有皇帝的时候，学童们到腊月十九日就不上学了，放年假一月。儿童们准备过年，差不多第一件事是买杂拌儿。这是用各种干果（花生、胶枣、榛子、栗子等）与蜜饯搀合成的，普通的带皮，高级的没有皮——例如：普通的用带皮的榛子，高级的用榛瓤儿。儿童们喜吃这些零七八碎儿，即使没有饺子吃，也必须买杂拌儿。他们的第二件大事是买爆竹，特别是男孩子们。恐怕第三件事才是买玩意儿——风筝、空竹、口琴等——和年画儿。

　　儿童们忙乱，大人们也紧张。他们须预备过年吃的使的喝的一切。他们也必须给儿童赶快做新鞋新衣，好在新年时显出万象更新的气象。

二十三日过小年，差不多就是过新年的"彩排"。在旧社会里，这天晚上家家祭灶王，从一擦黑儿鞭炮就响起来，随着炮声把灶王的纸象焚化，美其名叫送灶王上天。在前几天，街上就有多少多少卖麦芽糖与江米糖的，糖形或为长方块或为大小瓜形。按旧日的说法：用糖粘住灶王的嘴，他到了天上就不会向玉皇报告家庭中的坏事了。现在，还有卖糖的，但是只由大家享用，并不再粘灶王的嘴了。

过了二十三，大家就更忙起来，新年眨眼就到了啊。在除夕以前，家家必须把春联贴好，必须大扫除一次，名曰扫房。必须把肉、鸡、鱼、青菜、年糕什么的都预备充足，至少足够吃用一个星期的——按老习惯，铺户多数关五天门，到正月初六才开张。假若不预备下几天的吃食，临时不容易补充。还有，旧社会里的老妈妈论，讲究在除夕把一切该切出来的东西都切出来，省得在正月初一到初五再动刀，动刀剪是不吉利的。这含有迷信的意思，不过它也表现了我们确是爱和平的人，在一岁之首连切菜刀都不愿动一动。

除夕真热闹。家家赶作年菜，到处是酒肉的香味。老少男女都穿起新衣，门外贴好红红的对联，屋里贴好各色的年画，哪一家都灯火通宵，不许间断，炮声日夜不绝。在外边做事的人，除非万不得已，必定赶回家来，吃团圆饭，祭祖。这一夜，除了很小的孩子，没有什么人睡觉，而都要守岁。

元旦的光景与除夕截然不同：除夕，街上挤满了人；元旦，铺户都上着板子，门前堆着昨夜燃放的爆竹纸皮，全城都在休息。

男人们在午前就出动，到亲戚家，朋友家去拜年。女人们在家中接待客人。同时，城内城外有许多寺院开放，任人游览，小贩们在庙外摆摊、卖茶、食品和各种玩具。北城外的大钟寺、西城外的白云观，南城的火神庙（厂甸）是最有名的。可是，开庙最初的两三天，并不十分热闹，因为人们还正忙着彼此贺年，无暇及此。到了初五六，庙会开始风光起来，小孩们特别热心去逛，为的是到城外看看野景，可以骑毛驴，还能买到那些新年特有的玩具。白云观外的广场上有赛轿车赛马的；在老年间，据说还有赛骆驼的。这些比赛并不争取谁第一谁第二，而是在观众面前表演骡马与骑者的美好姿态与技能。

多数的铺户在初六开张，又放鞭炮，从天亮到清早，全城的炮声不绝。虽然开了张，可是除了卖吃食与其他重要日用品的铺子，大家并不很忙，铺中的伙计们还可以轮流着去逛庙、逛天桥和听戏。

元宵（汤圆）上市，新年的高潮到了——元宵节（从正月十三到十七）。除夕是热闹的，可是没有月光；元宵节呢，恰好是明月当空。元旦是体面的，家家门前贴着鲜红的春联，人们穿着新衣裳，可是它还不够美。元宵节，处处悬灯结彩，整条的大街像是办喜事，火炽而美丽。有名的老铺都要挂出几百盏灯来，有的一律是玻璃的，有的清一色是牛角的，有的都是纱灯；有的各形各色，有的通通彩绘全部《红楼梦》或《水浒传》故事。这，在当年，也就是一种广告；灯一悬起，任何人都可以进到铺中参观；晚间灯中都点上烛，观者就更多。这广告可不庸俗。干果店在灯节还要作一批杂拌儿生意，所以每每独出心裁的，制成各样的冰灯，或用麦苗作成一两条碧绿的长龙，把顾客招来。

除了悬灯，广场上还放花合。在城隍庙里并且燃起火判，火舌由判官的泥像的口、耳、鼻、眼中伸吐出来。公园里放起天灯，像巨星似的飞到天空。

男男女女都出来踏月、看灯、看焰火；街上的人拥挤不动。在旧社会里，女人们轻易不出门，她们可以在灯节里得到些自由。

小孩子们买各种花炮燃放，即使不跑到街上去淘气，在家中照样能有声有光的玩耍。家中也有灯：走马灯——原始的电影——宫灯、各形各色的纸灯，还有纱灯，里面有小铃，到时候就叮叮地响。大家还必须吃汤圆呀。这的确是美好快乐的日子。

一眨眼，到了残灯末庙，学生该去上学，大人又去照常做事，新年在正月十九结束了。腊月和正月，在农村社会里正是大家最闲在的时候，而猪牛羊等也正长成，所以大家要杀猪宰羊，酬劳一年的辛苦。过了灯节，天气转暖，大家就又去忙着干活了。北京虽是城市，可是它也跟着农村社会一齐过年，而且过得分外热闹。

在旧社会里，过年是与迷信分不开的。腊八粥，关东糖，除夕的饺子，都须先去供佛，而后人们再享用。除夕要接神；大年初二要祭财神，吃元宝汤（馄饨），而且有的人要到财神庙去借纸元宝，抢烧头股香。正月初八要给老人们顺星、祈寿。因此那时候最大的一笔浪费是买香蜡纸马的钱。现在，大家都不迷信了，也就省下这笔开销，用到有用的地方去。特别值得提到的是现在的儿童只快活的过年，而不受那迷信的熏染，他们只有快乐，而没有恐惧——怕神怕鬼。也许，现在过年没有以前那么热闹了，可是多么清醒健康呢。以前，人们过年是托神鬼的庇佑，现在是大家劳动终岁，大家也应当快乐的过年。

智慧窗

　　春节，是我国民间最隆重、最热闹的一个古老传统节日。不同的地区、不同的民族过春节，都有着自己独具特色的风俗习惯。本文作者——著名语言大师老舍先生，用他那如椽的大笔、"俗白"的风格、京味的语言，描绘了一幅幅北京春节的民风民俗画卷，展示了中国节日习俗的温馨和美好，表达了自己对传统文化的认同和喜爱。

　　文中列举了大量的老北京过春节的习俗，情趣盎然。全文内容安排有序，脉络清晰，衔接紧密，详略得当，推进自然。语言表达朴实简洁，生动形象，耐人寻味，字里行间处处透出人们欢欢喜喜过春节的心情，反映出老北京人热爱生活，追求美好生活的心愿。

（刘倩）

洗桃花水的时节

◇铁 凝

　　一场场黄风卷走了北方的严寒，送来了山野的春天。这里的春天不像南方那样明媚、秀丽，融融的阳光只把叠叠重重的灰黄色山峦，把镶嵌在山峦的屋宇、树木，把摆列在山脚下的丘陵、沟壑一股脑都融合起来，甚至连人、牲畜也融合了进去。放眼四望，一切都显得迷离，仅仅像一张张错落有致、反差极小的彩色照片。但是寻找春天的人，还是能从这迷离的世界里感受到春天的气息。你看，山洞里、岩石下，三两树桃花，四五株杏花，像点燃的火炬，不正在召唤着你、引逗着你，使你不愿收住脚步，继续去寻找吗？再往前走，还能看见那欢笑着的涓涓流水。它们放散着碎银般的光华，奔跑着给人送来了春意。我愿意在溪边停留，静听溪水那热烈的、悄悄的絮语。这时我觉得，春天正从我脚下升起。

　　这样的小溪我见过不少。却不知有哪一条比温泉镇村边这条溪水更招人喜爱，虽然它流经的地方是那样偏僻、那样贫瘠，每到春天，还是吸引着那么多人。

　　温泉镇边的溪水是条热水，温泉镇也是因此而得名，一座几省闻名的温塘疗养院设在这里，我就是在春天，去那里看望一位住院的亲人。

　　一路上我设想过它的容貌，温泉，你是条泼辣的瀑布从高处一泻而下，还是一股柔软的热流从地下缓缓升起？水有多大？温度有多高？那些身患宿疾的人们是怎样接受它的治疗的，对健康人，温泉的意义到底又在哪里？长途汽车跑了一段柏油路，开始进入丘陵地带。冀中平原被抛到车后，一张张反差小的"照片"又扑了过来。拔地而起的山峦，像近在咫尺，又像远在天边，叫你怎么也摸不清它们的距离。我凭着对春天的感觉，感觉着它们的所在。很长时间，窗外的景致变化不大。乏味的景色甚至使我产生了倦意。

　　"别闭眼，别磕着哪儿。"一位老大爷吆喝着小姑娘。

　　小姑娘抬起头四下望望，有些不好意思地眨着眼睛，脸上泛起一阵阵绯红。这使我又想起了山野里点燃起来的那些桃花、杏花，刚才的倦意也顿时消散。

　　"去温塘治病?"我问大爷。

　　"去洗桃花水。"大爷告诉我，一面攥起拳头捶打自己的膝盖。

　　桃花水？我虽不理解大爷的意思，却骤然感到大爷的话是那么新鲜、怡人，比刚才小姑娘的脸色所给予我的还要浓烈、美好。

　　我不愿再去追问洗桃花水意味着什么，也许这只是洗温泉澡的一种夸张了的形容吧，难道水里真会掺进什么桃花不成？我从这简单的话语里领略到美的享受已经足够，说穿了，单从自然科学的角度去加以注解，也许反而会失去它美好的韵致。

　　正午上车，黄昏前到达温泉镇。下车后，果然同车人大都走进了这座有着现代化规模设施的温塘疗养院。办完探视手续，我才想起寻找我的邻座大爷。但拥在住院处窗前的人群中却没有大爷和那位小姑娘，只有"桃花水"的声音越来越清晰地在我耳边"流动"起来……第二天我概览了这座疗养院的全貌，也懂得了并意外地享受了温泉澡的妙处。原来那是高压水泵把地下含有氡气的温泉水抽进高入云霄的水塔，再从水塔内引进各治疗室。细腻、滑爽的温泉水注入洁白的澡盆，清澈见底。入浴时，如果不是耳边那涟涟的水声，你会觉得自己是坐在一团绵软的、暖融融的气体上，你失去了体重，你正无所依托地向一个地方上升……

这就是桃花水吗？它应该是。你看那水中泛起的一朵朵小浪花，恰似桃花开放——人们总是按照自己的臆想，去把那些美好的事物想象、形容得更美好，更理想化。否则，怎么还会有诗、演义和传奇？可我怎么也不相信自己的主观臆想，我又想到了那位同车大爷，他显然不是这座现代化疗养院的病人。桃花水一定还蕴含着别的奥妙。

紧挨疗养院是真正的温泉镇，这是个200来户的山村。一条陷在干燥黄土里的红石板小路顺坡而下，街里几家旧板搭门脸，和门内作为营业标志的幌子，装点了这座旧城的古风。尤其一家理发店内伸出的白布牙旗，更能使人想到古代那些古道驿站。几家烧饼铺是近两年新开张的，门上大都用店主人的姓氏写着"王记烧饼铺""何记烧饼铺"……有的挂出一只柳条笊篱，意思是店内还兼营炒、焖、烩饼。不论新店老店，门框上都贴着吉祥的对联："生意兴隆通四海，财源茂盛达三江。"这些属于生意经的传统对联，现在不知为什么似也有了新的立意。新店和老店很容易区别：新店的绿油漆，玻璃门窗不仅有别于旧式板搭门，木风箱旁边还接上电动吹风机。顾客进门一坐，只消一拉开关，三两分钟之内你就可以吃上油汪汪的炒饼、味道浓郁的豆腐汤，而那木风箱只是偶尔遇上停电时才有用场。一位姓邢的掌勺大爷，一边提刀切着饼丝，一边告诉我，半小时之内他做过四十份炒饼、四十碗豆腐汤，速度和质量都得到顾客的盛赞。这样好的生意，可惜一个傻儿子不愿接班，愿意买台小拖拉机往附近水库大坝送沙子，一天两个来回，一趟收入五块半。就这样，扔下烧饼炉走啦。

"四十份炒饼，有那么多吗？"我问。

"怎么没有？眼下正洗桃花水。"

"桃花水？在哪儿？是不是疗养院？"我一连串的追问着，虽然早已意识到我理解上的错误。

"那算什么桃花水，把水抽上天再放下来，没劲。你顺街往西走走。"

吃完大爷的炒饼，我出门一直向西走去，不多远已是村口。土山脚下那是什么？似霞、似雾、似流动着的火焰，莫不是一片桃林？我终于又看见了那点燃在北国春天里的嫖红，这才是春的信息。可桃花和水又有什么关系呢？我决定再向前走。不断有三三两两的行人迎面而来，有男有女，但大都是腿脚不利索的老人。老人们边走边用精湿的毛巾擦着脸，拧出毛巾中的水珠。他们手脚虽欠佳，个个面容却很舒展。水，水，我好像闻到了水的芬芳。

一条坚硬、光明的小路直通桃林，原来桃林的那一边才是温泉的源头。刚才远处所见并非雾，那是温泉源头的蒸汽。那些面容舒展的老人便是从这里走出来的。穿过桃林。那边果然是一片温暖的浅滩，金黄色沙粒上蒸腾着热气。洗桃花水的人们都聚集在这里。人们在浅水里围着一个个涌出地面的泉头，高挽起裤腿，双膝跪入水中，默默地接受着大自然的陶冶。人们没有言语，只有对水的虔诚。

热爱自然，也许是人类的天性，大自然有时热烈、有时冷漠、有时温存、有时残忍。但它带给人的永远是生机，是生命的延续再延续。大自然孕育了人类，在物质文明和精神文明高度发达的今天，人们更加渴求大自然的抚慰。

对于这个温泉的记载是从战国开始的。一年一度的桃花水，千百年来你抚慰过多少黄帝的子孙，又有多少人向往着你的抚爱。但在二十世纪八十年代，几个小小的温泉源头，一片浅浅的温沙滩，已经远远不能满足人们的需求。温泉镇的小伙子和姑娘们，就更愿走出浅滩去享受那淋漓尽致的温泉浴。那座设备可观的温塘疗养院虽和他们没有缘分，两座温泉浴室却又出现在温泉镇的红石板街上。属于公社的那座规模虽不小，但附近三乡五村、山前山后的农民，还是愿意到一座新建的男女温泉浴室入浴。这里一切免费，连存车处都免费，因为它是靠几家个体户自愿资助兴办的，据说还有卖炒饼的大爷那位"傻儿子"一份。单看浴室门前那黑压压的一行自行车，就知道里面的盛况了。

女浴室里，姑娘们那一阵阵无所顾忌的嬉水声互相碰撞着溢出窗外，吸引我走了进去。我忽然想起格拉西莫夫那幅油画《农庄浴室》。画面上是一群集体农庄的健壮妇女，钻在浴室里，在淋漓尽致地享受热水沐浴。她们的兴致是那样的高涨，体态是那样无拘无束。但和这些相比，画面上的小木屋就显得太低矮、太拥挤了。低矮的木屋，狭窄的水池，它好像包含不了这群人体的青春光华……温泉镇的女浴室可不是一座低矮的小木屋，这是一座墙壁镶有洁白瓷砖的水泥建筑。水池足有半个游泳池大，水也是饱满、充裕的。姑娘、媳妇们就在这里脱掉穿了一冬的厚棉衣，潜入水池，尽情享受水的抚爱。对，是抚爱。不然她们的身体为什么会那样丰硕、那样光彩照人；她们的面孔为什么会那样滋润、那样容光焕发？她们走出浴室，大方地走过男浴室门口，信手拨弄着披在肩上的湿漉漉的长发，骄傲地接受着小伙子们远远投来的目光。

温泉镇人用桃花来形容春天。我注意到，他们不仅爱种桃花，剪桃花窗纸、桃花门挂来装点春天，连娶进家门的新娘子也用桃花来形容。新房炕头上，新娘所坐之处都用红纸墨笔写上：桃花女在此。然而，这才是真正的桃花水。是水，是春天的水洗开了一树树面容姣好的桃花。

出浴的姑娘们扬着头走在古镇的红石板街上，走过那些挂着幌子的饭馆、店铺。她们的面容使这座古朴的温泉镇变得滋润了。

智慧窗

美的内涵是在于人们对于自然的顺从与想象。大自然给予了我们春天，大自然给予了我们温泉，大自然给予了我们桃花，大自然给予了我们一切的美。我们需要的是顺从，需要的是欣赏，需要的是享受，需要的是投入到她的怀抱。我们还要想象，我们要像温泉镇的人一样，用桃花来形容春天，用桃花水来送走严寒，用我们一切质朴而原始的想象赋予大自然以更美的概念。经济的发展、社会的进步并不需要去破坏自然所给予我们的那些美丽，我们投入到大自然的怀抱，顺从她，依偎她，她会滋润我们，我们又何尝不是在装点着她？

（刘倩）

欢乐吧

＊天降小偷

◇李 段

上周五，无意中把钥匙锁在屋里，急得我团团转。我居住的小区比较偏僻，没有开锁公司，思来想去，还是求助一下街头配钥匙的人，兴许他们能想出办法。

经过联系，一个在街头配钥匙的小伙子答应来试一试。

小伙子来到我家门前，掏出工具捣腾了半天门也没开。他说："只有最后一个办法了，你们家住四楼，楼层一共是五层，我从楼顶上系一条绳子，爬下去把你们家的窗户打开。"我说插着插销呢，打不开。他说："那只能把玻璃打碎了！"我心想反正就是一块玻璃，打就打吧。但我担心他的安全，小伙子笑着对我说："放心吧，我当过武警，这点事儿，小菜一碟！"

于是，我和小伙子爬上楼顶，比画好位置，绑了一条拇指粗的绳子，小伙子把一把铁扳手别在腰里，就顺着绳子下去了。我有恐高症，根本不敢往下看，只好远远地站在安全的地方。

不一会儿，只听哗啦一声巨响，接着是小伙子推拉窗户的声音。我心里一阵高兴，小伙子总算进了屋，这下安全了。但很快又听到乒乒几声巨响，还有玻璃器皿摔碎的声音，然后就没了动静。我不禁心头一紧：这位在我家干吗呢？于是赶紧往下走。

刚下到四楼，隔壁的门开了，一个人扛着小伙子走出来，扯着大嗓门跟我说："这个小偷胆子真大，大白天的就敢砸我家窗户，想入室行窃，哼哼，被我给打晕了。"

我一下子明白过来，原来他把我隔壁的窗户给砸了，而隔壁这位，是体校的武术兼举重教练……

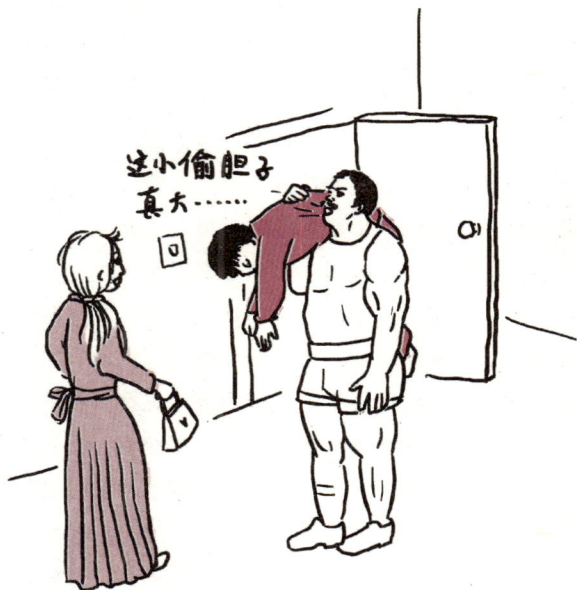

悦客群

光影之肆

寒啊，这人要是倒霉了，眨下眼睛都能骨折。听说过不少好心帮忙却遭误解的故事，可今天这位实在是与众不同，忙没帮上，还把自己给搭进去了，真为这老兄难过。

玫瑰和人生

◇程　玮

在汉堡居住的那些日子里，经常要路过火车站。像德国所有的城市一样，汉堡的火车站也处在市中心，是个乱糟糟的地方。有小偷，有醉鬼，也有贩毒的，拉皮条的，还有一些穿警服或不穿警服的警察。每次走过那儿，我都是脚步匆匆。只有两样事情会使我停下脚步来。一是那个拉手风琴的乞丐。无论春夏秋冬，他总穿着一件灰灰的外套。他面前放着一个盒子，里面有一些大大小小的硬币。他闭着眼睛很投入地拉一些快乐的曲子，可听起来总有几分说不出的忧伤，像一阵灰色的雾，淡淡地飘在空气里边；经常是走得听不见音乐了，可还觉得有什么灰灰的东西粘在后背上，去也去不掉。还有就是那个土耳其老人的花摊了。

从来没见过这么多美丽的花，一簇一簇地密密排放着，眼花缭乱地散发着一种悠远清新的郊外气息。我只叫得出其中很少几种花的名称，其余的花都是通过德文认识的，至今仍不知道它们的中文名称。花的价格是随着季节变化的，但并不算贵。因此我常常找个借口，让自己买一束花回去。那一次德文考试得了个第一等成绩，我给自己买了一大束色彩斑斓的雏菊。卖花老人很用心地给我配上那种很乡土的绿叶，看上去像是从田野里随手摘来一般。我捧着它们上公共汽车。隔着那辛辣而新鲜的气味，所有车上的人都向我投来一个欣赏的微笑。

在所有的鲜花中，只有一种花我不买，那就是玫瑰。玫瑰在西方表示爱情的意思。颜色越深，表示爱得越强烈。爱情是很珍贵的，所以用来表示爱情的花很贵。

深色的玫瑰尤其贵。卖花老人总是很当心地把它们养在一个黑色的陶罐里，并且放在花架的最高一层。不经意地朝它们远远地看一眼，心里有个地方就很深地痛一痛。这样的东西是天生由一个人送给爱着的另一个人的。而我的生命中，从来没有得到哪怕一支这样的花朵。

一天去朋友家吃晚饭，我在那儿挑了一些花，让老人扎得漂亮一些，说是准备送人的。付完钱，老人喊住我，从那黑色的陶罐里抽出一枝玫瑰，说，送给你的。

我吃了一惊，没有马上去接。那是一枝鲜活的、含苞欲放的玫瑰，很深的红色，抵得上我手中这束花的一半价钱。老人继续说，跟你裙子的颜色很相称呢。我低头看一眼，才发现那天我穿着一条深红色的长裙，跟他手中的玫瑰竟是一样的红花。我谢了他，快乐地接过了玫瑰。

在朋友家，我向大家展示我一生中得到的第一枝玫瑰。德国朋友都很吃惊。你这样的女孩子，他们开玩笑地说，应该是被玫瑰从脚到头堆起来的。怎么居然是那个土耳其老头送了你第一枝玫瑰？我说，我恋爱和结婚的时候，中国还没有鲜花店。现在有了，而我的机会已经错过了。大家互相看看，没有人再说话。

到了我生日那一天，有人一大早按门铃。开门一看，我的老师皮昂特捧着一大捧深红的玫瑰站在门口。他说，一岁一朵玫瑰。数一数，对不对？我吃惊地看着他，一时说不出话来。到了晚上，又有两个朋友送来了花，并且都是那种红得滴血似的玫瑰。他们说，既然你的青春没有玫瑰，那今天我们加倍地补给你。我心里想，水一样流过去了的东西，怎么可能补回来呢？

回国后我仍然喜欢路边的鲜花店。但看得多，买得少。缺了那样的一份情致。

每次看到玫瑰，我就忍不住停下脚步，看着一枝或几枝玫瑰被年轻的手盈盈地握着，飘着芬芳远去，我这颗虽有皱纹但仍十分温软的心便紧紧地跟了上去，真心实意地送一个祝福给他们。

智慧窗

　　美丽的东西总有其美丽的含义，就像玫瑰代表着爱情这一种炽烈的可燃烧一切的感情。殊不知，这美丽的含义肯定是由多情的人赋予，却又牵绊住了多少多情的人，为了种种多情的含义或喜或悲，不可自拔？心被那些含义所牵绊，人便不尽潇洒。一束花，一掬水，花就是花，水就是水，并非我们人类自作主张的赋予其含义，便不再是花不再是水。那位卖花的老人递出玫瑰的一瞬间，使生活的美丽淋漓尽致地展现，无关爱情，只有真诚；无关含义，只有情致。而万事万物的美丽往往只在那简单的一瞬，要看我们是以什么样的心绪来面对。

（刘倩）

阅览室

放风筝

◇梁实秋

　　偶见街上小儿放风筝，拖着一根棉线满街跑，嬉戏为欢，状乃至乐。那所谓风筝，不过是竹篾架上糊一点纸，一尺见方，顶多底下缀着一些纸穗，其结果往往是绕挂在街旁的电线上。

　　常因此想起我小时候在北平放风筝的情形。我对放风筝有特殊的癖好，从孩提时起直到三四十岁，遇有机会从没有放弃过这一有趣的游戏。在北平，放风筝有一定的季节，大约总是在新年过后开春的时候为宜。这时节，风劲而稳。严冬时风很大，过于凶猛，春季过后则风又嫌微弱了。开春的时候，蔚蓝的天，风不断地吹，最好放风筝。

　　北平的风筝最考究。这是因为北平的有闲阶级的人多，如八旗子弟，凡属耳目声色之娱的事物都特别发展。我家住在东城，东四南大街，在内务部街与史家胡同之间有一个二郎庙，庙旁边有一风筝铺，铺主姓于，人称"风筝于"。他做的风筝在城里颇有小名。我家离他近，买风筝特别方便。他做的风筝，种类繁多，如肥沙雁、瘦沙雁、龙井鱼、蝴蝶、蜻蜓、鲇鱼、灯笼、白菜、蜈蚣、美人儿、八卦、蛤蟆以及其他形形色色的。鱼的眼睛是活动的，放起来滴溜溜地转，尾巴拖得很长，临风波动。蝴蝶蜻蜓的翅膀也有软的，波动起来也很好看。风筝的架子是竹制的，上面绷起高丽纸面，讲究的要用绢绸，绘制很是精致，彩色缤纷。风筝于的出品，最精彩是"提线"拴得角度准确，放起来不"折筋斗"，平平稳稳。风筝小者三尺，大者一丈以上，通常在家里玩玩有三尺到六尺就很够。新年厂甸开放，风筝摊贩也很多，品质也还可以。

放风筝的线，小风筝用棉线即可，三尺以上就要用棉线数绺捻成的"小线"，小线也有粗细之分，视需要而定。考究的要用"老弦"：取其坚牢，而且分量较轻，放起来可以扭成直线，不似小线之动辄出一圆兜。线通常绕在竹制的可旋转的"线桃子"上。讲究的是硬木制的线桃子，旋转起来特别灵活迅速。用食指打一下，桃子即转十几转，自然地把线绕上去了。

有人放风筝，尤其是较大的风筝，常到城根或其他空旷的地方去，因为那里风大，一抖就起来了。尤其是那一种特制的巨型风筝，名为"拍子"，长方形的，方方正正没有一点花样，最大的没有超过九尺。北平的住宅都有个院子，放风筝时先测定风向，要有人带起一根大竹竿，竿顶置有铁叉头或铜叉头（即挂画所用的那种叉子），把风筝挑起，高高举起到房檐之上，等着风一来，一抖，风筝就飞上天去，竹竿就可以撤了，有时候风不够大，举竹竿的人还要爬上房去踞坐在房脊上面。有时候，费了不少手脚，而风姨不至，只好废然作罢。不过这种扫兴的机会并不太多。

风筝和飞机一样，在起飞的时候和着陆的时候最易失事。电线和树都是最碍事的，须善为躲避。风筝一上天，就没有事，有时候进入罡风境界，则不需用手牵着，大可以把线拴在屋柱上面，自己进屋休息，甚至拴一夜，明天再去收回。春寒料峭，在院子里久了会冻得涕泗交流，线弦有时也会把手指勒得青疼，甚至出血，是需要到屋里去休息取暖的。

风筝之"筝"字，原是一种乐器，似瑟而十三弦。所以顾名思义，风筝也是要有声响的，《询刍录》云："五代李邺于宫中作纸鸢，引线乘风为戏，后于鸢首，以竹为笛，使风入竹，声如筝鸣。"这记载是对的。不过我们在北平所放的风筝，倒不是"以竹为笛"，带响的风筝是两种，一种是带锣鼓的，一种是带弦弓的，二者兼备的当然也不是没有。所谓锣鼓，即是利用风车的原理捶打纸制的小鼓，清脆可听。弦弓的声音比较更为悦耳。有诗为证：

> 夜静弦声响碧空，
> 官商信任往来风。
> 依稀似曲才堪听，
> 又被风吹别调中。
> ——高骈风筝诗

我以为放风筝是一件颇有情趣的事。人生在世上，局促在一个小圈圈里，大概没有不想偶然远走高飞一下的。出门旅行，游山逛水，是一个办法，然亦不可常得。放风筝时，手牵着一根线，看风筝冉冉上升，然后停在高空，这时节仿佛自己也跟着风筝飞起了，俯瞰尘寰，怡然自得。我想这也许是自己想飞而不可得，一种变相的自我满足罢。春天的午后，看着天空飘着别人家放起的风筝，虽然也觉得很好玩，究不若自己手里牵着线的较为亲切，那风筝就好像是载着自己的一片心情上了天。真是的，在把风筝收回来的时候，心里泛起一种异样的感觉，好像是游罢归来，虽然不是扫兴，至少也是尽兴之后的那种疲惫状态，懒洋洋的，无话可说，从天上又回到了人间，从天上翱翔又回到匍匐地上。

放风筝还可以"送幡"（俗呼为"送饭儿"）。用铁丝圈套在风筝线上，圈上附一长纸条，在放线的时候铁丝圈和长纸条便被风吹着慢慢地滑上天去，纸幡在天空飞荡，直到抵达风筝脚下为止。在夜间还可以把一盏一盏的小红灯笼送上去，黑暗中不见风筝，只见红灯朵朵在天上游来游去。

放风筝有时也需要一点点技巧。最重要的是在放线松弛之间要控制得宜。风太劲，风筝陡然向高处跃起，左右摇晃，把线拉得绷紧，这时节一不小心风筝便会倒栽下去。栽下去不要慌，赶快把线一松，它立刻又会浮起，有时候风筝已落到视线所不能及的地方，依然可以把它挽救起来，凡事不宜操之过急，放松一步，往往可以化险为夷，放风筝亦一例也。技术差的人，看见风筝要栽筋斗，便急忙往回收，适足以加强其危险性，以至于不可收拾。风筝落在树梢上也不要紧，这时节也要把线放松，乘风势轻轻一扯便会升起，性急的人用力拉，便愈纠缠不清，直到把风筝扯碎为止。在风力弱的时候，风筝自然要下降，线成兜形，便要频频扯抖，尽量放线，然后再及时收回，一松一紧，风筝可以维持于不坠。

好斗是人的一种本能。放风筝时也可表现出战斗精神。发现邻近有风筝飘起，如果位置方向适宜，便可向它斗争。法子是设法把自己的风筝放在对方的线兜之下，然后猛然收线，风筝陡地直线上升，势必与对方的线兜交缠在一起，两只风筝都摇摇欲坠，双方都急于向回扯线，这时候就要看谁的线粗，谁的手快，谁的地势优了。优胜的一方面可以扯回自己的风筝，外加一只俘虏，可能还有一段的线。我在一季之中，时常可以俘获四五只风筝。把俘获的风筝放起，心里特别高兴，好像是在炫耀自己的胜利品，可是有时候战斗失利，自己的风筝被俘，过一两天看着自己的风筝在天空飘荡，那便又是一种滋味了。这种斗争并无伤于睦邻之道，这是一种游戏，不发生侵犯领空的问题。并且风筝也只好玩一季，没有人肯玩隔年的风筝。迷信说隔年的风筝不吉利，这也许是卖风筝的人造的谣言。

智慧窗

孩提时的风筝，起伏在云间风里，这样的情形多像是我们起起伏伏的人生？对于风筝的把握，又多像我们对于自己人生的把握？手中的线把握着风筝在蓝天下飞翔的高度，时松时紧，松紧相宜，才能将风筝稳稳地维系在空中。我们生活的节奏亦要张弛有道，方可使生活多姿且愉悦。风筝在空中，顺风逆风时又有不同，需要区别对待，犹如我们的生活，困境逆境，我们要如何自持？线对于风筝犹如信念对于生命，线对风筝虽有牵绊，但是却是风筝飞翔的保证。信念至于生命亦是如此，我们实在不敢想象，没有信念的支撑，漫漫人生，我们将何以为继？

（刘倩）

71

我藏书的小楼

◇胡品清

"楼"这个富于诗情画意的字是中国文学的专利品，尤其是专属于诗的。同一"楼"字在法文或英文中便只是建筑学上的名词，平凡庸俗，仅仅意味着平房或楼下的反面，不蕴含任何美感，而"楼"字在中国文学里是富于诗意的，会引起诸多美丽的、奇妙的联想。

楼是凌云的建筑，所以会引起空灵飘忽的感觉，如"楼阁玲珑五云起"或"山外青山楼外楼"。

在昔日，女孩子们的闺房常常设在楼上，所以楼又是富于浪漫色彩的。它是名门闺秀的寓居："闺中少妇不知愁，春日凝妆上翠楼。"它是歌伎们的寓居："美人一笑褰珠箔，遥指红楼是妾家。"它也是宫女们的居所："十二楼中尽晓妆，望仙楼上望君王。"

楼是高出地面的建筑，所以视野辽阔，宜于远眺。李后主在思乡的时候便攀登他谪居的小楼："无言独上西楼，月如钩""小楼昨夜又东风，故国不堪回首月明中"。游子远征的时候，被遗留在家里的思妇便在楼头忧郁起来："暝色入高楼，有人楼上愁""高楼当此夜，叹息未应闲"。

楼是触及重霄的建筑，所以气象万千。月明风静的夜间，楼提供一个空灵的境界："小楼回首，明月自纤纤"。伤春时节，楼提供一个凄楚的意境："子规啼月小楼西"。而在欲雨还晴的时刻，楼上又是另一番景象："山雨欲来风满楼"。

楼是古典，楼是东方。假如我是一位音乐家，我要以楼为主题写出一套组曲，表现楼的各种意境、景象和情调。我要以小提琴的幽雅奏出"十二楼中月自明"的静夜，我要以横笛吹出"子规啼月小楼西"的凄清，我要以喧哗的小鼓和喇叭响出"山雨欲来风满楼"的萧瑟，我要以肖邦式的夜曲在钢琴的键子上弹出"暝色入高楼，有人楼上愁"的幽怨。假如柴可夫斯基住过中国古典的小楼，他可能写出比"胡桃夹子"更空灵的作品，假如蒙内（现译莫奈。——编者注）曾住过中国古典的小楼，他会留下更多印象派的画面。啊！"楼"这个字，太美了。

关于我的小楼，我能说什么呢？除了它曾给我留下一些美好的回忆。一年前，在此楼中，一切原也是寓于诗情画意的，如今只是一条幽暗的甬道的地方，去年原是一条富于浪漫色彩的楼廊。那时我的小楼确然是美丽的，我可以静静地伫立在楼前迷失在各种的意境中，凌晨的微风中有树枝的沙沙声，有画眉鸟的喉头滑出的清脆的歌声。当朝霞满天，小立楼前观赏朝霞未泮的远山是艳丽而凄迷的。而那边，楼外楼的廊前是否也有人伫立如我？

在阴晦的日子里，看迷迷蒙蒙的远山，真能体味到"数峰清苦，商略黄昏雨"的意境，而"山雨欲来风满楼"更是这小楼的写真，因为华岗原是风岗，而我的小楼也就是风楼了。

落日的楼头又是何其明艳！假如我是一位写生画家，我要把远山的紫，落日的胭脂，暮天的柔和与明丽变为静止的永恒的悦乐。

楼在山间，树在山间，楼在山山树树间，月明星稀的晚上，我们总爱看那一片森林，很蓝，很朦胧。"我便是小王子"他说，"来自那颗星，那最微小的一颗。"我听着，迷失在蓝蓝的夜色里。

那仿佛是很久很久以前的事了。如今，那富于浪漫情调的楼廊变成了一条黑黝黝的甬道，甬道的那一边伸延出去便是一幢加筑的小楼，于是我清晨的廊外不再霞光满天，黄昏的窗外不再响起夜曲，也永远不会明月一楼了。而且那些不知愁的女孩子们全迁来了，前窗外，不再有宁静，后窗外是一栋未完成的建筑，像一个黑色的巨人以庞然的阴影掩蔽一山美景。于是幽暗总停驻于室内，总是灰蒙蒙、冷冰冰的。永远抖不落冷湿梅雨，纵令春山已是无处不飞花。

冬去，春来，而小楼无春，没有阳光惊醒昏睡的盆景，圣诞红都苍白，龙柏也萎死。

真不再留恋这失却了最重要的东西的小楼，也再不知道如何去形容它，给它命名。不再是栖霞楼，不再是夕阳楼，也不再是待月楼。它被摒弃于一切美好之外，不再空灵，不再凄迷，不再罗曼蒂克，我也不再能静静地伫立楼头。剩下的只有书架上那些美丽的洋装书，竖立着，斜倚着，色彩缤纷，像一些穿红着绿的小女孩。于是我只能懒懒地蜷伏于室内读露蕙丝拉贝香艳的十四行，听小王子讲玫瑰和狐狸的故事，若此我只能把这所小楼命名为藏书的小楼，因为它不再古典，不再东方，不再宁静，不再典雅，而静静地小立楼头，看云，听鸟，望月都是很久很久以前的故事了。

智慧窗

　　"楼"，是属于东方的，是古典的；是凌云的建筑，给人以空灵；是女孩的闺房，又富于浪漫色彩；是高出地面的建筑，所以视野辽阔，是触及重霄的建筑，所以气象万千……

　　当小楼失去了空灵，我便失去了我的小楼，当小楼变得不再幽静，它的美也就显得空洞。现代的喧闹总是快速驱赶着幽静之美，繁华的都市中再也难寻一隅使心灵可得缓释之地，这不能不说是现代人的一种悲哀。鳞次栉比的高楼圈占了天空，往来纵横的公路分割了大地，我们要去哪里寻求一丝静谧？停驻在记忆里的小楼，是否挽住了我的魂灵，在每一个日夜，让我遍遍回望？再也难寻的悠闲随着小楼的名不副实而深埋在你我的回忆与悼念中。

　　　　　　　　　　　　　　　　　　　　　　　　　　　（刘倩）

阅览室

乡居闲情
◇钟梅音

　　门前一片草坪，人们日间因为火伞高张，晚上嫌它冷冷清清，除了路过，从来不愿也不屑在那儿流连；唯其如此，这才成了真正是"属于我"的一块儿地方，它在任何时候，静静地等候着我的光临。

　　站在这草坪上，当晨曦在云端若隐若现之际，可以看见远处银灰色的海面上，泛着渔人的归帆。早风穿过树梢，簌簌地像昨宵枕畔的絮语，几声清脆的鸟叫，荡漾在含着泥土香味的空气之中，只有火车的汽笛，偶然划破这无边的寂静。

　　骄阳如炙的下午，我常喜欢倚在树荫下，凝望着碧蓝如黛的海水，静听近处人家养的小火鸡的"软语呢喃"。实在的，我深信无论谁听了小火鸡的声音，一定不会怪我多事——把燕子的歌喉，让小火鸡掠美。那有如小儿女向母亲撒娇的情调，是这么微细、婉转，轻轻地开始第一个音，慢慢地拖长着第二个音，短促地结束了第三个音，而且有着高低抑扬，似乎在向它们的妈妈诉说什么。

新雨之后，苍翠如濯的山岗，云气弥漫，仿佛罩着轻纱的少妇，显得那么忧郁、沉默；潮声澎湃犹如万马奔腾，遥望波涛汹涌，好像是无数条白龙起伏追逐于海面群峰之间。

我更爱在天边残留着一抹桃色的晚霞，暮霭已经笼罩大地的时候，等着鸭宝宝的归来。差不多像时钟一般准确——当上学的和办公的都陆续回到家之后，你可以看见小溪的那一头，远远地有一个白点出现了，这就是我们唯一的"披着白斗篷的队长"，领着它的队伍正在向归途行进。渐渐地越游越近，一批穿着背上印满黑斑的浅褐制服的小兵，随着它们的"队长"，开始登陆，然后一个个吃力地拨动着两片脚掌，摇晃着臃肿的身子，傻头傻脑急急忙忙穿过阡陌，有时一不小心滑落到田里，立刻勇敢地又爬了起来继续往前赶，唯恐会落伍似的。好不容易绕道迂回跑上了草坪，看见有人站在门边，一个个便鬼鬼祟祟偏过头去，商量不定，直到你离开了所站的地方，走得远远的，它们这才认为威胁已经解除，可以安全通过，然后一窝蜂地涌进了大门。

柔和似絮、轻匀如绡的浮云，簇拥着盈盈皓月从海面冉冉上升，清辉把周围映成二轮彩色的光晕，由深而浅，若有若无，不像晚霞那么浓艳，因而更显得素雅；没有夕照那么灿烂，只给你一点淡淡的喜悦和一点淡淡的哀愁。海水中央，波光潋滟，随着月亮的越升越高，渐渐地转暗，终至于静悄悄地整个隐入夜空，只仗着几处闪烁的渔火，依稀能够辨别它的存在。

你可曾看见过月亮从乌云里露出半个脸儿的情景？我仿佛在黄昏的花园里看见过，一朵掩藏在叶底的娇媚的白玫瑰，然而不及月的皎洁；又仿佛在古画里看见过，一个用团扇遮面的含羞的少女，可是不及月的潇洒；那么超然地、悠然地在银河里凌波微步。

海风吹拂着，溪流呜咽着，飞萤点点，轻烟缥缈，远山近树，都在幽幽的虫声里朦胧地睡去，等待着另一个黎明的到来。

天空黑沉沉地压了下来，仿佛画家泼翻了墨汁在宣纸上，骤雨夹着震撼宇宙的雷声以俱来的日子，从令人心悸的闪电里，隔窗开园窥见海水像死去了，一切都在造化的盛怒之下屏住气息。然而我知道，这些都要过去的，代替而至的将是一片更美丽清新的画图。

人们都太忙了，从忙着吃奶、长牙，到忙着学走路、学说话、学念书……以至于忙着魂牵梦萦地恋爱，气急败坏地赚钱，因此忘了他们的周遭，还有这么一个可爱的世界。而我，却从一般人以为枯燥贫乏的乡居生活里，认识了它们。

智慧窗

拥挤的人群，永远匆匆的脚步，压抑、紧张的心情，工作的压力，每天"朝九晚五"之后如家常便饭的加班，上下班时间"拼命三郎"也难以应付地铁的拥挤，空气中弥漫着烟、气的味道，天空难见蓝底白云点缀的清朗。这是城市繁华背后人们所必须承受的东西。

这个世界越来越浮躁，越来越虚伪，让青年们有种误觉以为"有理想就不该屈居于乡下"。然而"日出而作、日落而息"的惬意却永远令人神往，幽静的村落、绿树、家禽、蓝天、明月，就连星星也偏爱乡村的夜晚。清晨会伴着窗外的鸟叫醒来，心旷神怡……此刻的我们，如此羡慕作者的雅逸。

（刘倩）

秋实凝香

◇雷 达

去年一月的一个傍晚，我随手扭开收音机，一条口播新闻引起我的注意：辽宁某县乡村医生李某某，因过度劳累心脏病突发去世，全县近万名群众冒着风雪自发为他送葬。兴许要播的短讯太多，播音员说得飞快，人名地名全一带而过，无法听清。但我还是被震动了，我被"自发"二字震动了。

倘若一切是真的，那就是奇观。在这市场化、商品化的时代，物质的分量在加重，生命的分量在变轻，生生死死本系大事，现在也变得轻纱多了。比如，一个突发病人倒在路侧，多数情况恐怕是，一辆辆汽车昂首而过，避之唯恐不及。现在，对重大灾难和命案的报道，人们也大多失去痛觉，或仅引为谈资，即使大人物的逝世，也很难引动哭声，至于一个普通生命的消逝，留驻在人们口头上的时间就更短了。这是哭的功能空前退化的年代，又是嬉笑的功能空前放大的年代。所以，小小一个县城，区区一个乡村医生，一次寻常葬礼，参加者几达"近万人"，且属于"自发"性质，无论如何是件难以想象的事。我感到惊异，惊异于他究竟是何许人物，能在群众中拥有如此之高的威望和感召力？莫非他在千钧一发之际干出了什么惊天动地的壮举？——这便是我听了这条一句话新闻后一瞬间的悬想，不过很快又淡忘了。

四月，我与剧作家姜一在京邂逅。姜一曾因电影《过年》名噪一时，现在豪情依旧。他是辽宁本溪人，一开口就激动地告诉我，本溪桓仁县出了个了不起的人物，叫李秋实，是个女医生，后来当到县医院院长。前年12月29日下午，因心脏病猝发而死，年仅52岁。他说抢救李秋实那天，县医院从一楼到四楼挤满了闻讯而至的群众，人越聚越多。手术起先由本地医生做，后来由沈阳最好的医生通过长途电话指挥。当听说她的心脏又开始搏动了，楼上楼下一片掌声，当最终抢救无效时，全楼一片哀恸。消息迅速地传开了，黄昏时分零下30度的桓仁小城泪飞如雨。

我立刻接通电流似地忆起年初听过的那条新闻。我确信，女医生李秋实即是那条新闻的主人公。姜一告诉我，眼下他最要紧的是创作一部以李秋实为素材的话剧，以此报效家乡。他还希望有一篇文章。于是注视着我说，你能跟我到桓仁跑一趟吗，只要腾出两整天时间就行。这几年看你偶然也写散文，我敢说，李秋实本身就是一篇动人的散文。

姜一递给我一张当地报纸，上面印着李秋实的照片。我一眼就喜欢上她了，好像早认识似的。应该说她完全不漂亮，却有种难以言说的真挚和生动。她的皮肤一定是黝黑的，两只会说话的眼睛溢流着温暖，善良，坚韧，泼辣的复杂意绪，眉宇间还透出一股关东女人特有的豪放。她那微笑的神情，似在鼓励人们向她倾吐点什么，她那纯净的黑白分明的眸子里，有一种殉道者才会有的澄澈，好像随时准备张开双臂接纳一切受苦受难的人。单看照片，你不会相信她已经死了。你倒会觉得，她正行走在盖满白雪的山道上，与你迎面相遇。

几乎就因为这片断的传闻和这张照片，我决意跟姜一上路，去探访一颗我认为是当今年月里十分罕见的灵魂。我预感到，围绕着她，会有许多关乎世道人心的故事。

1

桓仁实在不近。一夜火车到本溪，天已麻亮，再钻进汽车，疾驰两个半小时方到，人已十分疲困。我事先忘了看地图，弄不清方位，直觉告诉我，我到了一个非常偏远的地方，说不定到边境了。果然打盹中隐约听车上人说，这儿虽归本溪管，其实离中朝边境很近，从本溪到这儿比到沈阳还要远两倍多呢。天奇冷，北京已是春光烂漫，这里山顶积雪尚未化尽，小城便裹在群山中。县委宣传部长请吃早餐，真正的乡土风味：棒碴粥、贴饼子，腌咸鱼，老玉米……比起京城随处可见的东北虎饭馆地道多了。还不到上班时间，街面清寂，虽有花绿的广告和桑拿、舞厅之类招牌在寒风中招摇，终究掩不住贫困县的底色。部长建议，趁上班前的空儿，大伙先去看看李秋实的坟茔。

公墓在半山腰上。临近时，部长要大家猜，哪个是李的坟。其实用不着猜，花圈花篮堆得最高的，准是她的了。就规格看，她的墓地大小与别个完全一样，只因花圈厚积，遂显得突兀。清明刚过，花圈们尚未褪去原先的色泽。墓碑上还有一条紫红色的纱巾临风翻飞，十分惹眼。原来是蒙古族女作家萨仁图娅前来拜谒时，当即解下头巾系上去的。这情景叫人心头蓦然一惊，一热。回头下望，桓仁县城就偎在山脚下。远处有一片山的屏障，那叫五女山，山崖下有一道寒光在闪烁，那是浑河。浑河环拥着小城，整个地形颇似欧米茄手表的商标图形。在我的印象里，大约只有柳州才是这样的。桓仁这座山城，是著名的满族自治县，历史甚悠久。我忽有所悟，是不是桓仁的古朴，淳厚，还有它的封闭，使之葆有更多的高情厚谊，古道热肠，也才具备了产生李秋实这种当代奇人的土壤？总之，在这个早晨，李秋实墓显得凄清而美丽。

四周安静极了，只有风。然而就在几个月前，这山湾里却曾发生过一次撼天动地的葬礼。那些日子，桓仁大雪崩腾，道路阻断，奇异的是到了李秋实出殡的一刻，大雪骤停，大风突止，一束阳光瀑布似的冲云破雾而出，照临桓仁大地。据目击者说，云隙间还有一片云彩酷似凤凰起舞的模样，使在场者暗暗称奇。我想，这恐怕是人们心象的外化和投射所致吧。

不用号召，不用发动，四乡八寨的乡亲像接到统一号令一样，齐刷刷地汇聚到县城。灵车启动时，哭声震野，哭倒在地的多是李秋实救助过的叫不上名字的穷人。人们哈着白气，跺着脚，一个个加入送葬行列，还有人乘着东北特有的"蹦的""摩的"，跟在后头，形成一条长长的河流。据说，葬礼过后多日，人们想她，哭她，谈她的哀情不减。白雪下了一场又一场，通往墓地的脚印踩平了一层又一层，证明事后致祭的人还是很多。若不是亲眼目睹，真不相信，几个月下来，那花圈已层层淤积成一个垛子了。正像老百姓说的，整个过程，不是政府动员人民，而是人民感动了政府。人们谈到后来，也许都不完全是在谈李秋实了，而是在谈他们心目中的一个理想。

我把这场葬礼视为一个动人的精神事件。别看它偶然地发生在辽东的偏远小县，借着李秋实之死而起，其实它的能量早蓄积在今天社会、人心的深层，厚积而薄发，终于冲破物化的冷硬外壳，发出了一声声呼喊。它呼唤的是仁爱，是传统的宝贵的道德情感，是对生命的尊重，尤其是对人的尊重。它同时也在曲折地表达着愤懑，针对商品化时代普遍的冷漠无情和道德沦丧现象，针对我们文化中仁爱传统逐渐被丢失的现象。我想，李秋实之死引发的波澜离不开时代大背景，这个背景既包括改革开放的向上的时代主潮，也脱离不开信仰危机、道德滑坡、贪污腐败、金钱至上等等消极因素的袭扰。今天，市场法则在向一切领域无情渗透，岂止医者与患者的关系，家庭，父子，夫妻，邻里，朋友，同事，上下级等各种各样复杂的社会关系，哪一个能摆脱市场化的点染呢。不必讳言，物欲的膨胀，正在使人与人的关系趋向紧张化，冷漠化，交易化，枯寂化。但是，人类的仁爱、向善之心不绝，总要寻找它失去了的地盘和对象，因为人类是一种没有爱就很难存活下去的生灵，越是传统相对深厚地方，这反弹便越发激烈。我能感应到，桓仁的老百姓一直在寻觅一个可以托付他们道德理想和伦常情感的人物，一个可以沟通传统与现实的人物，一个其自律能力足以对抗滚滚物欲的人。他们找到了，这就是李秋实。其实，这是对一种伦理价值的深情挽留，也是对一种伟大人文传统的回眸。

2

在桓仁的几天，我一直在思索着李秋实人格魅力的来源：座谈会上，好多人控制不住地痛哭失声，这是我亲眼所见。丧事过去了多日，仍有不少不知名者从远处赶来上坟、祭奠，这也是实情。这一切说明什么呢？只能说明，李秋实生前救助过的人确实很多。但更重要的是，人们并非出于一般性的感恩，酬谢，或一般意义上的尊重，惋惜，而是出于一种发自深心的不能释然的伤悼情怀和对其崇高人格的由衷尊敬。

一位老人回忆说，几十年前的一个雪夜，他开的汽车抛锚在草包厂附近的野地，正为无人接应而焦急，一个黑瘦的小丫头突然出现了，告诉他附近有个地方可以打电话。但那种老式机子简直没法使，他急得直冒汗，小丫头好像知道似的又出现了，告诉他先捂住话筒，使劲摇够了再拿起来，就通了。

这黑瘦的小丫头就是幼时的李秋实。这也是桓仁人对她最早的记忆。她为何只身出现在城郊野外？她的家在哪里？她的亲人又在哪里？

她没有家，也没了亲人，在这寒冷而饥饿的冬天，她只能乞丐似的游荡在桓仁街头。这种日子虽过得不很长，但她毕竟经历过。她是真正的孤儿。老家在辽宁盖县，四岁时当矿工的父亲死于工伤，十岁时母亲又病饿而亡，留下孤苦伶仃的她，由盖县一路找到桓仁，来投奔一位叔伯哥哥。哥哥尚可，嫂子怎容得下这突然冒出来的"一张嘴"。打骂，虐待，用苦活折磨，不给饭吃，是免不了的。终于，小秋实流落街头了。

她原名李秋石——石头的石：她妈生了好几个孩子，一个都没留住，便给这唯一的女娃起名小石头，希图她命硬如石，好活下来。石又可念成"担"的，顽劣儿童就叫她李秋旦，加以她长得黑，就又被人叫成李黑蛋了。名字的屈辱，曾让小秋实掉泪，可她的屈辱何限于名字？有人清楚地记得，60年严冬，桓仁街头出现过一个叫黑蛋的女孩儿。县民政局一位副局长发现了她，问她怎么回事？她说，我犯错误了。问犯啥错误，答说"能吃"。副局长苦笑了，"能吃也叫错误？"正好他手中有点权，便把小秋实安置到光荣院。李秋实终生感激党和政府，同时也不忘这位副局长，视为改写了她一生命运的人。

李秋实是在光荣院里长大的。光荣院的生活影响了李秋实一生的精神生活。一群几乎一无所有的人组成的群体，有种天然的豁达，淡泊，互助精神。此地的光荣院并非一般的养老院或敬老院，而是专门收留残废军人，烈士遗孀或其父母，以及一些有功而无家可归者的地方。大都是些革命功臣，漂泊之人。进了光荣院，小秋实能吃上饭，再也没气受了，感受到人与人之间相濡以沫的真诚友爱。她与老人们处得尤其好，兴许她从他身上体验到了未及体验的父爱和母爱，而他们则视她为女儿甚或孙女。没人要求她干活，她却玩命似的干，浑身有股使不完的劲儿，不让她干反而难受。洗头，喂饭，搔痒，端屎端尿，用手接痰，这些活她全都干过，她甚至为一个老人导过尿。知情者回忆说,这孩子仁义得出奇,为了救人不知什么叫害羞。

来自沙漠的人渴望甘泉,饥肠辘辘的人梦想饱餐,受够了冷嘲和侮辱的人,最珍惜爱与被爱,只消一点爱即可使之泪水涟涟。也许童年记忆太惨痛了,也许光荣院的厚爱太暖人了,一冷一热的反差,激起了李秋实强烈的奉献热情和实干精神。她是以广义的人民为家园、为父母的,她是吃百家饭,穿百家衣长大的,私有观念和小家庭财产观念都很淡。比如,作为孤儿,她曾得到县民政部门发给的一双翻毛皮包头棉鞋。不料,女同学邵立姝无意地随口说,我弟弟可喜欢你这样儿的棉鞋了。第二天李秋实就脱下这双新鞋,包好了送给邵的弟弟。她并非为了讨好谁,只是觉得小弟弟的心愿最重要,怎能不让小弟弟高兴一回呢。就因为这件事,邵一生都信任李秋实,她们成了终生好友。座谈会上,提起这双鞋,邵又低头哭了,半天仰不起脸。李秋实多次说过,我是孤儿,是共产党捡了我一条命,是人民用一分钱、一分钱培养的我,我就是给人民再打两辈子工,也还不上这份情。她在日记里写道,人都说我是"工作狂""有瘾",是啊,我得的是"职业精神病"。应该说,这些话确是她的肺腑之言。李秋实的小家我是看过的,一进那狭窄的楼道就觉得别扭,入得门来,除了一只大沙发,没一样值钱东西。李去世已多日,家中仍无收拾过的痕迹,略显凌乱,可以想见李生前的忙碌。我相信,一切是原来样子,不是故意做出来给人看的。

李秋实先被保送到本溪卫校学医。卫校一毕业,她就要求到最艰苦的地方去。那年月的青年都那样,何况李秋实。于是她来到了号称"辽宁屋脊"的八里甸子老秃岭。这地方穷得叮当响,都60年代末了,还有不少是全家盖一条被子,轮流穿一条裤子。近亲结婚普遍,地方性大骨节病流行,村里有不少目光呆滞的弱智儿,痴呆儿。这里的人们没有洗澡习惯,生了病,只信跳大神的,或当众吃香喝灰的。当地人回忆说,那时的李秋实身单力薄,却不遗余力地宣传移风易俗。她走路脚下生风,办事节奏极快,说话干脆利落。座谈会上有位发言者说,自打李秋实进山来,娘儿们闹暴动啦,什么男女都一样,不准打老婆,讲卫生光荣,不洗不准上炕,近亲不能结婚等等,讲起来总是一套一套的。

那时李秋实本人还没结婚,却遇到过一件婚姻纠纷案:当地有个俊俏姑娘,已有了相好的,但父母为给她弟弟娶亲,急需用钱,硬是把她许配给一个残疾人。姑娘痛不欲生,誓死不嫁。在贫穷山村,此类悲剧原属屡见不鲜。这次闹到最后,总算有了一线希望,对方承诺:不嫁也可以,但限三天内必须归还二百块彩礼钱。那时筹措二百块比登天还难,实际等于绝了姑娘的路。姑娘多方求人未果,急了,万般无奈下猛然想起了李秋实医生。李一听自然很气愤,却照样凑不起这笔大数,但她天生有股不达目的的誓不罢休的韧劲儿,愣是奔波了三天,费无数口舌,凑够了数,解了姑娘的燃眉之急。

对李秋实来说,至少在早期,并无明确的"做好事"意识,她这样地活着,也就这样地做着。细数起来,她做的好事都非常小。六河乡一位耳廓软骨膜炎的女患者,把病耽误了,越来越重,再不抓紧治耳朵怕就保不住了。可她住得远,那年月生产队又不准轻易歇工,咋办?李秋实说,那你每天早晨六点来,我也六点钟赶到医院,咱俩都起个早儿吧。有个小患者,因无人陪着,又没钱,一直挺着,挺了好久。李秋实就想,不就几十里山路吗,我利用星期天跑一趟去做了手术不就行了吗,结果用二元钱解决了问题。又有一次,为了抢救一个孩子,李接到通知,火速从住地小跑着赶到医院,忙活了几小时,孩子脱险了。这时孩子的母亲偶一低头,发现了李秋实光脚丫子穿双旧布鞋。多冷的天哪。这位母亲刷地就泪流满面了。感动,从来都不是主观努劲儿的结果,总是在自己不知道的时候感动了别人或被别人感动。

这种事事替别人着想的品性，由于其无私性，在紧急关头，就有可能转化为一种大智大勇。也许下面这件事算她平生干的一件最具新闻价值的事了：1973年7月的一天，雅河乡朝鲜族四岁的小姑娘朴永梅不慎将一大颗芸豆粒吞下，顿时憋得嘴唇青紫。赶忙送往县医院，到达时已是呼吸困难，命如悬丝了。转诊肯定来不及了。那怎么办？当时的桓仁县医院尚无一人做过气管切开手术。李秋实顾不了那么多，她只有一个念头：救命要紧！于是自作决定，毅然动刀了！经过一番惊险，芸豆粒终于取出，孩子得救了，而桓仁第一例气管切开手术也在不经意中成功了，历史空白就此填补。当年，还不甚出名的评书演员田连元，根据此事创作了评书《新的采访》，着实在东三省轰动过一阵子。我今天称颂这件事，丝毫没有提倡反科学的蛮干的意思，只是肯定李秋实在紧急关头的果敢。她本人其实清醒得很，事后赶紧补课，反复实践，到沈医大进修，终于成为这方面的专家，平生完成了高难度"切开"手术50多例。追溯起来，最早激发她苦练此项技术的动因，实与乡下孩子随时会遇此危险有关。

第三天的归途上，我突遇奇景。万未料到，已是四月天气了，竟然大雪狂舞，茫无际涯，引得天地间一片肃穆，似在悼念秋实。晶莹的雪，洁白，清亮，透彻，坚贞，一尘不染，多么像救死扶伤的白衣天使翩然而降。无边地旋转着的雪雨啊，默默无语，悄悄地滋润着大地山川，多么像一支充塞远天远地的无声的赞歌，人道主义精神的赞歌。更可骇怪者，风卷着雪粒，造出婀娜的人形，不断飒然来到车前站立，又遽然随风飘去，有如演员的连续谢幕一般，令人忽然想起楚辞中"若有人兮山之阿，被薜荔兮带女萝，既含睇兮又宜笑，子慕余兮善窈窕"的超妙意境。莫非是李秋实在向我这个远方的不速之客含笑致意吗？莫非是她对我的理解表示首肯吗？

同车人说，即使在东北，这个时候下这么大的雪也十分罕见。到本溪时，雪已下到一尺半深都不止了。这一天是2000年4月10日，只要查一查当地的气象记录，就知道我没胡说。让我们永远记住吧，在辽东，在深山，有一个伟大而质朴的女性，曾经这样地生活过，像白雪润泽大地一样地生活过。她的名字叫李秋实。

智慧窗

人类是一种没有爱就很难存活下去的生灵。李秋实被爱之后"疯狂"爱人的行动让她成为照亮整个时代的明星。雷达先生并没有像媒体一样，堂而皇之、政治宣传教化一样地授予她"党的好干部""人民的好医生"，因为他理解这并不是秋实追求的东西。

秋实的生命伟大而质朴，她是说着"要讲奉献"倒下的。在现今这样浮躁的社会，普遍的冷漠无情与道德沦丧，李秋实能得到人们的厚爱，能引起如此轰动，让我们对人类的向善之心抱有希望，他们为这个社会传达出来的，是一种呼喊，从社会和人心的深层发出的声声呼唤，呼唤仁爱，呼吁对人的尊重。

（刘倩）

风 流 人 物

　　历史的长河缓缓地向前流淌着，我们站在岸边，看到了无数的人物从我们的面前"经过"，那些能够长久地留在后世人心中的，并且被后世人所世代传颂的，便是我们所说的"风流人物"了吧。

　　那些"风流人物"的故事之所以能够得到世代的传颂，主要是因为他们的情往往是最真挚的；他们的爱常常是最炽烈的；他们的文字诗篇、艺术作品都包含着对家国、对爱人的深情；他们的精神与气节都值得后世人永永远远地学习下去。所以，这些人以及他们的故事，成为了历史长河中的永恒！

像蝴蝶般绚丽的徐志摩

◇刘牧涵

"轻轻的我走了，正如我轻轻的来，我轻轻的招手，作别西天的云彩……"一首久违的《再别康桥》，每每使我想起久违的他。或许，徐志摩，他一直没有离开过我，我想。对我来说，他就像我所热爱的蝴蝶和诗一样永远在我心里。

我热爱蝴蝶，是因为它们一生都在追寻自己的夙愿。据说，有一种蝴蝶的生命只有一年，但是它们却不惜用尽自己短暂的生命飞越山谷、飞越海洋，为的是找到那棵它们在生命最后一刻所安心栖息的树。一旦它们找到了那棵树，就会安然地落在上面，一动不动，满心幸福地等待生命的结束。它们的心愿只是那样简单，只是希望可以在生命最后有一个归宿，而它们却为如此简单的心愿倾其所有、无怨无悔，使得自己能够微笑着走向生命的尽头。因此，我热爱蝴蝶，我热爱它们勇于追求的精神。

我热爱诗，是因为它们永远美丽。诗，是缠绵悱恻的；诗，是清新唯美的。人们将思想的精华汇集在诗的声韵里，人们将美好的向往凝聚在诗的平仄中。所以，诗是孕育于天地间而包容一切美好的事物。它们自然，从不做作，因为它们汇聚了人们来自心底的声音；它们美丽，却不庸俗，因为它们象征着人们高尚脱俗的情操。因此，我热爱诗，我热爱它们的单纯而美好。

我热爱徐志摩，是因为他是蝴蝶，他是诗。他的生命如蝴蝶生命般短暂，他的人生如诗一般美丽。他用自己仅有的三十四年的生命，像蝴蝶一样追寻心中最初的梦想——爱，自由，美。在康桥，在拜伦潭，在翡冷翠，徐志摩一直用他那满腔的柔情与热忱去完成对爱情与艺术的追寻。他渴望爱情，但更情愿将自己满溢爱意的心捧给他人享用。他不顾一切追逐爱情，却不在乎是否得到回报。在一次次的追寻中，他懂得了、感悟了。在感悟之后，徐志摩用他的笔和心铸就了属于他的最美的文字。而在文字中，他又试着去追寻自己毕生渴望的自由与唯美。他用多愁善感的手指在诗卷上撒下飘扬的雪花，他用柔情似水的声音对那个她说了一句"沙扬娜拉"。在那个新旧交替的年代，徐志摩，是他用自己拥有的一切点亮了新月诗的夜空。他散发出来的光芒，在漆黑的天空里熠熠生辉，使得在遥远人间的人们都能感受到他身体的温度。而此时，回首望去，他已不在。但他的美丽与斑斓却依然停留在最终栖息的树上，使有生的我们得以荣幸地景仰……

智慧窗

徐志摩的诗浪漫而神奇，就如同他那些短暂的生命一样浪漫而充满了传奇色彩，他是为了写诗而来的吧，或者，他是为了爱而来的吧，正如那些蝴蝶是为了找寻一棵自己想要去栖息的大树而来的一样。所以，当徐志摩用心中的真情写下了最神奇、瑰丽的诗篇之后，当他把自己心中的爱毫无保留的释放出来了之后，他便如同那些蝴蝶一般，安然地落了下去。

我们在为这样一个生命的短暂而惋惜感叹的同时，还可以为我们仍旧能够看到他的文字和诗篇而感到庆幸，因为从那些文字中我们能够感受到他"飞蛾扑火"一般的炽烈情感。徐志摩，如诗，如蝶。

(臧杰)

怎一个愁字了得（节选）

◇熊召政

公元1125年，也就是徽宗时的宣和七年，金兵大举攻宋，翌年攻破汴京。徽、钦二帝被俘。赵宋政权只好仓皇南迁。1127年，高宗迁都建康，也就是今天的杭州。这一年，李清照四十四岁。她从青州出发，南下与先期奔母丧的赵明诚相会于金陵。1128年，赵明诚任江宁知府，一年后死于任上。这时，李清照四十六岁。

政权遭递，山河变色，此际的文人，在经受了干戈离乱之后，诗作往往沉郁苍茫。李清照之前，有颠沛于安史之乱中的杜甫，有失国的李煜；之后，有降元的赵孟頫，有被迫入清为官的吴伟业。看看他们那些遭受动乱前后的诗作，便能体会到什么叫人生沦落，什么叫去国之悲。

让我们来看看李清照南渡前的最后一首词《诉衷情》：

夜来沉醉卸妆迟，梅萼插残枝。酒醒薰破春睡，梦远不成归。人悄悄，月依依，翠帘垂。更挼残蕊，更撚余香，更得些时。

再看她南渡后的第一首词《蝶恋花》：

永夜厌厌欢意少。空梦长安，认取长安道。为报今年春色好，花光月影宜相照。随意杯盘虽草草，酒美梅酸，恰称人怀抱。醉莫插花花莫笑，可怜春似人将老。

这两首词，虽然都是李清照一贯的冷艳，一样的缠绵悱恻。但不难看出，前一首词是怨妇的怀人。而后一首词，已隐藏了无法排遣的怀国之痛。与丈夫久别重逢，又与亲友们欢聚，按常理李清照应该欢乐才对，可她诉说自己"永夜厌厌欢意少，空梦长安，认取长安道。"因失国而产生的乡愁，使她的"莺声燕语"，开始有了一点历史的苍茫。

南宋有两位著名的爱国诗人：陆游与辛弃疾。他们可谓把失国之痛写到了极致。但是，这两位诗人都没有亲眼见过北宋汴京的繁华。在金兵大举攻宋的1125年，陆游才出生。此时，李清照已经四十二岁，十五年后的绍兴十年，也就是1140年，李清照五十七岁时，辛弃疾才出生。

偏居一隅的南宋政权，并没有吸取北宋王朝后期的耽于享乐的教训，其腐败有过之而无不及。乃至出现了"山外青山楼外楼，西湖歌舞几时休，暖风熏得游人醉，直把杭州作汴州"这样沉痛的诗句。陆、辛两位，是南宋小朝廷中的两位伟丈夫，他们以收复国土，重造金瓯为己任。遗憾的是赵宋南迁，不思北返；昏君坐廷，佞臣秉政。诗人的一支笔，又怎能真正地变成渡河的铁骑或是闯阵的戈矛呢？

应该说，李清照的去国之痛，比这陆游与辛弃疾更为惨烈。她毕竟是在北宋首都汴梁城中长大，在锦幄绣闱的辇毂之下，她见惯了夜夜笙歌的龙袖骄民的生活。渡淮之后，杭州的醉生梦死更胜于汴州，达官贵人们"饱暖思淫欲"，贫穷百姓"饥寒起盗心"，两相比较，李清照怎能不沉入绝望。

南渡第二年，李清照的丈夫赵明诚病死。此后，国破家残的孤苦，一直伴随着这位聪颖异常的女词人，直至老死。自1127年离开青州南下杭州算起，李清照在南方生活不下三十年，这段岁月不算短暂，但她却只留下十五首词。尽管她创作上一贯惜墨如金，这十五首词，也显得太少。即便这样，这么少的词作中，仍充满了断肠人的凄苦。除了那首脍炙人口的《声声慢》，道出了"怎一个愁字了得"之外，余下尚有：

旧时天气旧时衣，只有情怀，不似旧家时。（《南歌子》）

感月吟风多少事，如今老去无成。谁怜憔悴凋零。试灯无意思，踏雪没心情。（《临江山》）

吹箫人去玉楼空，肠断与谁同倚。一枝折得，人间天上，没个人堪寄。（《孤雁儿》）

物是人非事事休，欲语泪先流。闻说双溪春尚好，也拟泛轻舟。只恐双溪舴艋舟，载不动，许多愁。（《武陵春》）

智慧窗

李清照可以算是中国古代历史上最负有盛名的才女了。在人们印象中，她该是一个写着悲悲切切的诗词的闺中少女、官宦人家的少妇。然而，她所处的历史大背景，使得她不能仅仅去做一个写着婉约的诗词，抒发着小哀怨的女子，而是令她成为了一个写出了"生当作人杰，死亦为鬼雄"这样充满气魄直逼男儿的豪放诗词的旷世才女。

国破家亡本该是一件令人感到悲痛的事情，然而，正是这样的悲痛成就了这位与众不同的千古才女。于是，我们读着她的诗词，感受到了她女儿的柔情，更感受到了她对家国的情怀和对历史兴亡的感叹。

（臧杰）

欢乐吧

＊聪明还是愚蠢

◇怀 夏

一位屠夫正照看着自己的店铺，他非常惊讶地看到一条狗进了他的铺子。他将狗赶了出去。不一会儿，那条狗又回来了。于是，屠夫走近狗，发现它的口中有一张小字条。他拿出字条，见上面写道："我可以买十二根香肠和一条羊腿吗？这条狗嘴里还衔着钱。"

屠夫向狗的嘴望去。瞧啊！那里还真有一张十美元的钞票。于是他收了钱，把香肠和羊腿放进一个口袋，然后让狗叼起来。这条狗给屠夫非常深的印象。当时正值铺子到了快关门的时间，于是他决定提前打烊，跟着这条狗看个究竟。

于是屠夫跟着狗出发了。狗沿着街道一直向前走，不久来到了一个交叉路口，狗放下口袋，伸直前腿按下了一个交通信号灯按钮，然后静静地叼着口袋等待信号灯。绿灯亮了，它过了马路，屠夫在后面一直紧跟着。

狗随后来到了一个公共汽车站，开始看时刻表。见到这个情景，屠夫感到非常惊讶。狗看完时刻表，坐在了车站的椅子上。一会儿来了一辆公交车，狗走到车前，看了一下车号，然后回到了座位上。又一辆公交车来了，狗又绕到车前看了看车号，确定无误后，上了车。屠夫目瞪口呆地也跟了上去。

公交车穿街走巷，离开了镇子，来到了郊外。狗一路上观望着车外的风景。终于，它站起身来到了前门。它后腿蹬地，用前爪按了一下停车按钮，然后下了车，买的东西还叼在它的嘴上。

屠夫跟着狗沿着大路一直往前走着。不一会儿，狗拐向了一所房子。它走到房前小路的尽头，把买的东西放到了台阶上。随后，它倒退几步，铆足劲儿跑起来，一头撞到了门上。它又这样撞了一次门。里面没有任何反应。于是狗又退回来，跳上了一堵窄墙，沿着院墙走去。它来到窗户前，用头撞了好几次窗户，然后回转身，跳下墙头，来到了门前等候。

> 这已经是过星期第二次忘带钥匙了……

屠夫这时看到一个大汉打开门，冲着狗大声呵斥，对它又踢又打又骂。屠夫于是冲了上去，挡住了大汉，说："你到底在干什么呀？这条狗简直就是一个天才。我敢发誓，它都可以上电视了！"大汉回答道："你说它聪明？这已经是这条笨狗这个星期第二次忘记带钥匙了！"

悦客群

含月弯弯

追求完美、挑战极限是人类永远不变的方向。正是在这种精神的感召下，人类创造了一个又一个奇迹，人类社会取得了长足的进步。但是，不容忽视的问题也随之而来。也正是因为这种精神，人类有时变得求全责备，吹毛求疵。本文中的狗，在屠夫看来简直是天才，而大汉却斥之为笨狗。

在捧腹大笑之余，我们应该反思一下：是否对自己的亲人要求太苛刻？是否对自己的朋友索求过多？一味地盲目攀比拔高要求，也许对人对己都是一种伤害。

读柳永 （节选）

◇梁 衡

柳永是中国历史上一个并不大的人物。很多人不知道他，或者碰到过又很快忘了他。但是近年来这根柳丝却紧紧地系着我，倒不是为了他的名句"杨柳岸，晓风残月"，也不为那句"衣带渐宽终不悔，为伊消得人憔悴"。只为他那人，他那身不由己的经历和那歪打正着的成就，以及由此揭示的做人成事的道理。

柳永是福建北部崇安人，他没有为我们留下太多的生平记载，以至于现在也不知道他确切的生卒年月。那年到闽北去，我曾想打听一下他的家世，找一点可凭吊的实物，但一川绿风，山水寂寂，没有一点音讯。我们现在只知道他大约在30岁时便告别家乡，到京城求功名去了。柳永像封建时代的大多数知识分子一样，总是把从政作为人生的第一目标。其实这也有一定的道理，人生一世谁不想让有限的生命发挥最大的光热？有职才能有权，才能施展抱负，改造世界，名垂后世。那时没有像现在这样成就多元化，可以当企业家，当作家，当歌星、球星，当富翁，要成名只有一条路——去当官。所以就出现了各种各样在从政大路上跋涉着的而被扭曲了的人。像李白、陶渊明那样求政不得而求山水；像苏轼、白居易那样政心不顺而求文心；像王维那样躲在终南山里而窥京城；像诸葛亮那样虽说不求闻达，布衣躬耕，却又暗暗积聚内力，一遇明主就出来建功立业。柳永是另一类的人物，他先以极大的热情投身政治，碰了钉子后没有像大多数文人那样转向山水，而是转向市井深处，扎到市民堆里，在这里成就了他的文名，成就了他在中国文学史上的地位，他是中国封建知识分子中一个仅有的类型，一个特殊的代表。

柳永于词的贡献，可以说如牛顿、爱因斯坦于物理学的贡献一样，是里程碑式的。他在形式上把过去只有几十字的短令发展到百多字的长调。在内容上把词从官词解放出来，大胆引进了市民生活、市民情感、市民语言，从而开创了市民所歌唱着的自己的词。在艺术上他发展了铺叙手法，基本上不用比兴，硬是靠叙述的白描的功夫创造出前所未有的意境。就像超声波探测，就像电子显微镜扫描，你得佩服他的笔怎么能伸入到这么细微绝妙的层次。他常常只用几个字，就是我们调动全套摄影器材也很难达到这个情景。比如这首已传唱900年不衰的名作《八声甘州》：

对潇潇、暮雨洒江天，一番洗清秋。渐霜风凄紧，关河冷落，残照当楼。是处红衰翠减，苒苒物华休。惟有长江水，无语东流。

不忍登高临远，望故乡渺邈，归思难收。叹年来踪迹，何事苦淹留？想佳人妆楼颙望，误几回、天际识归舟。争知我，倚阑干处，正恁凝愁。

一读到这些句子，我就联想到第一次置身于九寨沟山水中的感觉，那时照相根本不用选景，随便一抬手就是一幅绝妙的山水图。现在你对着这词，任裁其中一句都情意无尽，美不胜收。这种功夫，古今词坛能有几人。

呜呼，人生在世，天地公心。人各其志，人各其才，人各其时，人各其用，无大无小，贵贱无分。只要其心不死，才得其用，时不我失，有功于民，就能名垂后世，就不算虚度生命。这就是为什么历史记住了秦皇汉武，也同样记住了柳永。

智慧窗

喜欢"吟风弄月"的柳永的诗词似乎并不像辛弃疾、苏轼所写的诗词那样得到人们的重视和认可，毕竟，比起家国之仇、之恨，儿女情长实在不值得一书。尤其是出那些诗词的还是一个屡试不第的男人。

然而，当我们只把柳永的诗词当做一种艺术品去欣赏和品味的时候，便会发现它的价值。其实，柳永未必没有"家国之志"，柳永未必只喜欢"吟风弄月"，柳永未必只会写那凄婉哀怨的诗词。只是，当他心中的"雄心壮志"实现无望的时候，他用另一种方式成就了自己。

（臧杰）

阅览室

江南烟雨琵琶行
◇赵竹毅

一千一百多年前，白居易左迁九江郡司马，在鄱阳湖边住了下来。一个秋天的夜晚，诗人被一支琵琶惊醒了，循着琵琶声，诗人发现了自己，鄱阳湖流下了两行清泪。琴声和着泪水沉到湖底，千年之后这里仍然能够听到嘈嘈切切的琴弦。

我也是被琵琶声惊醒的，走在湖畔，千年之前的那声裂帛，仿佛就在耳边，仿佛就在昨天。

那一个瞬间，白居易走在歌女的弦上，琵琶声响在诗人的诗里，拨弦的人轻拢慢捻，弦上的人醉不成欢，琵琶声渐行渐远，在心头响起，在诗里隐没，书案前，只留下江州司马，泪湿青衫。

浔阳江头夜送客，枫叶荻花秋瑟瑟。主人下马客在船，举酒欲饮无管弦。

新醅的酒，眼前的茶，饮不醉但求一醉的白司马，湖心的飞鸟，湖边的新芽，挑不明诗人的醉眼昏花。你来了吗？你醉了吗？你要走吗？你醒了吗？诗人与秋风，一问一答。江南的秋雨扯天扯地，诗人的酒杯，举得起，却放不下。

醉不成欢惨将别，别时茫茫江浸月。忽闻水上琵琶声，主人忘归客不发。

石狮子立在湖边有上千年了，你们还记不记得那个白司马？白司马怕是已经记不得你们了，那天，晚归的诗人真的醉了，烈酒烧灼着他的胸膛，他的胸中，只有难酬的壮志，烈酒朦胧了他的双眼，他的眼里，只有模糊的背影。

我闻琵琶已叹息，又闻此语重唧唧。同是天涯沦落人，相逢何必曾相识。

琵琶声并未远去，但春天还是来了。

诗，是有气味的，这会儿的诗，有一种湿漉漉的青草的芳香。诗人一来，满山的清流鸣泉便开始吟咏唱和，天罡浩荡，那是风在寻章摘句。诗人一伸手，便拽了满把的新诗，诗太多了，诗人开始随手抛撒，我跟在后面，一俯身，便是千古的经典。

诗实在是太多了，诗人专门为它们建造了家园。

白居易草堂，这是一个诗的乐园。日上三竿，诗人在这里高卧，伸一个懒腰，竟也是诗意盎然。

我独坐在草堂前，守候着诗人，守候着白司马有些迟了的春天。

琵琶还在，我分明听到了欣喜的弹拨，比诗人的脚步更迫切，比诗人的心情更舒展，比诗人的诗更浪漫。

诗人归来了，一起归来的，还有诗，有酒，有花。

一朵花，一杯酒，一首诗，分不清谁更醉人，谁更灿烂。分不清谁会芳华于弹指之间，谁将流传得更加久远。有花，有酒，白司马醉倒在诗的马前，诗无言，诗是诗人最初和最终的家园，诗是诗人永远的春天。

今夜闻君琵琶语，如听仙乐耳暂明。莫辞更坐弹一曲，为君翻作琵琶行。

江州任职时期，白居易自编诗集十五卷，有诗约八百首，《琵琶行》六百一十六言，最为脍炙人口。

智慧窗

不知道为什么，小时候不喜欢背诵长诗的我却并不曾厌烦背诵这首篇幅很长的《琵琶行》，现在想来，可能是因为白居易确实做到了"下笔如有神"的境界，透过这首诗的字字句句，仿佛一切都是身临其境的，那个坐在舟中失意的"青衫司马"，那个"老大嫁作商人妇"的琵琶女，以及琵琶女所演奏的那一曲琵琶，使我久久的沉浸于其中。

尤其是那句"同是天涯沦落人，相逢何必曾相识"，那种惺惺相惜的感觉，不仅是坐在舟中的江州司马能感受得到，读到这首诗的人，一定都能够明白其中的所蕴含的意味。

(臧杰)

阅览室

纳兰边塞词话 （节选）

◇许　淇

纳兰性德是一度得势的明珠太傅的长子，二十一岁经殿试举进士，选授三等侍卫，后晋升一等。他和康熙同庚，诗词好又善骑射，发无不中，皇帝喜欢把他带在身边。"上之奔海子、沙河，及西山、汤泉及几辅、五台、口外、盛京、乌刺……未曾不从。"（《见徐乾学撰墓志铭》）。出远门则越山海关，过古北口，往东北老家；或西行榆关，征西域，到天山脚下……虽然辛苦，但有了边塞的生活体验。"不恨天涯行役苦，只恨西风，吹梦成今古"（《临江仙》）。言里行间，隐隐地对当奴仆的命运怨天怨地却又无可奈何。"身世悠悠何足问，冷笑置之而已"（《贺新凉》）。然而他又不得不听从圣命。"古戍烽烟迷斥堠，夕阳村落解鞍鞴。不知征战几人还"（《点绛唇》）。烽火台的狼烟迷了探子的双眼，刚稳定天下不久又要随御驾亲征，看来即使不病笃京城，也会战死沙场。颇有高适、岑参的意味了。能续写汉唐以来的边塞风光，发之为新声，是纳兰得天独厚处。试看，迢迢西域，"极目嵯峨一丈天山雪"，是写实也是写意。"冰合大河流"，乃解唱黄河。"夜深千帐灯"，将草原上扎营夜宿写得真切如画。到了古北口，他填了一曲《浣溪沙》："身向云山那畔行，北风吹断马嘶声，深秋远塞若为情。一抹晚烟荒戍垒，半竿斜阳旧关城。古今幽恨几时平。"按常人看，高门贵胄，天子亲信，春风得意，有什么幽恨？那是形而上的千古幽恨，存在与意欲不能完善之苦闷。他借咏雪自喻："冷处偏佳，别有根芽，不是人间富贵花。"雪是洁白的，雪是漂泊者，自我放逐于"万里西风瀚海沙"，承载着沉重的历史感。后贤杨芳灿说他："三生慧业，不耐浮尘。"我说，凡真词人必具真性情，必以血书者，必是"别有根芽"，或以为"狂"，"狂"乃他的本色；他赠知友的《金缕曲》劈头就呼："德也狂生耳！"承认我性德固是一个介狂生，真奈我何！

纳兰边行走边回眸，仿佛向江南知友通款曲。"行尽关山到白狼，相见唯珍重""白狼河北秋偏早""回乐峰塞，受降城远，梦向家山绕……""家山"何处？是吴门姑苏？太湖独山？雁荡四明么？《长相思》上下片联句有："山一程，水一程"对"风一更，雪一更"，接着"聒碎乡心梦不成，故园无此声"。故园必春色冶荡，叶翠花笑，"小语绿杨烟，怯踏银河冻""杨柳乍如丝，故园春尽时"。然而成哥的故乡应是边塞，就是"长白"，只是他却将朋友们的江南视为故乡——精神的故乡。那些骨子里有"反清"倾向的、政治上"异己"的江南士子、词场名宿，都成了他亲密的师友。像阳羡陈维崧、浙西朱彝尊，比他大二十多岁，长一个辈分，是他的忘年交，后人并称清词三大家。众所周知的为顾贞观的朋友吴兆骞充军宁古塔"开后门"赦回故里的故事，何等感人！他的渌水亭雅集，是当时的诗词"沙龙"。在清代文字狱兴起、知识分子惶惶不可终日的氛围中，是一片净土，一方缪斯的乐园！不仅可自由地刻羽调商，蹭饭吃酒，凡创作上有成就的无名诗人，投奔来了，生馆死殡，相援相熙，于赀财无所计惜。公子是"保护伞"，网罗了一帮老少"牛鬼蛇神"。

智慧窗

在人们的印象中，纳兰性德应该是那样一位在金玉满堂的宅院中写下"人生若只如初见"的深情而又多情的公子。他应该吟风弄月，他应该深情款款，他应该相思成疾，他应该风雅无双……

于是，那个行走于边关的、善骑射的、写下了"古戍烽烟迷斥堠，夕阳村落解鞍鞯。不知征战几人还。"的成哥便总是让我们觉得无比的陌生。有时候，对于爱情、对于亲情、对于家国的感情都是相通的吧。纳兰性德该是一个丰富而立体的男子，在我们欣赏着他深情款款的诗词的时候，不妨也去读一读他的边塞诗，了解一个和我们印象中不大一样的纳兰性德。

（臧杰）

阅览室

唐朝，那朵自由之花（节选）

◇李木生

城市是否也有性别？仔细品品，好像真有呢。比如成都，我就明确地感受到了浓淡有致的女子的情怀。那总也不老的碧流青山，那常布常新的雨露，还有将整个城市调拌得有滋有味的语言——一种人间烟火的亲切和超脱凡尘的浪漫，就会杂陈融化成一种无处不在的氛围、空气，变成你的呼吸与视听，心也就柔软清明起来。

即便是外乡人，也会在这里得到无微不至的照拂。二王庙当然是为纪念在成都平原留下了都江堰的秦国人李冰父子，这是一种世代不忘的感恩与褒奖。还有那个智慧忠诚却又一生劬瘁不堪的山东人诸葛亮，那个没钱没势、处于流离失所之中的河南人杜甫，都在这里受到着亲人般的眷顾。

但是我却只去了锦江之畔的望江楼，那里"居住"着一个名唤薛涛的陕西女子。这个城市对她更是不薄，除了敬重，还将一种绵延不绝的爱，一种只有女人之间才会有的理解，赠与这位曾被人称为"尤物""妓女""文妖"的女子。不仅以她为自豪，还筑起了气派宏大的望江楼公园纪念她。园内的薛涛井、薛涛墓、吟诗楼、健美却又略带忧郁的薛涛雕像，以及满园薛涛喜爱的竹子，无不显示着成都人对于这个女子的疼爱与推崇。"少陵茅屋，诸葛祠堂，并此鼎足而三"（公园大门门联上的一句），在成都人的心目中，这个弱女子的地位，是不低于诸葛武侯与诗圣杜甫的。

郁勃的锦江就在巍峨的楼下急急地走过，就要归隐的夕阳还在努力地将它的慈爱轻轻地探进楼来，而满园的竹林里，早笼的暮色也就染着些深深浅浅的苍茫。这是这个喧闹的城市里最为寂静的地方吧？轻步屏息，真怕扰了这个一生寂寞独行的女子。

以一个乐伎的身份，生活于官场这个男人的世界里，却活出了一个比他们都要光彩超然的人来。以一个诗人的身份，侧足于唐朝诗歌这个男人抒情骋才的领地里，竟然也能够发出不同凡响的自己的声音来。虽然已是一千多年的时光过去，用心灵去体察她的生命、承沐她的诗歌，依然让我感到着岷山之雪的晶莹和锦江之水的丰沛与清澈。

这就是薛涛了，开在盛唐与晚唐之间的一朵自由之花。

智慧窗

她是一个历经了风花雪月的青楼女子，她是一个在自己创造的纸笺上写下诗篇的才情女子，她更是一朵走过了历史兴衰的自由之花……

时间的流转似乎渐渐冲淡了她美丽的身影，然而，当你静静地打开一本诗集，在众多才子的诗歌中发现了她留下的文字的时候，那与众不同的气息，透过那些文字幽幽地散发出来，那是属于她的灵魂的吟唱，那是属于她的生命的舞动。也许，正是这吟唱，正是这舞动使她成为了诗歌王国中的一朵奇葩。

（臧杰）

庄子：在我们无路可走的时候（节选）

◇鲍鹏山

当一种美，美得让我们无所适从时，我们就会意识到自身的局限。"山阴道上，目不暇接"之时，我们不就能体验到我们渺小的心智与有限的感官无福消受这天赐的过多福祉吗？读庄子，我们也往往被庄子拨弄得手足无措，有时只好手之舞之，足之蹈之。除此，我们还有什么方式来表达我们内心的感动？这位"天仙才子"他幻化无方，意出尘外，鬼话连篇，奇怪迭出。他总在一些地方吓着我们，而等我们惊魂甫定，便会发现，呈现在我们面前的，是朝暾夕月，落崖惊风。我们的视界为之一开，我们的俗情为之一扫。同时，他永远有着我们不懂的地方，山重水复，柳暗花明；永远有着我们不曾涉及的境界，仰之弥高，钻之弥坚。"造化钟神秀"，造化把何等样的神秀聚焦在这个"槁项黄馘"的哲人身上啊！

"庄子持竿不顾。"

好一个"不顾"！濮水的清波吸引了他，他无暇回头看身后的权势。他那么不经意地推掉了在俗人看来千载难逢的发达机遇。他把这看成了无聊的打扰。如果他学许由，他该跳进濮水洗洗他干瘪的耳朵了。大约怕惊走了在鱼钩边游荡试探的鱼，他没有这么做。从而也没有让这两位风尘仆仆的大夫太难堪。他只问了两位衣着锦绣的大夫一个似乎毫不相关的问题：楚国水田里的乌龟，它是愿意到楚王那里，让楚王用精致的竹箱装着它，用丝绸的巾饰覆盖它，珍藏在宗庙里，用死来换取"留骨而贵"呢，还是愿意拖着尾巴在泥水里自由自在地活着？二位大夫此时倒很有一点正常人的心智，回答说："宁愿拖着尾巴在泥水中活着。"

庄子曰："往矣，吾将曳尾于涂中。"

你们走吧！我也是这样选择的。这则记载在《秋水》篇中的故事，不知会让多少人暗自惭愧汗颜。这是由超凡绝俗的大智慧中生长出来的清洁的精神，又由这种清洁的精神滋养出拒绝诱惑的惊人内力。当然，我们不能以此悬的，来要求心智不高内力不坚的芸芸众生，但我仍很高兴能看到在中国古代文人中有这样一个拒绝权势媒聘、坚决不合作的例子。是的，在一个文化屈从权势的传统中，庄子是一棵孤独的树，是一棵孤独地在深夜看守心灵月亮的树。当我们大都在黑夜

里昧昧昏睡时，月亮为什么没有丢失？就是因为有了这样一两棵在清风夜唳的夜中独自看守月亮的树。

一轮孤月之下一株孤独的树，这是一种不可企及的妩媚。

一部《庄子》，一言以蔽之，就是对人类的怜悯！庄子似因无情而坚强，实则因最多情而最虚弱！庄子是人类最脆弱的心灵，最温柔的心灵，最敏感因而也最易受到伤害的心灵……

胡文英这样说庄子：

庄子眼极冷，心肠极热。眼冷，故是非不管；心肠热，故悲慨万端。虽知无用，而未能忘情，到底是热肠挂住；虽不能忘情，而终不下手，到底是冷眼看穿。

智慧窗

庄子是一本读不尽的好书，庄子是一杯品不尽的清茶，庄子更是一种体悟不尽的意境与情怀……

当我们认为自己已经走到了路的尽头的时候，当我们对人生中很多问题迷惑不解的时候，当我们陷入人生的绝境的时候，就不妨静下心来读一读《庄子》，品一杯清茶，进行一刻的思考。那会使我们的心灵变得清澈而洁净，让我们体悟到有关人生更多的哲思与真理，令我们发现这世间更多的美好与感动。忽然之间，也许你会发现：许多的问题早已迎刃而解了。原来，我们并非无路可走……

（臧杰）

阅览室

苏东坡突围 （节选）

◇余秋雨

苏东坡在黄州的生活状态，已被他自己写给李端叔的一封信描述得非常清楚。信中说：

得罪以来，深自闭塞，扁舟草履，放浪山水间，与樵渔杂处，往往为醉人所推骂，辄自喜渐不为人识。平生亲友，无一字见及，有书与之亦不答，自幸庶几免矣。

我初读这段话时十分震动，因为谁都知道苏东坡这个乐呵呵的大名人是有很多很多朋友的。日复一日的应酬，连篇累牍的唱和，几乎成了他生活的基本内容，他一半是为朋友们活着。但是，一旦出事，朋友们不仅不来信，而且也不回信了。他们都知道苏东坡是被冤屈的，现在事情大体已经过去，却仍然不愿意写一两句哪怕是问候起居的安慰话。苏东坡那一封封用美妙绝伦、光照中国书法史的笔墨写成的信，千辛万苦地从黄州带出去，却换不回一丁点儿友谊的信息。我相信这些朋友都不是坏人，但正因为不是坏人，更让我深长地叹息。总而言之，原来的世界已在身边轰然消失，于是一代名人也就混迹于樵夫渔民间不被人认识。本来这很可能换来轻松，但他又觉得远处仍有无数双眼睛注视着自己，他暂时还感觉不到这个世界对自己的诗文仍有极温暖的回应，只能在寂寞中惶恐。即便这封无关宏旨的信，他也特别注明不要给别人看。日常生活，在家人接来之前，大多是白天睡觉，晚上一个人出去溜达，见到淡淡的土酒也喝一杯，但绝不喝多，怕醉后失言。

他真的害怕了吗？也是也不是。他怕的是麻烦，而绝不怕大义凛然地为道义、为百姓，甚至为朝廷、为皇帝捐躯。他经过"乌台诗案"已经明白，一个人蒙受了诬陷即便是死也死不出一个道理来，你找不到慷慨陈词的目标，你抓不住从容赴死的理由。你想做个义无反顾的英雄，不知怎么一来把你打扮成了小丑；你想做个坚贞不屈的烈士，闹来闹去却成了一个深深忏悔的俘虏。无法洗刷，无处辩解，更不知如何来提出自己的抗议，发表自己的宣言。这确实很接近有的学者提出的"酱缸文化"，一旦跳在里边，怎么也抹不干净。苏东坡怕的是这个，没有哪个高品位的文化人会不怕。但他的内心实在仍有无畏的一面，或者说灾难使他更无畏了。他给李常的信中说：

吾侪虽老且穷，而道理贯心肝，忠义填骨髓，直须谈笑于死生之际。……

虽怀坎壈于时，遇事有可遵主泽民者，便忘躯为之，祸福得丧，付与造物。

这么真诚的勇敢，这么洒脱的情怀，出自天真了大半辈子的苏东坡笔下，是完全可以相信的，但是，让他在何处做这篇人生道义的大文章呢？没有地方，没有机会，没有观看者也没有裁决者，只有一个把是非曲直忠奸善恶染成一色的大酱缸。于是，苏东坡刚刚写了上面这几句，支颐一想，又立即加一句：此信看后烧毁。

这是一种真正精神上的孤独无告，对于一个文化人，没有比这更痛苦的了。那阕著名的"卜算子"，用极美的意境道尽了这种精神遭遇：

缺月挂疏桐，漏断人初静。谁见幽人独往来？飘渺孤鸿影。

惊起却回头，有恨无人省。拣尽寒枝不肯栖，寂寞沙洲冷。

正是这种难言的孤独，使他彻底洗去了人生的喧闹，去寻找无言的山水，去寻找远逝的古人。在无法对话的地方寻找对话，于是对话也一定会变得异乎寻常。像苏东坡这样的灵魂竟然寂然无声，那么，迟早总会突然冒出一种宏大的奇迹，让这个世界大吃一惊。

智慧窗

苏东坡该是个很会苦中作乐的人吧，即便身陷困境，仍旧不忘诗词唱和，仍旧不忘美食佳酿，仍旧不忘挥毫抒情。

苏东坡该是个很能享受孤独的人吧，一个人默默地行走于山水之间，他能够独自品味出人生的"悲欢离合"与"阴晴圆缺"。

苏东坡该是个很幸运的人吧，虽然仕途受挫，却成就了他绝世的才情。当有一日我们忘记那些与苏东坡同时代的达官显贵，忘记了庙堂上那些高官重臣，甚至忘了那个高高在上的皇帝，却总也不能忘记苏东坡笔下那些动人的诗词，那些诗词似乎早已成为了永恒的经典，穿越时空般被我们反复地吟诵着……

(臧杰)

为陶渊明写意（节选）

◇王向峰

作为置身于生活底层的穷困诗人，你亲自体验过饥寒的生活境遇，那"夏日长抱饥，寒夜无被眠；造夕思鸡鸣，及晨愿乌迁"的时日中，你笃信的老庄哲学和作为诗人的好发幻想，让你憧憬着一个想象中的社会，那就是你精心描绘的"桃花源"。那里的人们，没有官府的欺压与盘剥，没有礼乐的控制与束缚，没有荒年的饥寒与冻馁，没有俗世的尔虞与我诈，所见与所闻只是："相命肆农耕，日入从所憩。桑竹垂余荫，菽稷随时艺；春蚕收长丝，秋熟靡王税。荒路暧交通，鸡犬互鸣吠。俎豆犹古法，衣裳无新制。童孺纵行歌，斑白欢游诣。草木识节和，木衰知风厉；虽无纪历志，四时自成岁。怡然有余乐，于何劳智慧！"这是一个反对黑暗现实社会的乌托邦，在中国历史发展过程中，一千多年来一直给人以美好的理想召唤，希望能生活在这个世外桃源之中，这是你独有的历史贡献。

作为高蹈风尘之外的名士，你在躬耕田亩之日虽有桑麻之友，把酒对饮之时虽有斟酌之友，但你真正的朋友是上古和前代的已殒之人。因此你在现实中甚感孤独，你用"不见相知人，惟见古时丘"，来形容你当时的心境；只有你才能体会伯牙失去钟子期、庄子失去惠子，其心是多么孤寂。因此，在你的有生之年，已经把人生看透，自己寄身的逆旅之舍，除了饮酒未得足，此外已无可留恋，何况不论是否难以割舍，早晚也要归于自然，那才是别无选择的"本宅"。因而你把人生的"千苦艰难"看得那么平淡，在生时即写下了三首"挽歌诗"和一篇"自祭文"，对于"纵浪大化中，不喜亦不惧，应尽便须尽，无复独多虑。"你毫不畏惧地在诗文的想象中做了死的一次又一次地体验，把自身走向"千年不复朝"的永恒的"幽室"，看得像送走一个永不再见的交谊并不特别亲密的朋友一样，走了就走了。这是你真正感受了"人生灾难"之后，在长期的时日里对于不为死难的充分心理准备，你是老庄之后自觉承认"有生必有死"是不外自身的又一达人。

你是老子所说的那种"被褐怀玉"之人，你的人品与诗品之中深蕴着发掘不尽的大美，它泽溉着以后的一代又一代的诗家。清人沈德潜在《说诗晬语》中说："陶诗胸次浩然，其中有一段渊深不可到处。唐人祖述者，王维有其清腴，孟浩然有其闲远，储光羲有其朴实，韦应物有其冲和，柳宗元有其峻洁；皆学陶焉而得其性之所近。"从此中足见你是怎样一位体性丰富的诗家，只要人们向你靠拢，都会各以其情自得，让自身反射出你的光辉，并能光耀出自己的特质。因此，你虽然在《咏三疏》中说西汉时的疏广和疏受叔侄为高官归隐之举，不会因时境变易而被人忘记，其中两句赞诗："谁云其人亡，久而道弥著"，可能对于二疏其人是有时效性的，而对你却是永远适用的，这就是不求名者而事至则传名逾远的规律在发生着作用的缘故。

智慧窗

　　人人都向往"桃花源"，却不是人人都有勇气敢去寻找那梦中的"桃花源"，更不是每个人都能找到那座属于自己的"桃花源"。陶渊明为我们创造了一个梦中的"桃花源"，那是人类的"乌托邦"，那是一篇流传千古的佳作，那更是一种宠辱皆忘、享受自然的心境。

　　当我们费力地寻找着属于自己的"桃花源"时，常常会忽略：属于我们的"桃花源"其实就存于我们自己的心中，只要你能同陶渊明一样拥有一份超然世外的心境，那么，即便是在喧嚣吵闹的大都市，你仍旧可以活在属于自己的"桃花源"中，静静地享受那一份难得的自在与安闲。有时候，美好源自一种心境。

(臧杰)

欢乐吧

＊十二生肖的求职信

◇高　晓

求职简历

鼠　本地户口，以前在某钢铁公司工地打过工，转移过一部分钢材的所有权，被当做失足青年挽救三年，擅长上夜班，会开汽车，求社区服务、家政等职。

牛　身体好，能吃苦，能加班，全国五一劳动奖章获得者，求国企职位，民营、私企免谈。

虎　外形条件好，曾在《水浒》中出演主角，目前是多家品牌的代言人，交际广，求国际大公司形象代言或公关一职。

兔　运动健将，曾获县级商业比赛短跑亚军，对手是乌龟。在传销公司做过业务，因不肯拉亲属下水被上线抛弃，求一切需要跑腿的职位。

龙　高干子弟，数十年国企领导经验，求相关岗位，CEO以下免谈。

蛇　名牌女子高校高材生，MBA，具艺术家气质，擅长平面设计，做过医药销售，办过形体训练班，拍过瘦身广告，要求职位：您看着办吧！

马　有大货车驾照，更有丰富的小车驾驶经验，熟知国企高层内幕，求企业高级顾问一职。

羊　勤奋，有基层管理经验，兼具团队精神，擅长野外爬山、攀岩、漂流、洞穴探险，求旅行社相关职业。

猴　性格外向，敢于创新，做过学生会干部。在校期间，曾代表广大学子向校领导反映学习负担太重的问题，经协商，校领导同意将原来的上午四节下午三节课改为上午三节下午四节课。求公务员一职。

鸡　"百事可笑"杯歌唱比赛女子组全国冠军，追求时尚，重视家庭，有一定的活动能力，表哥为某报形象代言人，求广告销售职位。

狗　典型的一专多能人才，曾获大专院校辩论赛优胜奖，做过保安队长，私企工头。反应快，善察言观色，爱岗敬业，求经理助理岗位。

猪　长相反派，性情温和，体重超标，也就是"我很丑可是我很温柔"型。失业前为乡镇企业 CEO，不挑岗，有口饭吃就行。

鼠　受聘煤气公司，每天开着自己的汽车送煤气。

牛　被信访办录用，每天耐心地为百姓排忧解难。

虎　据说已有十几家大公司有录用意向，自己正在仔细考虑比较。

兔　与保险公司签约做业务代表，自己暗下决心，这回一定要先从窝边草吃起。

龙　有人对他的书法产生了浓厚兴趣。

蛇　不太顺利，准备出国充电。

马　与书商达成协议，三年内出版一系列根据自己的日记编写的国企公关丛书。

羊　如愿以偿做导游，上班第一天接到通知：因"非典"肆虐，旅行社全体放假。

猴　鉴于猴哥大愚若智的素质以及上蹿下跳的性格，某上市公司请他做操盘手。

鸡　与表哥一起被某手机公司请去拍广告，她含情脉脉道：某某手机，手机中的大公鸡。

狗　走投无路之下，去某娱乐节目做主持人。

猪　受从小一起玩到大的狗狗影响，也开始踏进娱乐圈，每晚自备双排扣职业装，在狗狗主持的娱乐节目当笑星。

悦客群

含笑弯刀

　　上帝在合理地安排了人类的活动的时候，有可能是疏忽了一点，那就是忘记给动物安排工作了，以至动物一直艳羡人类的劳动。本文中，他们在历经坎坷之后，才得到了适合自己的岗位，才有机会为社会创造价值。

艺 术 之 光

　　艺术本身就是浪漫的吧，因为那些艺术作品总是能够带给我们不同的想象、不同的感受、不同的体悟、不同的感动，甚至，好的艺术作品还能够刺激我们的创作灵感和创作欲望。

　　当我们阅读着、观看着、欣赏着大师们的作品的时候，不得不叹服人类的创造力、想象力和感受力。我们在为那些作品感到骄傲的时候，我们在被那些作品所折服的时候，我们在因那些作品而激情澎湃的时候，我们便感受到了艺术的力量，艺术的伟大，艺术的光芒。是的，艺术该是人类共同的语言！

追悼志摩 （节选）

◇ 胡　适

悄悄的我走了，
正如我悄悄的来；
我挥一挥衣袖，
不带走一片云彩。
（《再别康桥》）

志摩这一回真走了！可不是悄悄的走。在那淋漓的大雨里，在那迷蒙的大雾里，一个猛烈的大震动，三百匹马力的飞机碰在一座终古不动的山上，我们的朋友额上受了一下致命的撞伤，大概立刻失去了知觉。半空中起了一团天火，像天上陨了一颗大星似的直掉下地去。我们的志摩和他的两个同伴就死在那烈焰里了！

我们初得着他的死信，都不肯相信，都不信志摩这样一个可爱的人会死的这么惨酷。但在那几天的精神大震撼稍稍过去之后，我们忍不住要想，那样的死法也许只有志摩最配。我们不相信志摩会"悄悄的走了"，也不忍想志摩会死一个"平凡的死"，死在天空之中，大雨淋着，大雾笼罩着，大火焚烧着，那撞不倒的山头在旁边冷眼瞧着，我们新时代的新诗人，就是要自己挑一种死法，也挑不出更合适，更悲壮的了。

志摩走了，我们这个世界里被他带走了不少云彩。他在我们这些朋友之中，真是一片最可爱的云彩，永远是温暖的颜色，永远是美的花样，永远是可爱。他常说：

我不知道风
是在哪一个方向吹——

我们也不知风是在哪一个方向吹，可是狂风过去之后，我们的天空变惨淡了，变寂寞了，我们才感觉我们的天上的一片最可爱的云彩被狂风卷去了，永远不回来了！

这十几天里，常有朋友到家里来谈志摩，谈起来常常有人痛哭，在别处痛哭他的，一定还不睡。志摩所以能使朋友这样哀念他，只是因为他的为人整个的只是一团同情心，只是一团爱。叶公超先生说："他对于任何人，任何事，从未有过绝对的怨恨，甚至于无意中都没有表示过一些憎嫉的神气。"陈通伯先生说："尤其朋友里缺不了他。他是我们的连索，他是粘着性的，发酵性的。在这七八年中，国内文艺界里起了不少的风波，吵了不少的架，许多很熟的朋友往往弄的不能见面。但我没有听见有人怨恨过志摩。谁也不能抵抗志摩的同情心，谁也不能避开他的粘着性。他才是和事老，他有无穷的同情，他总是朋友间的'连索'。他从没有疑心，他从不会妒忌，使这些多疑善妒的人们十分惭愧，又十分羡慕。"

他的一生真是爱的象征。爱是他的宗教，他的上帝。

我攀登了万仞的高冈，
荆棘扎烂了我的衣裳，
我向飘渺的云天外望——
上帝，我望不见你——
……
我在道旁见一个小孩，

活泼，秀丽，褴褛的衣衫，
他叫声"妈"，眼里亮着爱——
——上帝，他眼里有你——
（《他眼里有你》）

志摩今年在他的《猛虎集·自序》里曾说他的心境是"一个曾经有单纯信仰的流入怀疑的颓废"。这句话是他最好的自述。他的人生观真是一种"单纯信仰"，这里面只有三个大字：一个是爱，一个是自由，一个是美。他梦想这三个理想的条件能够会合在一个人生里，这是他的"单纯信仰"。他的一生的历史，只是他追求这个单纯信仰的实现的历史。

智慧窗

他轻轻地走过，留下了他的诗作，留下了他的传奇，留下了他的真情，留给了人们太多的思考……

或许，像徐志摩这样的人，我们总是宁愿相信他不是离开了，而是化作了天边的那一抹彩云，化作了那一缕和煦的春风，化作了他笔下那最瑰丽的诗句……

他的生命是短暂的，却带给了我们很多的感动，那感动不仅仅源自于他留下的诗句，也不仅仅来自于他传奇般的人生，更应该出自他的一腔真情。他在我们心中，早已成为"真情"的化身。因为，对"爱"与"情"真挚而炽烈的追求，是人类中永恒的信仰。

（臧杰）

阅览室

济慈的夜莺歌

◇徐志摩

诗中有济慈的《夜莺歌》，与禽中有夜莺一样的神奇。除非你亲耳听过，你不容易相信树林里有一类发痴的鸟，天晚了才开口唱，在黑暗里倾吐他的妙乐，愈唱愈有劲，往往直唱到天亮，连真的心血都跟着歌声从他的血管里呕出；除非你亲自咀嚼过，你也不易相信一个二十三岁的青年有一天早饭后坐在一株李树底下迅笔的写，不到三小时就写成了一首八段八十行的长歌，这歌里的音乐与夜莺的歌声一样的不可理解，同是宇宙间一个奇迹，即使有哪一天大英帝国破裂成无可记认的断片时，《夜莺歌》依旧保有他无比的价值：万万里外的星亘古的亮着，树林里的夜莺到时候就来唱着，济慈的夜莺歌永远在人类的记忆里存着。

那年济慈住在伦敦的 Wentworth Place，即文特沃思村。是济慈的女友范妮·布劳纳的家，济慈去意大利疗养前的一个月才住在这里的。百年前的伦敦与现在的英京大不相同，那时候"文明"

的沾染比较的不深，所以华次华士（通译华兹华斯）站在威士明治德桥上，还可以放心的讴歌清晨的伦敦，还有福气在"无烟的空气"里呼吸，望出去也还看得见"田地、小山、石头、旷野，一直开拓到天边"。那时候的人，我猜想，也一定比较的不野蛮，近人情，爱自然，所以白天听得着满天的云雀，夜里听得着夜莺的妙乐。要是济慈迟一百年出世，在夜莺绝迹了的伦敦市里住着，他别的著作不敢说，这首夜莺歌至少，怕就不会成功，供人类无尽期的享受。说起真觉得可惨，在我们南方，古迹而兼是艺术品的，止淘成淘成，浙江方言，这里是"剩存"的意思。西湖上一座孤单的雷峰塔，这千百年来雷峰塔的文学还不曾见面，雷峰塔的映影已经永别了波心！也许我们的灵性是麻皮做的，木屑做的，要不然这时代普遍的苦痛与烦恼的呼声还不是最富灵感的天然音乐——但是我们的济慈在哪里？我们的《夜莺歌》在哪里？济慈有一次低低的自语—— "I feel the flowers growing on me"。意思是"我觉得鲜花一朵朵的长上了我的身"，就是说他一想着了鲜花，他的本体就变成了鲜花，在草丛里掩映着，在阳光里闪亮着，在和风里一瓣瓣的无形地伸展着，在蜂蝶轻薄的口吻下羞晕着。这是想象力最纯粹的境界：孙猴子能七十二般变化，诗人的变化力更是不可限量——莎士比亚戏剧里至少有一百多个永远有生命的人物，男的女的、贵的贱的、伟大的、卑琐的、严肃的、滑稽的，还不是他自己摇身一变变出来的。济慈与雪莱最有这与自然谐和的变术——雪莱制《云歌》时我们不知道雪莱变了云还是云变了；雪莱歌《西风》时不知道歌者是西风还是西风是歌者；颂《云雀》时不知道是诗人在九霄云端里唱着还是百灵鸟在字句里叫着；同样的济慈咏"忧郁" "Oden Melancholy"时他自己就变了忧郁本体，"忽然从天上掉下来像一朵哭泣的云"；他赞美"秋""To Autumn"时，他自己就是在树叶底下挂着的叶子中心那颗渐渐发长的核仁儿，或是在稻田里静偃着玫瑰色的秋阳！这样比称起来，如其赵松雪（即赵孟頫）关紧房门伏在地下学马的故事可信时，那我们的艺术家就落粗蠢不堪的"乡下人气味"！

他那《夜莺歌》是他一个哥哥死的那年做的，据他的朋友有名肖像画家 Robert Haydon（通译罗伯特·海登）给 Miss Mitford（通译米特福德小姐）的信里说，他在没有写下以前早就起了腹

稿，一天晚上他俩在草地上散步时济慈低低的背诵给他听——

"……那低沉而颤抖的鸣啭深深地感染了我。"

那年碰巧——据著《济慈传》的 Lord Houghton（通译雷顿爵士）说，在他屋子的邻近来了一只夜莺，每晚不倦地歌唱，他很快活，常常留意倾听，一直听得他心痛神醉逼着他从自己的口里复制了一套不朽的歌曲。我们要记得济慈二十五岁那年在意大利在他一个朋友的怀抱里作古，他是与他的夜莺一样，呕血死的！

智慧窗

诗人总是用一生来歌唱的。他坐在树荫下，夕阳斜照在他的脸上，当他的目光注入深长的黑夜，他就看到夜莺，像夜莺那样呕血地歌唱。

世人在静夜里安睡，他们在梦里被歌声托了起来，辗转飞翔，到达他们未曾到达的地方；而诗人已经呕尽了血，他用整个生命作了他最忠诚的事业的祭，他的灵魂压垮了他脆弱敏感的身体。上天是善妒忌的巫婆，她过早地收回了他们的生命，如拜伦、济慈，如王勃、李贺；然而她失算了，收回了他们的生命，却拘不住他们的灵魂。

他们变成了翩飞在大自然中的精灵，或者云雀，或者夜莺；他们原本是不够自由的，现在他们终于可以放心地翩飞，歌唱；他们的名字写到了树叶或者水上，随处飘飞，粼粼流逝……

脚踏大地的天才，怎么会那么容易死去呢？

(郑荣健)

阅览室

贝多芬百年祭

◇萧伯纳

一百年前，一位虽听得见雷声但已聋得听不见大型交响乐队演奏自己的乐曲的五十七岁的倔强的单身老人，最后一次举拳向着咆哮的天空，然后逝去了，还是和他生前一直那样地唐突神灵，蔑视天地。他是反抗性的化身；他甚至在街上遇上一位大公和他的随从时也总不免把帽子向下按得紧紧地，然后从他们正中间大踏步地直穿而过。他有一种不听话的蒸汽轧路机的风度（大多数轧路机还恭顺地听使唤和不那么调皮呢）；他穿衣服之不讲究尤甚于田间的稻草人。事实上有一次他竟被当做流浪汉给抓了起来，因为警察不肯相信穿得这样破破烂烂的人竟会是一个大作曲家，更不能相信这副躯体竟能容得下纯音响世界最奔腾澎湃的灵魂。他的灵魂是伟大的；但是如果我使用了最伟大的这种字眼，那就是说比享德尔的灵魂还要伟大，贝多芬自己就会责怪我；而且谁又能自负为灵魂比巴哈的还伟大呢？但是说贝多芬的灵魂是最奔腾澎湃的那可没有一点问题。他的狂风怒涛一般的力量他自己能很容易控制住，可是常常并不愿去控制，这个和他狂呼大笑的滑稽诙谐之处是在别的作曲家作品里都找不到的。毛头小伙子们现在一提起切分音就好像是一种使音乐节奏成为最强而有力的新方法，但是在听过贝多芬的《第三里昂诺拉前奏曲》之后，最狂热的爵士乐听起来也像《少女的祈祷》那样温和了。可以肯定地说我听过的任何黑人的集体狂欢都不会像贝多芬的《第七交响乐》最后的乐章那样可以引起最黑最黑的舞蹈家拼了命地跳下去，而也没有另外哪一个作曲家可以先以他的乐曲的阴柔之美使得听众完全溶化在缠绵悱恻的境界里，而后突然以铜号的猛烈声音吹向他们，带着嘲讽似的使他们觉得自己是真傻。除了贝多芬之外谁也管不住贝多芬；而疯劲上来之后，他总有意不去管住自己，于是也就成为管不住的了。

这样奔腾澎湃，这种有意的散乱无章，这种嘲讽，这样无顾忌的骄纵的不理睬传统的风尚——这些就是贝多芬不同于十七和十八世纪谨守法度的其他音乐天才的地方。他是造成法国革命的精神风暴中的一个巨浪。

贝多芬不是戏剧家，赋予道德以灵活性对他来说就是一种可厌恶的玩世不恭。他仍然认为莫扎特是大师中的大师（这不是一顶空洞的高帽子，它的的确确就是说莫扎特是个为作曲家们欣赏的作曲家，而远远不是流行作曲家）；可是他是穿紧腿裤的宫廷侍从，而贝多芬却是个穿散腿裤的激进共和主义者；同样的，海顿也是穿传统制服的侍从。在贝多芬和他们之间隔着一场法国大革命，划分开了十八世纪和十九世纪。但对贝多芬来说莫扎特可不如海顿，因为他把道德当儿戏，用迷人的音乐把罪恶谱成了像德行那样奇妙。如同每一个真正激进共和主义者都具有的，贝多芬身上的清教徒性格使他反对莫扎特，固然莫扎特曾向他启示了十九世纪音乐的各种创新的可能。因此贝多芬上溯到汉德尔，一位和贝多芬同样倔强的老单身汉，把他作为英雄。汉德尔瞧不上莫扎特崇拜的英雄格鲁克，虽然在汉德尔的《弥赛亚》里的田园乐是极为接近格鲁克在他的歌剧《奥菲阿》里那些向我们展示出天堂的原野的各个场面。

（本文有删节）

智慧窗

　　贝多芬，世界音乐史上最伟大的艺术家，使无数的后人崇拜不已，不仅是从事音乐的人以其为偶像，而且更多的挚爱生活的人也是对他喜爱有加。

　　他的性格就如同他的形象一样，是一头倔强的狮子，他反抗世俗的不公平，反抗世俗的传统，他注重内在，不像其他人一样注重外表，他拥有伟大的灵魂而不自负，他不用世俗约束自己，任自己狂风怒涛一般的力量，表现狂呼大笑滑稽诙谐的精神。他是法国大革命的民主激进者，呼唤着改变世界。他把自己无限性格魅力和变幻的时代风云融入音乐中，便给人至高的艺术极美的享受。在音乐上，他更注重精神，与莫扎特、海顿不同，他要的是人心灵的激情澎湃，他是要扼住命运的喉咙，发出时代的回声。

（老井）

光之四书 （节选）

◇林清玄

光之色

当塞尚把苹果画成蓝色以后，大家对颜色突然开始有了奇异的视野，更不要说马蒂斯蓝色的向日葵，毕加索鲜红色的人体，夏卡尔绿色的脸了。

艺术家们都在追求绝对的真实，其实这种绝对往往不是一种常态。

我是真正见过蓝色苹果的人。有一次去参加朋友的舞会，舞会不免有些水果点心，我发现就在我坐的位子旁边一个摆设得精美的果盘，中间有几只梨山的青苹果，苹果之上一个色纸包扎的蓝灯，一束光正好打在苹果上，那苹果的蓝色正是塞尚画布上的色泽。那种感动竟使我微微地颤抖起来，想到诗人里尔克称赞塞尚的画："是法国式的雅致与德国式的热情之平衡。"

设若有一个人，他从来没有见过苹果，那一刻，我指着那苹果说：苹果是蓝色的。他必然要相信不疑。

然后，灯光变了，是一支快速度的舞，七彩的光在屋内旋转，打在果盘上，所有的水果顿时成为七彩的斑点流动。我抬头看到舞会男女，每个人脸上的肤色隐去，都是霓虹灯一样，只是一些活动的碎点，像极了秀拉用细点的描绘。当刻，我不仅理解了马蒂斯、毕加索、夏卡尔种种，甚至看见了除去阳光以外的真实。

在阳光下，所有的事物自有它的颜色，当阳光隐去，在黑暗里，事物全失去了颜色。设若我们换了灯，同样是灯，灯泡与日光灯会使色泽不同，即使同是灯泡，百烛与十烛间相去甚巨，不要说是一支蜡烛了。我们时常说在黑夜的月光与烛光下就有了气氛，那是我们多出一种想象的空间，少了逼人的现实，即使在阳光艳照的天气，我们突然走进树林，枝叶掩映，点点丝丝，气氛仿佛滤过，就围绕着周边。什么才是气氛呢？因为不真实，才有气有氛，令人迷惑。或者说除去直接无情的真实，留下迂回间接的真实，那就是一般人口里的气氛了。

有一回在乡下，听到一位农夫说到现今社会风气的败坏，他说："都是电灯害的，电灯使人有了夜里的活动，而所有的坏事全是在黑暗里进行的。"想想，人在阳光的照耀下，到底还是保持着本色，黑暗里本色失去，一只苹果可以蓝，可以七彩，人还有什么不可为呢？

这样一想，阳光确实是无情，它让我们无所隐藏，它的无情在于它的无色，也在于它的永恒，又在于它的自然。不管人世有多少沧桑，阳光总不改变它的颜色，所以仿佛也不值得歌颂了。熟知中国文学的人应该发现，中国诗人词家少有写阳光下的心情，他们写到的阳光尽是日暮（天寒翠袖薄，日暮倚修竹），尽是黄昏（月上柳梢头，人约黄昏后），尽是落日（大漠孤烟直，长河落日圆），尽是夕阳（去年天气旧亭台，夕阳西下几时回），尽是斜阳（斜阳外，寒鸦数点，流水绕孤村），尽是落照（家住苍烟落照间，丝毫尘事不相关）……阳光的无所不在，无地不照，反而只有离去时最后的照影，才能勾起艺术家诗人的灵感，想起来真是奇怪的事。

一朝唐诗、一代宋词，大部分是在月下、灯烛下进行，你说奇怪不奇怪？说起来就是气氛作怪，如果是日正当中，仿佛都与情思、离愁、国仇、家恨无缘，思念故人自然是在月夜空山才有气氛，怀忧边地也只有在清风明月里才能服人，即使饮酒作乐，不在有月的晚上，难道是在白天吗？其实天底下最大的痛苦不是在夜里，而是在大太阳下也令人战栗，只是没有气氛，无法描摹罢了。

智慧窗

画家眼中的色彩总是丰富而绚烂的，仿佛那些色彩不是真实的存在，而是画家自己创造出来的。

诗人眼中的光总是蕴含着不同情感的，他们可以从朝阳中读出无限的生机，可以从夕阳中发现世事的沧桑，可以从月光中感受到无尽的思念……

那么，我们呢？我们不必去美慕画家和诗人的眼睛，因为只要拥有一颗敏锐善感的心，我们也能发现画家眼中丰富而绚烂的色彩，也能读出诗人心中因光而产生的不同情怀。原来，美是需要我们自己用心去发现和体悟的。

（臧杰）

阅览室

在维纳斯脚下哭泣

◇周国平

海涅的病情开始恶化了，他怀着一种不祥的预感，拖着艰难的步履，到罗浮宫去和他所崇拜的爱情女神告别。他躺在维纳斯像脚下，仰望着这个无臂的女神，哭泣良久。

他的恋爱从他爱上两个堂妹开始就是无望的，两姐妹因为他的贫寒而从未把他放在眼里，先后与凡夫俗子成婚。然而，正是这场单相思，成了他诗才的触媒，使他的灵感一发不可收拾，写出了大量脍炙人口的诗歌，奠定了他德国爱情诗之王的地位。可是，虽然在艺术上得到丰收，屈辱的经历却似乎在他的心中刻下了永久的伤痛。在他诗名业已大振的壮年，他早年热恋的两姐妹之一的苔莱丝特意来访，向他献殷勤。对于苔莱丝，当年他曾献上许多美丽的诗，最有名的一首据说先后被音乐家们谱成 250 种乐曲，我把它引在这里：

你好像一朵花，
这样温情，美丽，纯洁；
我凝视着你，我的心中
不由涌起一阵悲切。
我觉得，我仿佛应该
用手按住你的头顶，
祷告天主永远保你

这样纯洁，美丽，温情。

真是太美了。对两姐妹的爱恋是海涅一生中最投入的情爱体验，后来，他就不再有这样的痴情了。在当时他的眼里，美正因为易逝而更珍贵，更使人想要把它留住。他当时是一个痴情少年，而痴情之所以为痴情，就在于相信它能使易逝者永存。他后来自己承认，"尽管饱尝胜利滋味，总缺少一件最要紧的东西"，就是"那消失了的少年时代的痴情"。

在海涅一生与女人的关系中，事事都没有结果，除了年轻时的单相思，便是成名以后的逢场作戏。

唯一有一个例外，就是在流亡巴黎后与一个名为玛蒂尔德的鞋店女店员结了婚。我们可以想见，在他们之间毫无浪漫的爱情可言。海涅年轻气盛时，曾在一首诗中宣布，如果他未来的妻子不喜欢他的诗，他就要离婚。现在这个女店员完全不通文墨，他却容忍下来了。后来的事实证明，在他瘫痪卧床以后，她不愧是一个任劳任怨的贤妻。在他最后的诗作中，有两首是写这位妻子的，读了真是令人欷歔。一首写他想象自己的周年忌日，妻子来上坟，他看见她累得脚步不稳，边嘱咐她乘出租车回家、不可步行。另一首写他哀求天使，在他死后保护她孤零零遗孀。

这不是他理想中的爱情，却无疑是一种生死相依的至深感情。

智慧窗

艺术家们的情感总是炽烈而真挚的，这炽烈而真挚的爱燃烧着、激荡着他们的心灵，成为他们艺术创作中无穷无尽的灵感、源泉和动力。

也许，那些艺术家心中的爱终会有消逝的一天；也许，那些艺术家的生命已绝尘而去；也许，人们早已渐渐淡忘了那些艺术家的故事和名字。但是，他们因那些爱而创作的艺术作品却都成了艺术史上永恒的经典。因为那些作品中所蕴含的，是人类永恒的爱，是人类最痴心的追逐与最炽烈的生命的燃烧。

（臧杰）

阅览室

苍穹下的仰望 （节选）

◇张清华

也许艺术的至境从来就不包含人为的复杂，纯洁的信仰所诞生的激情以及所酿制的语境，才是最神秘的力量。这也使人想起他的兄弟——遥远东方的一个天才少年，他曾经称荷尔德林为"我的血肉兄弟"。要知道，在八十年代还没有几个人能真正了解这个人的意义，关于他的一切还只有很零星的介绍，而海子对他的阅读也不过仅限于少量的诗歌，但他对他的理解和热爱却已经这样深。在他的最后一篇写于1988年11月的诗论中，可以看出他们之间灵魂的遭遇，他说："从荷尔德林我懂得，诗歌是一场烈火，而不是修辞练习。""没有谁能像荷尔德林那样把风景和元素结合成大自然，并将自然和生命融入诗歌——转瞬即逝的歌声和一场大火，从此永生。"如今，当我越来越多地比较他们的时候，我惊奇地发现，原来这一对兄弟在思想、气质、思维甚至诗歌的语境等各个方面，都是如此的相似！大地和神祇，共同构成了他们写作的基本主题，他们因此形成了原始而混沌、苍茫而辽阔的写作情境，并具有了不可估量的自动的"升力"。也就是说，是他们内心的纯洁和与生俱来的神性，使他们的词语具备了返回宇宙之初的、疯狂和爆发的、重新创世纪的品质，他们也因此而共同"走进了宇宙的神殿"。只不过与荷尔德林相比，在海子的内心和诗歌里有着更危险的毁灭倾向罢了。同样指向着深渊，而速度和倾角却有着差异。

因此我就想，一个西方的诗人和东方的诗人，其生命的处境在本质上能相差多少？不但像屈原那样的殉道者，我甚至觉得即便是陶渊明和谢灵运，某个时期的李白和杜甫，早夭的天才李贺，还有落难时期的白居易与苏轼，他们同荷尔德林之间，也间或有着相似之处——在自然与尘世之间，在入世与出世之间，在热爱与冷漠之间，在纯洁与复杂之间，在自信自恋与自弃自毁之间，在功名利禄与自由人格之间……都同样充满了内心的分裂与斗争。许多条相似的小道，也曾在那遥远东方的土地上留存，即便因为战火和时光的无情湮没，它们也仍然会长留的文字与诗歌里，留在东方人的哲学和心灵里。

我就来到了那石碑前：它刻着弗里德里希·荷尔德林盘桓于此的时间，也还刻着他盛赞海德堡美景的诗篇。我无法读懂这诗，但却能够想象得出他站在这里，面对彼岸这古老的城堡和它周边的壮美自然，心中所发出的由衷赞叹。再没有其他的什么了，石碑的周边，除了暮色与风声，连一朵鲜花也不曾留下，只有一片落叶覆盖的青草，在低低地迎风招摇。

我们的诗哲就是隐身在这与天地浑然的世界之中了。

我只能说，也许这就是最好的设计了。一条路把人们引向这里，并不很多的，但却是心怀敬慕、热爱着那些稀少之物的人。他们来过，在先哲留下的足迹上撒下，或沾上一点零星的草屑或泥土，有一声轻轻的叹息，这就够了。

暗红的黄昏如水一般降下来，无垠的苍穹则在一片暗蓝中飞升。我却不能不返身折回来路，回到我的世俗世界里去。涅卡的水波在海德堡的灯火里闪烁出迷人的幻境。那时我满足地想，一个卑俗的心灵也终于有了那么灵光闪现的一瞬，真是未曾预期。什么东西潮湿了我的双眼。迷离中，我仿佛看见那涅卡河的儿子，那未曾安歇的漂泊的灵魂，诗人中的诗人，我看见他带着凡人俗夫的全部弱点，从草际和水波上走过，没有什么标记，甚至褴褛的布衣和风中飘飞的乱发也不使他更加显眼……

智慧窗

诗人该是这世间最伟大的哲学家吧，他们总是能够通过自己内心深处的对自然与尘世的、对入世与出世的、对热爱与冷漠的、对纯洁与复杂的、对自信自恋与自弃自毁的、对功名利禄与自由人格的思考启迪着后来者对于人生、对于整个世界的思考。

那些瑰丽的诗篇，通过我们的吟诵世代相传；那些蕴含在诗篇中的思考与挣扎便是诗人们灵魂深处的呐喊；那些我们从他们的诗篇中读出的哲理，便是我们与自己心灵的、与整个世界的对话。

那些诗哲在苍穹下静静地仰望，吟出了人类永恒的哲思。

（臧杰）

孤独的月光 （节选）

◇郭保林

安徽这方山水人杰地灵，古往今来吸引了多少文人墨客，又哺育了多少名垂千古的风流俊才？佛道圣地九华山、天柱山，山清水秀的敬亭山、琅琊山，更有风姿卓越的黄山，令多少诗人如蛾逐光，诱发了他们多少情愫？黄山，七十二峰，层层拥翠，峰峰相连，加上奇松怪石，波涛般的云海，喷玉吐珠的温泉，构成一幅森郁绮丽，变幻无穷的画卷；天都峰高耸云端，如入帝乡仙郡，玉屏楼虚无缥缈，枝叶苍郁的迎客松，翠臂摇曳的仙立道旁，令人神思飞越，散花坞的"梦笔生花"，天然成趣，令人叫绝……

李白写了大量吟咏黄山的诗篇，他遍访谢遗迹，倾尽了对谢诗人的崇拜和感怀。他更爱采石矶的月光。有一首堪称千古绝章：

俱怀逸兴壮思飞，欲上青天揽明月。

抽刀断水水更流，举杯消愁愁更愁。

我想，这首诗应该是在采石矶写的，或者是写给采石矶的。李白面对浩浩大江，仰望皎皎明月，孤独地徘徊在江边，大发感慨，一吐胸中块垒。李白的豪气冲霄，汪洋恣肆的诗才，天子不能臣，诸侯不能制，王公大人不能凌辱的伟岸形象和独立人格，使他永远站在现实主义的对面，陷入孤绝的境地。他只能诗酒浇愁，借月抒怀，以明月为友，以山水为侣。他生性豪放，充满了酒神的进取精神，饮酒是追求一种精神的解放："黄金白璧买歌笑，一醉累月轻王侯。""一醉"又是"累月"，这简直是令人拍案叫绝的夸张，超越凡人的想象。在李白眼里，有了酒，有了月光，什么王侯，什么皇权，去他的吧！你们算老几？他和月光真是莫逆之交，情深意笃。可惜我没有生在唐代，没有能够和李白在一块儿等待和欣赏采石矶的月光！

李白喜欢月光，他是歌唱月亮的诗人。梦幻般的月光和醉人的美酒，伴随着他走过浪漫主义的一生。他诗里蒸腾着酒的芬芳，也弥漫着月光的凄清。正如诗人余光中所云：酒入豪肠，七分酿成了月光，余下的三分啸成剑气，绣口一开，吐就半个盛唐！

李白独独钟情月光，大概是因为月光的冰清玉洁，纤尘不染，清丽高古。心有灵犀，李白厌恶人世的龌龊、浑浊，多想飞上月空，遨游青天明月，只有清冽的月光才能相配他圣洁的精神。李白晚年诗里常出现孤独的意象："万里浮云卷碧山，青天中道流孤月"；"众鸟高飞尽，孤云独去闲"；更有代表性的是那首《月下独酌》，"举

杯邀明月，对影成三人"。又是一轮孤月之下，又是花间独酌，那是何等的孤独啊！一颗踌躇满怀、诗情烈火的心灵经过人生的漫漫风雨，此时此地是何等的孤寂凄凉啊！

月亮是孤独的，李白是孤独的。

天上只有一个月亮，地上只有一个李白。

李白孤独的程度在于他独创性的深度。孤独并没减弱他与人间的血肉联系，他以自语的方式同人间交流，以默想作为精神的触须，微微地伸出探索生命的价值。任何一个生命个体都不可能摆脱孤独，这是生命的痛苦，又是自然赋予我们生命的尊严。

李白尽管生活在一个开放多元的大唐帝国，特别是盛唐时期。但它的社会制度毕竟是封建的，它的思想基础是孔孟之道。在那样的时代，一个纵有天才、鬼才的诗人，没有政治权势作背景，单靠文学艺术自身的力量是微不足道的。他只能借助文学言情抒怀，用理想和梦幻来编织一缕温馨，抚慰孤独和幽寂的灵魂。

这是时代的悲剧，也是他性格的悲剧！当他重返皖南时，已是生命的暮年，他心灰意冷了，对仕途彻底绝望了，身边依然是一把剑，一卷诗书。他的心灵更忧郁、孤寂、凄苦了！

智慧窗

　　　李白仿佛是月宫派往人间的使者，他吟咏着月亮，他痴爱着月光，甚至，他想要"揽月入怀"，让月亮永远地陪伴着他。

　　　李白是个浪漫的诗人，只有他才能发现月亮那梦幻般的美丽和幽幽散发出来的如美酒般的芳醇；李白是个孤独的诗人，只有他有勇气独自走到月亮的身边，静静感受着月亮的冰清玉洁、纤尘不染、清丽高古；李白更是位天才的诗人，只有他能够读懂寂寂天幕中"高高在上"的月亮。

　　　千百年过去了，当我们不经意抬起头仰望夜空看到那"孤独寂寞"的月亮不声不响地出现在天边的时候，或许，我们也读懂了李白的浪漫、李白的孤独、李白的情怀。那一刻，月亮离我们是那样的近。

（臧杰）

阅览室

温暖和百感交集的旅程

◇余 华

　　我经常将川端康成和卡夫卡的名字放在一起，并不是他们应该在一起，而是出于我个人的习惯。我难以忘记 1980 年冬天最初读到《伊豆的歌女》时的情景，当时我 20 岁，我是在浙江宁波靠近甬江的一间昏暗的公寓里与川端康成相遇。5 年之后，也是在冬天，也是在水边，在浙江海盐一间临河的屋子里，我读到了卡夫卡。谢天谢地，我没有同时读到他们。当时我年轻无知，如果文学风格上的对抗过于激烈，会使我的阅读不知所措和难以承受。在我看来，川端康成是文学里无限柔软的象征，卡夫卡是文学里极端锋利的象征；川端康成叙述中的凝视缩短了心灵抵达事物的距离，卡夫卡叙述中的切割扩大了这样的距离；川端康成是肉体的迷宫，卡夫卡是内心的地狱；川端康成如同盛开的罂粟花使人昏昏欲睡，卡夫卡就像是流进血管的海洛因令人亢奋和痴呆。我们的文学接受了这样两份决然不同的遗嘱，同时也暗示了文学的广阔有时候也存在于某些隐藏的一致性之中。川端康成曾经这样描述一位母亲凝视死去女儿时的感受："女儿的脸生平第一次化妆，真像是一位出嫁的新娘。"类似起死回生的例子在卡夫卡的作品中同样可以找到。《乡村医生》中的医生检查到患者身上溃烂的伤口时，他看到了一朵玫瑰红色的花朵。

这是我最初体验到的阅读，生在死之后出现，花朵生长在溃烂的伤口上。对抗中的事物没有经历缓和的过程，直接就是汇合，然后同时拥有了多重品质。这似乎是出于内心的理由，我意识到伟大作家的内心没有边界，或者说没有生死之隔，也没有美丑和善恶之分，一切事物都以平等的方式相处。他们对内心的忠诚使他们写作时同样没有了边界，因此生和死、花朵和伤口可以同时出现在他们的笔下，形成叙述的和声。

我曾经迷恋于川端康成的描述，那些用纤维连接起来的细部，我说的就是他描述细部的方式。他叙述的目光无微不至，几乎抵达了事物的每一条纹路，同时又像是没有抵达，我曾经认为这种若即若离的描述是属于感受的方式。川端康成喜欢用目光和内心的波动去抚摸事物，他很少用手去抚摸，因此当他不断地展示细部的时候，他也在不断地隐藏着什么。被隐藏的总是更加令人着迷，它会使阅读走向不可接近的状态，因为后面有着一个神奇的空间，而且是一个没有疆界的空间，可以无限扩大，也可以随时缩小。为什么我们在阅读之后会掩卷沉思？这是因为我们需要走进那个神奇的空间，并且继续行走。这样的品质也在卡夫卡和马尔克斯，以及其他更多的作家那里出现，这也是我喜爱《礼拜二午睡时刻》的一个原因。

智慧窗

　　文学是一个神奇的载体，我们总是能够从他人的作品中发现自己的影子，那些影子激荡着我们的心灵，使我们沉迷其中、欲罢不能；文学是一种奇特的交流工具，哪怕素未谋面，我们仍旧可以从文字中找到"知音"；文学更是一次次令我们温暖而百感交集的旅程，我们踏上旅程的时候，也许并不知道这一次我们能够经历什么、收获什么，直到我们走过这段路、合上手中的书，才能够感受到文字所带给我们的思考与震撼。

　　作家的伟大之处，就在于他们善于使用文学这样一个神奇的载体和我们进行交流，带着我们一次次踏上旅程，收获着属于我们的人生的体悟与感动。

（臧杰）

最后的凡高 （节选）

◇冯骥才

他一直这样承受着精神与物质的双重的摧残。

可是，在他"面对自然的时候，画画的欲望就会油然而生"。在阳光的照耀下，世界焕发出美丽而颤动的色彩，全都涌入他的眼睛；天地万物勃发的生命激情，令他战栗不已。这时他会不顾一切地投入绘画，直至挤尽每一支铅管里的油彩。

当他在绘画里，会充满自信，忘乎所以，为所欲为；当他走出绘画回到了现实，就立刻感到茫然，自我怀疑，自我否定。他终日在这两个世界中来来回回地往返。所以他的情绪大起大落。他在这起落中大喜大悲，忽喜忽悲。

从他这大量的"心灵的信件"中，我读到——

他最愿意相信的话是福楼拜说的："天才就是长期的忍耐。"

他最想喊叫出来的一句话是："我要作画的权利！"

他最现实的呼声是："如果我能喝到很浓的肉汤，我的身体马上会好起来！当然，我知道，这种想法很荒唐。"

如果着意地去寻找，会发现这些呼喊如今依旧还在凡高的画里。

凡高于1888年12月23日发病后，病情时好时坏，时重时轻，一次次住进医院。这期间他会忽然怀疑有人要毒死他，或者在同人聊天时，端起调颜色的松节油要喝下去；后来他发展到在作画的过程中疯病突然发作。1889年5月他被送进离阿尔一公里的圣雷米精神病院，成了彻头彻尾的精神病人。但就在这时，奇迹出现了。凡高的绘画竟然突飞猛进。风格迅速形成。然而这奇迹的代价却是一个灵魂的自焚。

他的大脑弥漫着黑色的迷雾。时而露出清明，时而一片混沌。他病态的神经日趋脆弱；乱作一团的神经刚刚出现一点头绪，忽然整个神经系统全部爆裂，乱丝碎絮般漫天狂舞。在贫困、饥饿、孤独和失落之外，他又多了一个恶魔般的敌人——精神分裂。这个敌人巨大，无形，粗暴，骄横，来无影去无踪，更难于对付。他只有抓住每一次发病后的"平静期"来作画。

在他生命最后一年多的时间，他被这种精神错乱折磨得痛不欲生，没有人能够理解。因为真正的理解只能来自自身的体验。癫痫、忧郁、幻觉、狂乱，还有垮掉了一般的深深的疲惫。他几次在"灰心到极点"时都想到了自杀。同时又一直否定自己真正有病来平定自己。后来他发现只有集中精力，在画布上解决种种艺术的问题时，他的精神才会舒服一些。他就拼命并专注地作画。他在阿尔患病期间作画的数量大得惊人。一年多，他画了二百多幅作品。但后来愈来愈频繁的发病，时时中断了他的工作。他在给迪奥的信中描述过：他在画杏花时发病了，但是病好转之后，杏花已经落光。神经病患者最大的痛苦是在清醒过来之后。他害怕再一次发作，害怕即将发作的那种感觉，更害怕失去作画的能力。他努力控制自己"不把狂乱的东西画进画中"。他还说，他已经感受到"生之恐怖"！这"生之恐怖"便是他心灵最早发出的自杀的信号！

然而与之相对的，却是他对艺术的爱！在面对不可遏止的疾病的焦灼中，他说："绘画到底有没有美，有没有用处，这实在令人怀疑。但是怎么办呢？有些人即使精神失常了，却仍然热爱着自然与生活，因为他是画家！""面对一种把我毁掉的、使我害怕的病。我的信仰仍然不会动摇！"

这便是一个神经错乱者最清醒的话。他甚至比我们健康人更清醒和更自觉。

智慧窗

一直都觉得凡高的生命就如同那一簇烟花，是那种灿然的、不顾一切的释放，那种释放似乎是带着生命的光和热，就在一瞬间，燃尽了整个生命，犹如飞蛾扑火一般的决然，那种美丽，是付出了生命的代价换来的，所以是任何一种美丽都无法比拟的。

凡高将自己对生命的理解、热爱和感悟都融于了他的画作中，于是，他的画作似乎是带着燃烧的激情，他的画作是充满灵性和生命力的。他，是一个真正的画家！因为，他是在用自己的灵魂完成属于他的生命的画作！

（臧杰）

阅览室

诗人是什么 （节选）

◇余秋雨

从屈原开始，中国文人的被嫉受诬，将成为一个横贯两千多年的主题。而且，所有的高贵和美好，也都将从这个主题中产生。

屈原为什么希望太阳不要过于急迫地西沉于崦嵫山？为什么担忧杜鹃啼鸣？为什么宣告要上下而求索？为什么发誓虽九死而未悔？因为一旦被嫉受诬，生命的时间和通道都被剥夺，他要竭尽最后一点力量争取。他的别离和不忍，也都与此有关。屈原的这个精神程序，已被此后的中国文化史千万次地重复，尽管往往重复得很不精彩。

从屈原开始，中国文学摆开了两重意象的近距离对垒。一边是嫉妒、谣诼、党人、群小、犬豸、贪婪、溷浊、流俗、粪壤、萧艾，另一边是美人、幽兰、秋菊、清白、中正、求索、飞腾、修能、昆仑、凤凰。这种对垒，有写实，更是象征，诗人就生存在两边中间，因此总是在磨难中追求，又在追求中磨难。诗人本来当然想置身于美人、幽兰一边，但另一边总是奋力地拉扯他，使他不得不终生处于挣扎之中。

屈原的挣扎启示后代读者，常人都有物质上的挣扎和生理上的挣扎，但诗人的挣扎不在那里。屈原的挣扎更告诉中国文学，何谓挣扎中的高贵，何谓高贵中的挣扎。

屈原的高贵由内至外无所不在，但它的起点却是承担了使命之后的痛苦。由痛苦直接酿造高贵似乎不可思议，屈原提供了最早的范本。

屈原不像诸子百家那样总是表现出大道在心，平静从容，不惊不诧。相反，他有那么多的惊诧，那么多的无奈，那么多的不忍，因此又伴随着那么多的眼泪和叹息。他对幽兰变成萧艾非常奇怪，他更不理解为什么美人总是难见，明君总是不醒。他更惊叹众人为何那么喜欢谣言，又那么冷落贤良……总之，他有太多的疑问，太多的困惑。他曾写过著名的《天问》，其实心中埋藏着更多的《世问》和《人问》。他是一个询问者，而不是解答者，这也是他与诸子百家的重大区别。

而且，与诸子百家的主动流浪不同，屈原还开启了一种大文化人的被迫流浪。被迫中又不失有限的自由和无限的文采，于是也就掀开了中国的贬官文化史。

由此可见，屈原为诗作了某种定位，为文学作了某种定位，也为诗人和文人作了某种定位。

但是恕我直言，这位在中国几乎人人皆知的屈原，两千多年来依然寂寞。虽然有很多模仿者，却总是难得其神。有些文人在经历和精神上与他有局部相遇，却终究又失之交臂。至于他所开创的自我形态、分裂形态、挣扎形态、高贵形态和询问形态，在中国文学中更是大半失落。

这是一个大家都在回避的沉重课题，在这篇文章中也来不及详述。我只能借取屈原《招魂》中反复出现的一个短句，来暂时结束今天的话题——

魂兮归来！

智慧窗

屈原在中国人的心中是中国古代爱国文人的代表，是中国古代文人爱国精神的象征，更可以算是中国最早的浪漫主义诗人了。他的作品，初读时或许会觉得艰深晦涩，但是，你却不得不佩服他神奇的想象和瑰丽的文采。

或许，是因为他的文字中蕴含了他的精神、他的气节、他的品性，所以，那些文字都是充满灵性和爱国热情的，他给我们创造了一个神奇而瑰丽的世界，引领着我们去感受他的情怀。也许，这也是屈原的作品能够历经数千年仍旧被我们广为传颂、奉为经典的原因吧。

(臧杰)

残月照荒寒

　　记忆是生命中的高山，矗立着坚毅的执著和生命的仁厚；记忆是生命中的河流，流淌着不弃的追求和生命的智慧；记忆是生命中的森林，生长着华丽的梦想和生命的绿色；记忆是生命中的草原，奔跑着灵动的自由和生命的广阔。

　　回想不是恋旧，我们不能也不会活在记忆之中。回想是整理琐屑的生命符号，让他们变为图画，从而成为生命的底色。回想是艺海拾贝，把自己旅程之中的珍珠串起来，成为最亮丽的项链，挂在胸前。回想是发掘生命的原动力，为下一段旅程沉淀基石，寻找新的人生方向。

我的幼年

◇巴 金

　　窗外落着大雨，屋檐上的水槽早坏了，这些时候都不曾修理过，雨水就沿着窗户从缝隙浸入屋里，又从窗台流到了地板上。

　　我的书桌的一端正靠在窗台下面，一部分的雨水就滴在书桌上，把堆在那一角的书、信和稿件全打湿了。

　　我已经躺在床上，听见滴水的声音才慌忙地爬起来，扭燃电灯。啊，地板上积了那么一大滩水！我一个人吃力地把书桌移开，使它离窗台远一些。我又搬开了那些水湿的书籍，这时候我无意间发现了你的信。

　　你那整齐的字迹和信封上的香港邮票吸引了我的眼光，我拿起信封抽出了那四张西式信笺。我才记起四个月以前我在怎样的心情下面收到你的来信。我那时没有写什么话，就把你的信放在书堆里，以后也就忘记了它。直到今天，在这样的一个雨夜，你的信又突然在我的眼前出现了。朋友，你想，这时候我还能够把它放在一边，自己安静地躺回到床上闭着眼睛睡觉吗？

　　"为了这书，我曾在黑暗中走了九英里的路，而且还经过三个冷僻荒凉的墓场。那是在去年九月二十三夜，我去香港，无意中见到这书，便把袋中仅有的钱拿来买了。这钱我原本打算留来坐Bus回鸭巴甸的。"

　　在你的信里我读到这样的话。它们在四个月以前曾经感动了我。就在今天我第二次读到它们，我还仿佛跟着你在黑暗中走路，走过那些荒凉的墓场。你得把我看做你的一个同伴，因为我是一个和你一样的人，而且我也有过和这类似的经验。这样的经验我确实有的太多了。从你的话里我看到了一个时期的我的面影。年光在我的面前倒流过去，你的话使我又落在一些回忆里面了。

　　你说，你希望能够更深切地了解我。你奇怪是什么东西把我养育大的？朋友，这并不是什么可惊奇的事，因为我一生过的是"极平凡的生活"。我说过，我生在一个古老的家庭里，有将近二十个的长辈，有三十个以上的兄弟姊妹，有四五十个男女仆人，但这样简单的话是不够的。我说过我从小就爱和仆人在一起，我是在仆人中间长大的。但这样简单的话也还是不够的。我写出了一部分的回忆，但我同时也埋葬了另一部分的回忆。我应该写出的还有许多、许多的事情。

　　是什么东西把我养育大的？我常常拿这个问题问我自己。当我这样问的时候，最先在我的脑子里浮动的就是一个"爱"字。父母的爱，骨肉的爱，人间的爱，家庭生活的温暖，我的确是一个被人爱着的孩子。在那时候一所公馆便是我的世界，我的天堂。我爱一切的生物，我讨好所有的人。我愿意揩干每张脸上的眼泪，我希望看见幸福的微笑挂在每个人的嘴边。

　　然而死在我的面前走过了。我的母亲闭着眼睛让人家把她封在棺材里。从此我的生活里缺少了一样东西。父亲的房间突然变得空阔了。我常常在几间屋子里跑进跑出，唤着"妈"这个亲爱的字。我的声音白白地被寂寞吞食了，墙壁上母亲的照片也不看我一眼。死第一次在我的心上投下了阴影。我开始似懂非懂地了解恐怖和悲痛的意义了。

　　我渐渐地变成了一个爱思想的孩子。但是孩子的心究竟容易忘记，我不会整天垂泪。我依旧带笑带吵地过日子。孩子的心就像一只羽毛刚刚长成的小鸟，它要飞，飞，只想飞往广阔的天空去。

　　幼稚的眼睛常常看不清楚。小鸟怀着热烈的希望展翅向天空飞去，但是一下子就碰着铁丝落了下来。这时我才知道，自己并不是在自由的天空下面，却被人关在一个铁丝笼里。家庭如今换上了一个面目，它就是阻碍我飞翔的囚笼。

然而孩子的心是不怕碰壁的。它不知道绝望，它不知道困难，一次做失败的事情，还要接二连三地重做。铁丝的坚硬并不能够毁灭小鸟的雄心。经过几次的碰壁以后，连安静的孩子也知道反抗了。

同时在狭小的马房里，我躺在那些病弱的轿夫的烟灯旁边，听他们叙述悲痛的经历；或者在寒冷的门房里，傍着黯淡的清油灯光，听衰老的仆人绝望地倾诉他们的胸怀。那些没有希望只是忍受苦刑般地生活着的人的故事，在我的心上投下了第二个阴影。而且我的眼睛还看得见周围的一切。一个抽大烟的仆人周贵偷了祖父的字画被赶出去做了乞丐，每逢过年过节，偷偷地跑来，躲在公馆门前石狮子旁边，等着机会央求一个从前的同事向旧主人讨一点赏钱，后来终于冻馁地死在街头。老仆人衰成在外面烟馆里被警察接连捉去两次，关了几天才放出来。另一个老仆人病死在门房里。我看见他的瘦得像一捆柴的身子躺在大门外石板上，盖着一张破席。一个老轿夫出去在斜对面一个亲戚的家里做看门人，因为别人硬说他偷东西，便在一个冬天的晚上用了一根裤带吊死在大门内。当这一切在我的眼前发生的时候，我含着眼泪，心里起了火一般的反抗的思想。我说我不要做一个少爷，我要做一个站在他们一边，帮助他们的人。

反抗的思想鼓舞着这只不知天高地厚的小鸟用力往上面飞，要冲破那个铁丝网。但铁丝网并不是软弱的翅膀所能够冲破的。碰壁的次数更多了。这其间我失掉了第二个爱我的人——父亲。

我悲痛我的不能补偿的损失。但是我的生活使我没有时间专为个人的损失悲哀了。因为这个富裕的大家庭在我的眼前变成了一个专制的王国。仇恨的倾轧和斗争掀开平静的表面爆发了。势力代替了公道。许多可爱的年轻的生命在虚伪的礼教的囚牢里挣扎，受苦，憔悴，呻吟以至于死亡。然而我站在旁边不能够帮助他们。同时在我的渴望发展的青年的灵魂上，陈旧的观念和长辈的权威像磐石一样沉重地压下来。"憎恨"的苗于是在我的心上发芽生叶了。接着"爱"来的就是这个"恨"字。

年轻的灵魂是不能相信上天和命运的。我开始觉得现在社会制度的不合理了。我常常狂妄地想：我们是不是能够改造它，把一切事情安排得更好一点。但是别人并不了解我。我只有在书本上去找寻朋友。

在这种环境中我的大哥渐渐地现出了疯狂的倾向。我的房间离大厅很近，在静夜，大厅里的任何微弱的声音我也可以听见。大厅里放着五六乘轿子，其中有一乘是大哥的。这些时候大哥常常一个人深夜跑到大厅上，坐到他的轿子里面去，用什么东西打碎轿帘上的玻璃。我因为读书睡得很晚，这类声音我不会错过。我一听见玻璃破碎声，我的心就因为痛苦和愤怒痛起来了。我不能够再把心关在书上，我绝望地拿起笔在纸上涂写一些愤怒的字眼，或者捏紧拳头在桌上捶。

后来我得到了一本小册子，就是克鲁泡特金的《告少年》（这是节译本）。我想不到世界上还有这样的书！这里面全是我想说而没法说得清楚的话。它们是多么明显，多么合理，多么雄辩。而且那种带煽动性的笔调简直要把一个十五岁的孩子的心烧成灰了。我把这本小册子放在床头，每夜都拿出来，读了流泪，流过泪又笑。那本书后面附印着一些警句，里面有这样的一句话："天下第一乐事，无过于雪夜闭门读禁书。"我觉得这是千真万确的。从这时起，我才开始明白什么是正义。这正义把我的爱和恨调和起来。

但不久，我就不能以"闭门读禁书"为满足了。我需要活动来发散我的热情，需要事实来证实我的理想。我想做点事情，可是我又不知道应该怎样地开头去做。没有人引导我。我反复地翻阅那本小册子，译者的名字是真名，书上又没有出版者的地址。不过给我这本小册子的人告诉我这是陈独秀们主持的新青年社翻印的。我抄了那地址下来。这天晚上我郑重地摊开信纸，怀着一颗战栗的心和求助的心情，给陈独秀写信。这是我一生写的第一封信，我把我的全部心灵都放在这里面，我像一个谦卑的孩子，我恳求他给我指一条路，我等着他来吩咐我怎样献出我个人的一切。

信发出了。我每天不能忍耐地等待着，我等着机会来牺牲自己，来发散我的活力。但是回信始终没有来。我并不抱怨别人，我想或者是我还不配做这种事情。然而我的心并不曾死掉，我依旧到处去找寻方法来准备牺牲。我看见上海报纸上载有赠送《夜未央》的广告，便寄了邮票去。在我的记忆还不曾淡去时，书来了，是一个剧本。我形容不出这本书给我的激动。它给我打开了一个新的眼界。我第一次在另一个国家的青年为人民争自由谋幸福的斗争里找到了我的梦景中的英雄，找到了我的终生的事业。

不久我意外地得到一本《实在自由录》第一集，那里面高德曼的文章把我完全征服了，不，应该说把我的模糊的眼睛，洗刷干净了。在这时候我才有了明确的信仰。然而行动呢？这问题依旧没有得到解决。而我的渴望也更加变得迫切了。

大概在两个月以后，我读到一份本地出版的《半月》，在那上面我看见一篇《适社的旨趣和组织大纲》，这是转载的文章，这是一个秘密团体的宣言。那意见和那组织正是我朝夕所梦想的。我读完了它，我的心跳得很厉害。我无论如何不能够安静下去。两种冲突的思想在我的脑子里争斗了一些时候。到夜深，我听见大哥的脚步声在大厅上响了，我不能自主地取出信纸摊在桌上，一面听着玻璃打碎的声音，一面写着愿意加入"适社"的信给那个《半月》的编辑，要求他做我的介绍人。

这信是第二天发出的，第三天回信就来了。一个姓章的编辑亲自送了回信来，他约我在一个指定的时间到他的家里去谈话。我毫不迟疑地去了。在那里我会见了三四个青年，他们谈话的态度和我家里的人完全不同。他们充满了热情、信仰和牺牲的决心。我把我的胸怀，我的痛苦，我的渴望完全吐露给他们。作为回答，他们给我友情，给我信任，给我勇气，而且对我解说了许多事情。他们把我当做一个熟识的朋友。从他们的谈话里我知道"适社"是重庆的团体，但是他们也想在这里成立一个类似的组织。他们答应将来让我加入他们的组织，和他们一起工作。我告辞的时候，他们送给我几本"适社"出版的宣传册子，并且写了信介绍我给那边的负责人通信。

事情在今天也许不会是这么简单，这个时候人对人也许不会这么轻易地相信，然而在当时一切都是非常自然。我们绝对想不到别的许多事情。这个小小的客厅简直成了我的天堂。在那里的两小时的谈话照彻了我的灵魂的黑暗。我好像一只被风暴打破的船找到了停泊的港口。我的心情高扬起来，我带着幸福的微笑回到家里。就在这天的夜里，我怀着佛教徒朝山进香时的虔诚，给"适社"的负责人写了信。

我的生活方式渐渐地改变了，我和那几个青年结了亲密的友谊。我做了那个半月刊的同人，后来也做了编辑。此外我们还组织了一个秘密的团体：均社。我自称为"安那其主义者"，就是从那时候开始的。团体成立以后就来了工作。办刊物、通讯、散传单、印书，都是我们所能够做的事情。我们有时候也开秘密会议，时间是夜里，地点总是在僻静的街道，参加会议的人并不多，但大家都是怀着严肃而紧张的心情赴会的。每次我一个人或者和一个朋友故意东弯西拐，在黑暗中走了许多路，听厌了单调的狗叫和树叶飘动声，以后走到作为会议地点的朋友的家，看见那些紧张的亲切的面孔，我们相对微微地一笑，那时候我的心真要从口腔里跳了出来。我感动得几乎不觉到自己的存在了。友情和信仰在这个阴暗的房间里开放了花朵。

但这样的会议是不常举行的，一个月也不过召集两三次，会议之后是工作。我们先后办了几种刊物，印了几本小册子。我们抄写了许多地址，亲手把刊物或小册子一一地包卷起来，然后几个人捧着它们到邮局去寄发。五一节来到的时候，我们印了一种传单，派定几个人到各处去散发。那一天天气很好，我挟了一大卷传单，在离我们公馆很远的一带街巷里走来走去，直到把它们散发光了，又在街上闲步一回，知道自己没有被人跟着，才放心地到约定集合的地方去。每个人愉快地叙述各自的经验。这一天我们就像在过节。又有一次我们为了一件事情印了传单攻击当时统治省城的某军阀。这传单应该贴在几条大街的墙壁上。我分得一大卷传单回到家里。晚上我悄悄地叫一个小听差跟我一起到十字街口去。他拿着一碗浆糊。我挟了一卷传单，我们看见墙上有空白的地方就把传单贴上去。没有人干涉我们。有几次我们贴完传单走开了，回头看时，一两个黑影子站在那里读我们刚才贴上去的东西。我相信在夜里他们要一字一字地读完它，并不是容易的事情。

那半月刊是一种公开的刊物，社员比较多而复杂。但主持的仍是我们几个人。白天我们中间有人要上学，有的人要做事，夜晚我们才有空聚在一起。每天晚上我总要走过几条黑暗的街巷到"半月刊社"去。那是在一个商场的楼上。我们四五个人到了那里就忙着卸下铺板，打扫房间，回答一些读者的信件，办理种种的杂事，等候那些来借阅书报的人，因为我们预备了一批新书报免费借给读者。我们期待着忙碌的生活，宁愿忙得透不过气来。我们愉快地谈论着各种各样的事情。那个共同的牺牲的渴望把我们大家如此坚牢地系在一起。那时候我们只等着一个机会来交出我们个人的一切，而且相信在这样的牺牲之后，理想的新世界就会跟着明天的太阳一同升起来。这样的幻梦固然带着孩子气，但这是多么美丽的幻梦啊！

我就是这样地开始了我的社会生活的。从那时起，我就把我的幼年深深地埋葬了……

窗外刮起大风，关住的窗门突然大开了。雨点跟着飘了进来。我面前的信笺上也溅了水。写好的信笺被风吹起，散落在四处。我不能够继续写下去了，虽然我还有许多话没有向你吐露。我想，我不久还有机会给你写信，叙述那些未说到的事情。我不知道我上面的话能不能够帮助你更了解我。但是我应该感谢你，因为你的信给我唤起了这许多可宝贵的回忆。那么就让这风把我的祝福带给你罢。现在我也该躺一会儿了。

1936 年 8 月深夜

智慧窗

成长像一条河，走过高山，流过平原，便沉淀了河的品质和内涵。父母的爱，骨肉的爱，人间的爱，家庭生活的温暖，这些人生最初的体验给了他爱的方向。而对下层民众的坎坷命运，让他的同情心拓宽爱的领域，是他后来人道主义的起点。

为人生筑一些堤坝，是为引导河的流向。大家庭的专制和残酷，让他更加向往自由的天空，于是他不断寻求外面的帮助，吸收一切动力营养，这让他一步步强大起来，从而终于脱离了大家庭，就像觉慧一样。我们每一个青年都应该学会思考自己的人生，让自己逐步强大起来，从而选择自己的未来。

（韩红兵）

阅览室

记忆中的小河

◇林　非

　　每当我站在浩瀚的大海旁边，总会想起故乡那条浑浊的小河。为什么这儿是波光粼粼，汹涌澎湃，那里却是阴沉沉的，黑黝黝的，在无声无息地流淌呢？

　　当我还不太懂事时，就在这条狭窄的小河旁边嬉戏了，伏在两岸的草莽丛中捉蟋蟀，或者蹲在滩头的石板上打水仗。打水仗真好玩，双手使劲地撩起一汪汪水来，就可以泼向对岸那些小伙伴的头顶。我的膂力真值得自豪，却也显出了这条小河的宽度有多么可怜。

　　就是这条狭窄而又浑浊的小河，竟成了整个县城里独一无二的水源。挑水夫担着木桶，从这儿灌满了浑黄色的水，匆匆爬上低矮的石阶，送往大街小巷里的千家万户。他们一路走，一路吆喝着："水来了，快让开！"

　　河滩上还挤满了许许多多的女人，有俊俏或丑陋的姑娘，有沉稳或泼辣的少妇；有蹒跚或硬朗的老妪，不是在这儿淘米洗菜，就是在这儿冲刷衣裤，还有的竟在水里旋转着腌渍的便桶。谁也不干扰谁，谁也不指责谁，似乎所有不洁的东西，只要在这浑浊的河水里浸泡一番，顷刻间就会变得干干净净了。

　　多少女人们说笑和打闹着，竟忘记了浮在水面漂走的青菜。还有多少女人们却默默地坐在石墩上，千双双眼睛只盯着拧在手里的衣衫。从她们的眼神和表情中，也可以看出谁是多么的欢乐，谁又是多么的悲哀。

　　在这条狭窄和浑浊的小河里，常常有破旧的小木船轻轻漂过，激起了一阵阵漩涡，拍打着平缓的河滩，沾湿了那些女人们的鞋子和衣裙，引起她们一阵呼叫和嗔骂的声音。那些年轻粗壮的船夫，纷纷扮着鬼脸，还撩起长长的竹竿，晃过她们的头顶，撑住两岸的草地，船儿就箭也似地往前射去。

　　我上小学了，也还是经过这条狭窄和浑浊的小河，迎着火红的朝阳和晨曦，大踏步地走向学校里去。我也许将永远沿着多少人在这儿留下的足迹，永远喝着小河里浑黄的水，就这样生活下去。我的祖祖辈辈已经在这儿毫无变化地生活了几百年，就这样长大成人，生儿育女！

　　可是当我读了几年的书，临近小学毕业的时候，开始懂得了许多跟自己家乡格格不入的知识，那童话里描写的小河，流着淡青色的水，明澈得可以瞧见底下的草茎和碎石，两岸还荫盖着碧绿的大树，多少美丽的鸟儿在树上唱歌，为什么家乡的小河跟它不一样呢？水流显得这样灰暗，岸边上只长了些乱草，光秃秃的没有一棵树，夏天的太阳好凶啊，在烧炙着蹲在河边的女人们。生理卫生课里还讲到了经过消毒的自来水，不知道这究竟是什么神奇的东西？为什么从铁管里能够哗哗地流出水来？会比家乡的河水干净多少倍吧？日夜辛苦的挑水夫，不是也可以免去弯腰曲背的劳累了。

　　我的父亲曾去过上海和苏州，在小小的县城里，也算得是见多识广的人了，我向他打听自来水是怎么回事儿？他仰天大笑起来，比划着手势告诉我说，只要把装在房屋里的水管打开，干干净净的水就从铁管里冲出来了。我问他，自来水是怎么制造出来的？他摇摇头，说是哪里说得清这些。我又问他，我们的县城里为什么不装自来水？他又摇了摇头，说是这得要去请教县长。那时候我刚上初中，哪儿找得到这威风凛凛的县长呢？虽说我曾蹲在县政府门前的大操场上，远远地听过他激昂慷慨的讲演。

在夜晚的灯光底下，我也曾跟母亲说起过小河和自来水的事情。母亲伸出纤长的手指，轻轻抚摸着我的脸庞，爱怜地安慰我说，"我们家世世代代都是喝这河水长大的，不也生出了你这个聪明的小孩？等你长大了，到上海去读大学，做个工程师，不就能建造自来水厂了？你什么事情都做得成的。"

想着父亲的话，我不知道怎么能找到县长去诉说？想着母亲的话，我又不知道能不能考上大学？因此当我每天路过狭窄和浑浊的小河时，心里竟像是压着一块沉甸甸的石头，我的少年时代就在忧愁和思虑中消失了。

上高中时，我有个长得很秀气的女同学，不知道怎么被威武的县长看中了。据说不少男人都喜欢年轻的女人，尤其是当了大小不等的官儿，变成了有权有势的身份。于是有多少爱拍马屁的说客，天天上那女同学家拜访，给她父亲馈赠了不少贵重的金银首饰，说是当上了县长的泰山，脸面有多光彩，而且立刻会变成这儿士绅的首领，终生富贵，丝毫也用不着怀疑。

她父亲开始时觉得这县太爷跟自己年岁相仿，郎舅称呼，好不尴尬，可是经不住多少张蜜糖似儿的嘴，把他的心儿灌得甜甜的，觉得攀上了这门亲，真前程无量啊！她父亲动了心，母亲自然跟着就答应，跟女儿好说歹说，事儿就有了眉目。我那个女同学哭了几场之后，也只好半推半就。当上了县长夫人。自然也就不再上学了，穿戴得珠光宝气，陪伴着英武非凡的县长，常常在河边散步，后面还跟着两名腰挎驳壳枪的卫兵。

我忽然想到，这相貌堂堂的县长，听说是法科大学毕业的，能屈尊娶个十六七岁的小丫头，也许是很好说话的，去找他谈谈自来水的事儿，说不定会有希望。有一回在河边走路，正好碰上了他们这支小小的队伍，那女同学跟我招呼说话，还把我介绍给她丈夫，我向他鞠了个躬，立即将这捉摸了许久的话题，向他提了出来。

县长没等我说完，就直愣愣地瞪着我，气呼呼地跟我说："年轻轻的孩子，不好好读书，胡思乱想些什么，这种事情用得着你来操心吗？"这话儿像一瓢冷水似的，当头浇在我身上，满腔的希望像一团火似的被扑灭了。真奇怪，既然是嫌我年轻，为什么要娶一个跟我年岁相同的姑娘做老婆呢？我对这个骄横的县长反感极了，不愿再多说话，回过头来就走。

不久之后，共产党和解放军要打进县城的消息，不断地传来，人心惶惶的。终于在一个黑暗的深夜里，这县长丢下新婚的妻子，携带巨款逃跑得无影无踪了。在老百姓不能自己做主的时代里，真可以说是无官不贪啊！

我怀着满腔的希望离开了家乡，去寻找革命，寻找正义和公平的理想。几十年来，虽然告别了这条狭窄和浑浊的小河，不过无论是当我眺望辽阔的海洋，抑或是凝视涓涓的溪流时，总都会想起它来，因为它是我整个人生道路的起点。

母亲不是希望我去建造自来水厂，去做出许多有用的事情来吗？我却没有学好这样的本领，应该怎样告慰她刚离开人世的灵魂呢？我常常梦见母亲苗条和颀长的身影，梦见她炯炯发亮的眼睛，梦见她秀美的脸颊上，含着一丝忧郁的笑容，梦见她亲吻着我的额头，喃喃地给我背诵自己喜爱的唐诗："人行明镜中，鸟度屏风里"，她也曾梦见过一条青青的小河吧？

不久之前，我很偶然地回到了故乡，寻找着一条荒凉的小巷，走进大门，步入屋内，悄悄地躲在父亲背后，他尽管有点儿耳聋，却慢慢地回头来，一眼就认出了我，紧紧攥住我手臂，把我拉到水龙头旁边，哗哗地放水，还侧着耳朵倾听流水的声响。

父亲津津有味地回忆着我少年时跟他的那段对话，说自己老是沉溺在过去的岁月中，说着就眼泪汪汪的，不知道是留恋还是懊悔？

还没有说完话，他就拿起手杖，拉着我一起跨出门槛，去寻找从前的那条小河。它已经不存在了，已经被填满了黄土，变成跟前这个喧闹的菜场。

"小河早被填掉了，那年我从北京回来，就见不到它了。"他张望着过往的行人，若有所思地跟我说话。

我在熙熙攘攘的人群里，默默地低着头，不愿他瞧见我失望的表情，因为我并不希望这小河被填掉，却希望它变得清清的，还掩映着葱茏的大树。现在这小河固然被填没了，不过世界上还有多少浑浊的东西并未消失啊！

我立即想起了母亲的叮咛，可是我什么事情都没有做好，她却已经离开了人世。我完全辜负了她殷切的期待，还无法听到她责备或原谅我的话语，我真想号啕大哭一场，瞧着摩肩接踵的人们，只好咬着嘴唇忍住了，却忍不住泪水满面地流淌。

智慧窗

　　靠山而居，临水而住，便铸就了我们山水的情结。无论我们走多远，见过多少世面，儿时的小河总在记忆中流淌，那是我们生命的底色，那是我们人生的起点，虽然它和外面相比不那么美丽。

　　对外面世界的向往，对简单人生问题的追问，让我们一步步走向更宽阔的世界。但我们知道，父母最初给我们的善良、信心，一直是我们成长的动力，是我们不竭的源泉，正像那条记忆中的小河，即便它被黄土填埋，被道路踏平。我们善待自己的记忆，善待自己的成长，这样我们才能更好走向理想。

（韩红兵）

欢乐吧

＊ 画鸟的猎人

◇艾　青

　　一个人想学打猎，找到一个打猎的人，拜他做老师。他向那打猎的人说："人必须有一技之长，在许多职业里面，我所选中的是打猎，我很想持枪到树林里去，打到那我想打的鸟。"

　　于是打猎的人检查了那个徒弟的枪，枪是一支好枪，徒弟也是一个有决心的徒弟，就告诉他各种鸟的性格和有关瞄准与射击的一些知识，并且嘱咐他必须寻找各种鸟去练习。

那个人听了猎人的话，以为只要知道如何打猎就已经能打猎了，于是他持枪到树林。但当他一进入树林，走到那里，还没有举起枪，鸟就飞走了。

于是他又来找猎人，他说："鸟是机灵的，我没有看见它们，它们先看见我，等我一举起枪，鸟早已飞走了。"

猎人说："你是想打那不会飞的鸟吗？"

他说："说实在的，在我想打鸟的时候，要是鸟能不飞该多好呀！"

猎人说："你回去，找一张硬纸，在上面画一只鸟，把硬纸挂在树上，朝那鸟打——你一定会成功。"

那个人回家，照猎人所说的做了，试验着打了几枪，却没有一枪能打中。他只好再去找猎人。他说："我照你说的做了，但我还是打不中画中的鸟。"猎人问他是什么原因，他说："可能是鸟画得太小，也可能是距离太远。"

那猎人沉思了一阵向他说："对你的决心，我很感动。你回去，把一张大一些的纸挂在树上，朝那纸打——这一次你一定会成功。"

那人很担忧地问："还是那个距离吗？"

猎人说："由你自己决定。"

那人又问："那纸上还是画着鸟吗？"

猎人说："不。"

那人苦笑了，说："那不是打纸吗？"

猎人很严肃地告诉他说："我的意思是，你先朝着纸只管打，打完了，就在有孔的地方画上鸟，打了几个孔，就画几只鸟——这对你来说，是最有把握的了。"

悦客群

郑荣健

良好的愿望也许是走向成功的开端，但倘若没有足够的耐心，没有理性的分析和对事情相应的领悟，愿望就会变成一种好高骛远，一切将成为空谈。

《百喻经》里有一个"三重楼喻"，说有一个富人，看见别人起了一幢很漂亮的三层楼房，非常美慕。他就请来工人，让照着模样给自己建造。工人们开始打地基，忙得不亦乐乎。富人又不满又奇怪，说："谁让你们只忙着打地基了，我只要那最高最漂亮的第三层楼。"这个故事讽刺的正是那些不明事理，为所谓高远的目标一叶障目的人。

阿长与《山海经》

◇鲁　迅

长妈妈，已经说过，是一个一向带领着我的女工，说得阔气一点，就是我的保姆。我的母亲和许多别的人都这样称呼她，似乎略带些客气的意思。只有祖母叫她阿长。我平时叫她"阿妈"，连"长"字也不带；但到憎恶她的时候，——例如知道了谋死我那隐鼠的却是她的时候，就叫她阿长。

我们那里没有姓长的；她生得黄胖而矮，"长"也不是形容词。又不是她的名字，记得她自己说过，她的名字是叫作什么姑娘的。什么姑娘，我现在已经忘却了，总之不是长姑娘；也终于不知道她姓什么。记得她也曾告诉过我这个名称的来历：先前的先前，我家有一个女工，身材生得很高大，这就是真阿长。后来她回去了，我那什么姑娘才来补她的缺，然而大家因为叫惯了，没有再改口，于是她从此也就成为长妈妈了。

虽然背地里说人长短不是好事情，但倘使要我说句真心话，我可只得说：我实在不大佩服她。最讨厌的是常喜欢切切察察，向人们低声絮说些什么事，还竖起第二个手指，在空中上下摇动，或者点着对手或自己的鼻尖。我的家里一有些小风波，不知怎的我总疑心和这"切切察察"有些关系。又不许我走动，拔一株草，翻一块石头，就说我顽皮，要告诉我的母亲去了。一到夏天，睡觉时她又伸开两脚两手，在床中间摆成一个"大"字，挤得我没余地翻身，久睡在一角的席子上，又已经烤得那么热。推她呢，不动；叫她呢，也不闻。

"长妈妈生得那么胖，一定很怕热罢？晚上的睡相，怕不见得很好罢？……"

母亲听到我多回诉苦之后，曾经这样地问过她。我也知道这意思是要她多给我一些空席。她不开口。但到夜里，我热得醒来的时候，却仍然看见满床摆着一个"大"字，一条臂膊还搁在我的颈子上。我想，这实在是无法可想了。

但是她懂得许多规矩；这些规矩，也大概是我所不耐烦的。一年中最高兴的时节，自然要数除夕了。辞岁之后，从长辈得到压岁钱，红纸包着，放在枕边，只要过一宵，便可以随意使用。睡在枕上，看着红包，想到明天买来的小鼓、刀枪、泥人、糖菩萨……然而她进来，又将一个福橘放在床头了。

"哥儿，你牢牢记住！"她极其郑重地说。"明天是正月初一，清早一睁开眼睛，第一句话就得对我说：'阿妈，恭喜恭喜！'记得么？你要记着，这是一年的运气的事情。不许说别的话！说过之后，还得吃一点福橘。"她又拿起那橘子来在我的眼前摇了两摇，"那么，一年到头，顺顺流流……"

梦里也记得元旦的，第二天醒得特别早，一醒，就要坐起来。她却立刻伸出臂膊，一把将我按住。我惊异地看她时，只见她惶急地看着我。

她又有所要求似的，摇着我的肩。我忽而记得了——

"阿妈，恭喜……"

"恭喜恭喜！大家恭喜！真聪明！恭喜恭喜！"她于是十分欢喜似的，笑将起来，同时将一点冰冷的东西，塞在我的嘴里。我大吃一惊之后，也就忽而记得，这就是所谓福橘，元旦辟头的磨难，总算已经受完，可以下床玩耍去了。

她教给我的道理还很多，例如说人死了，不该说死掉，必须说"老掉了"；死了人，生了孩子的屋子里，不应该走进去；饭粒落在地上，必须拣起来，最好是吃下去；晒裤子用的竹竿底下，是万不可钻过去的……此外，现在大抵忘却了，只有元旦的古怪仪式记得最清楚。总之：都是些烦琐之至，至今想起来还觉得非常麻烦的事情。

然而我有一时也对她发生过空前的敬意。她常常对我讲"长毛"。她之所谓"长毛"者，不但洪秀全军，似乎连后来一切土匪强盗都在内，但除却革命党，因为那时还没有。她说得长毛非常可怕，他们的话就听不懂。她说先前长毛进城的时候，我家全都逃到海边去了，只留一个门房和年老的煮饭老妈子看家。后来长毛果然进门来了，那老妈子便叫他们"大王"，——据说对长毛就应该这样叫，——诉说自己的饥饿。长毛笑道："那么，这东西就给你吃了罢！"将一个圆圆的东西掷了过来，还带着一条小辫子，正是那门房的头。煮饭老妈子从此就骇破了胆，后来一提起，还是立刻面如土色，自己轻轻地拍着胸脯道："阿呀，骇死我了，骇死我了……"

我那时似乎倒并不怕，因为我觉得这些事和我毫不相干的，我不是一个门房。但她大概也即觉到了，说道："像你似的小孩子，长毛也要掳的，掳去做小长毛。还有好看的姑娘，也要掳。"

"那么，你是不要紧的。"我以为她一定最安全了，既不做门房，又不是小孩子，也生得不好看，况且颈子上还有许多灸疮疤。

"哪里的话?!"她严肃地说。"我们就没有用么？我们也要被掳去。城外有兵来攻的时候，长毛就叫我们脱下裤子，一排一排地站在城墙上，外面的大炮就放不出来；再要放，就炸了！"

这实在是出于我意想之外的，不能不惊异。我一向只以为她满肚子是麻烦的礼节罢了，却不料她还有这样伟大的神力。从此对于她就有了特别的敬意，似乎实在深不可测；夜间的伸开手脚，占领全床，那当然是情有可原的了，倒应该我退让。

这种敬意，虽然也逐渐淡薄起来，但完全消失，大概是在知道她谋害了我的隐鼠之后。那时就极严重地诘问，而且当面叫她阿长。我想我又不真做小长毛，不去攻城，也不放炮，更不怕炮炸，我惧惮她什么呢！

但当我哀悼隐鼠，给它复仇的时候，一面又在渴慕着绘图的《山海经》了。这渴慕是从一个远房的叔祖惹起来的。他是一个胖胖的，和蔼的老人，爱种一点花木，如珠兰，茉莉之类，还有极其少见的，据说从北边带回去的马缨花。他的太太却正相反，什么也莫名其妙，曾将晒衣服的竹竿搁在珠兰的枝条上，枝折了，还要愤愤地咒骂道："死尸！"这老人是个寂寞者，因为无人可谈，就很爱和孩子们往来，有时简直称我们为"小友"。在我们聚族而居的宅子里，只有他书多，而且特别。制艺和试帖诗，自然也是有的；但我却只在他的书斋里，看见过陆玑的《毛诗草木鸟兽虫鱼疏》，还有许多名目很生的书籍。我那时最爱看的是《花镜》，上面有许多图。他说给我听，曾经有过一部绘图的《山海经》，画着人面的兽，九头的蛇，三脚的鸟，生着翅膀的人，没有头而以两乳当作眼睛的怪物，……可惜现在不知道放在哪里了。

我很愿意看看这样的图画，但不好意思力逼他去寻找，他是很疏懒的。问别人呢，谁也不肯真实地回答我。压岁钱还有几百文，买罢，又没有好机会。有书买的大街离我家远得很，我一年中只能在正月间去玩一趟，那时候，两家书店都紧紧地关着门。

玩的时候倒是没有什么的，但一坐下，我就记得绘图的《山海经》。

大概是太过于念念不忘了，连阿长也来问《山海经》是怎么一回事。这是我向来没有和她说过的，我知道她并非学者，说了也无益；但既然来问，也就都对她说了。

过了十多天，或者一个月罢，我还很记得，是她告假回家以后的四五天，她穿着新的蓝布衫回来了，一见面，就将一包书递给我，高兴地说道：

"哥儿，有画儿的'三哼经'，我给你买来了！"

我似乎遇着了一个霹雳，全体都震悚起来；赶紧去接过来，打开纸包，是四本小小的书，略略一翻，人面的兽，九头的蛇，……果然都在内。

这又使我发生新的敬意了，别人不肯做，或不能做的事，她却能够做成功。她确有伟大的神力。谋害隐鼠的怨恨，从此完全消灭了。

这四本书，乃是我最初得到，最为心爱的宝书。

书的模样，到现在还在眼前。可是从还在眼前的模样来说，却是一部刻印都十分粗拙的本子。纸张很黄；图像也很坏，甚至于几乎全用直线凑合，连动物的眼睛也都是长方形的。但那是我最为心爱的宝书，看起来，确是人面的兽；九头的蛇；一脚的牛；袋子似的帝江；没有头而"以乳为目，以脐为口"，还要"执干戚而舞"的刑天。

此后我就更其搜集绘图的书，于是有了石印的《尔雅音图》和《毛诗品物图考》，又有了《点石斋丛画》和《诗画舫》。《山海经》也另买了一部石印的，每卷都有图赞，绿色的画，字是红的，比那木刻的精致得多了。这一部直到前年还在，是缩印的郝懿行疏。木刻的却已经记不清是什么时候失掉了。

我的保姆，长妈妈即阿长，辞了这人世，大概也有了三十年了罢。我终于不知道她的姓名，她的经历；仅知道有一个过继的儿子，她大约是青年守寡的孤孀。

仁厚黑暗的地母呵，愿在你怀里永安她的魂灵！

智慧窗

一个保姆和一部《山海经》，构成了孩童时代的两个世界。一个充满温情的世界，让孩童时代享受到了应该享受到的关爱，浸润着童真的心灵。一个充满奇幻的世界，让孩童时代进入了想象的空间，一切奇异都在引导这心灵的飞翔。

而且当这两个世界统一在一个人身上时，这个人无疑是孩子们心中至高的引路人。这是许多人走向成年之后，记忆中祖母的身影。当这种光影照在一个保姆身上之时，那光影就分外透明、纯净，滋润着孩子的精魂。

（韩红兵）

城南旧事

◇林海音

　　骆驼队来了，停在我家的门前。

　　它们排列成一长串，沉默地站着，等候人们的安排。天气又干又冷。拉骆驼的摘下了他的毡帽，秃瓢儿上冒着热气，是一股白色的烟，融入干冷的大气中。

　　爸爸在和他讲价钱。双峰的驼背上，每匹都驮着两麻袋煤。我在想，麻袋里面是"南山高末"呢，还是"乌金墨玉"？我常常看见顺城街煤栈的白墙上，写着这样几个大黑字。但是拉骆驼的说，他们从门头沟来，他们和骆驼是一步一步走来的。

　　另外一个拉骆驼的在招呼骆驼们吃草料。它们把前脚一屈，屁股一撅，就跪了下来。

　　爸爸已经和他们讲好价钱了。人在卸煤，骆驼在吃草。

　　我站在骆驼的面前，看它们吃草料咀嚼的样子：那样丑的脸，那样长的牙，那样安静的态度，它们咀嚼的时候，上牙和下牙交错的磨来磨去，大鼻孔里冒着热气，白沫子沾满在胡须上。我看得呆了，自己的牙齿也动起来。

　　老师教给我，要学骆驼，沉得住气的动物。看它从不着急，慢慢地走，慢慢地嚼；总会走到的，总会吃饱的。也许它们天生是该慢慢的，偶然躲避车子跑两步，姿势很难看。

　　骆驼队伍过来时，你会知道，打头儿的那一匹，长脖子底下总会系着一个铃铛，走起来，"铛、铛、铛"的响。

　　"为什么要系一个铃铛？"我不懂的事就要问一问。

　　爸爸告诉我，骆驼很怕狼，因为狼会咬它们，所以人类给它们戴上了铃铛，狼听见铃铛的声音，知道那是有人类在保护，就不敢侵犯了。

　　我的幼稚心灵中却充满了和大人不同的想法，我对爸爸说：

　　"不是的，爸！它们软软的脚掌走在软软的沙漠上，没有一点点声音，您不是说，它们走上三天三夜都不喝一口水，只是不声不响的咀嚼着从胃里倒出来的食物吗？一定是拉骆驼的人类，耐不住那长途寂寞的旅程，所以才给骆驼戴上了铃铛，增加一些行路的情趣。"

　　爸爸想了想，笑笑说：

　　"也许，你的想法更美些。"

　　冬天快过完了，春天就要来了，太阳特别暖和，暖得让人想把棉袄脱下来。可不是么？骆驼也脱掉它的旧驼绒袍子啦！它的毛皮一大块一大块的从身上掉下来，垂在肚皮底下。我真想拿把剪刀替它们剪一剪，因为那太不整齐了。拉骆驼的人也一样，他们身上那件反穿大羊皮袄，也都脱了下来，搭在驼背的小峰上。麻袋空了，"乌金墨玉"都卖了，铃铛在轻松的步伐里响得更清脆。

　　夏天来了，再不见骆驼的影子，我又问妈：

　　"夏天它们到哪里去？"

"谁？"

"骆驼呀！"

妈妈回答不上来了，她说：

"总是问，总是问，你这孩子！"

夏天过去，秋天过去，冬天又来了，骆驼队又来了，但是童年却一去不还。冬阳底下学骆驼咀嚼的傻事，我是再也不会做了。

可是，我是多么的想念童年住在北京城南的那些景色和人物啊！我对自己说，把它们写下来吧，让实际的童年过去，心灵的童年永存下来。

就这样，我写了一本《城南旧事》。

我默默地想，慢慢地写。看见冬阳下的骆驼队走过来，听见缓慢悦耳的铃声，童年重临于我的心头。

智慧窗

童年记忆中最宝贵的是什么？不是关在书斋之中温习功课，也不是过早地进入成年人的生活，而是以一片童心走入现实生活，去观察、去理解现实生活中的实际存在。这片童心之下的观察、理解，形成了一个纯美的世界。

虽然四季轮回，我们将告别童年，不会再有那片童心，可那个纯美世界是我们一生的财富，让我们行走在世界各地，不会缺乏生命的动力。因为世界之美是要靠我们自己去发现的，而发现世界之美的灵慧要靠那个纯美世界来滋润。

(韩红兵)

阅览室

拣麦穗
◇张　洁

在农村长大的姑娘谁还不知道拣麦穗这回事。我要说的，却是几十年前的那段往事。

或许可以这样说，拣麦穗的时节，也是最能引动姑娘们幻想的时节？在那月残星稀的清晨，挎着一个空篮子，顺着田埂上的小路走去拣麦穗的时候，她想的是什么呢？等到田野上腾起一层薄雾，月亮，像是偷偷地睡过一觉又悄悄地回到天边，她方才挎着装满麦穗的篮子，走回自家那孔窑的时候，她想的是什么？唉，她还能想什么！假如你没有在那种日子里生活过，你永远也无法想象，从这一颗颗丢在地里的麦穗上，会生出什么样的幻想。她拼命地拣呐、拣呐，一个拣麦穗的时节也许能拣上一斗？她把这麦子卖了，再把这钱攒起来，等到赶集的时候，扯上花布、买上花线，然后，她剪呀、缝呀、绣呀……也不见她穿，谁也没和谁合计过，谁也没和谁商量过，可是等到出嫁的那一天，她们全会把这些东西，装进她们新嫁娘的包裹里去。不过，当她把拣麦穗时所伴着的幻想，一同包进包裹里的时候，她们会突然发现那些幻想全都变了味儿，觉得多少年来，她们拣呀、缝呀、绣呀的，是多么傻啊！她们要嫁的那个男人和她们在拣麦穗、扯花布、绣花鞋的时候所幻想的那个男人，有着多么的不同。但是，她们还是依依顺顺地嫁了出去。只不过在穿戴那些衣物的时候，再也找不到做它、缝它时的情怀了。这又算得了什么呢。谁也不会为她们叹上一口气，谁也不会关心她们曾经有过的那份幻想，甚至连她们自己也不会感到过分的悲伤，顶多不过像是丢失了一个美丽的梦。有谁见过哪一个人会死乞白赖地寻找一个丢失的梦呢？

当我刚刚能够歪歪咧咧地提着一个篮子跑路的时候，我就跟在大姐姐身后拣麦穗了。那篮子显得太大，总是磕碰着我的腿和地面，闹得我老是跌跤。我也很少有拣满一个篮子的时候，我看不见田里的麦穗，却总是看见蚂蚱和蝴蝶，而当我追赶它们的时候，拣到的麦穗，还会从篮子里重新掉回地里去。

有一天，二姨看着我那盛着稀稀拉拉几个麦穗的篮子说："看看，我家大雁也会拣麦穗了。"然后，她又戏谑地问我："大雁，告诉二姨，你拣麦穗做啥？"我大言不惭地说："我要备嫁妆哩！"二姨贼眉贼眼地笑了，还向围在我们周围的姑娘、婆姨们眨了眨她那双不大的眼睛："你要嫁谁嘛！"是呀，我要嫁谁呢？我忽然想起那个卖灶糖的老汉。我说："我要嫁那个卖灶糖的老汉！"她们全都放声大笑，像一群鸭子一样嘎嘎地叫着。笑啥嘛！我生气了。难道做我的男人，他有什么不体面的地方吗？

卖灶糖的老汉有多大年纪了？我不知道。他脸上的皱纹一道挨着一道，顺着眉毛弯向两个太阳穴，又顺着腮帮弯向嘴角。那些皱纹，给他的脸上增添了许多慈祥的笑意。当他挑着担子赶路的时候，他那剃得像半个葫芦样的后脑勺上的长长的白发，便随着颤悠悠的扁担一同忽闪着。我的话，很快就传进了他的耳朵。那天，他挑着担子来到我们村，见到我就乐了。说："娃呀，你要给我做媳妇吗？""对呀！"他张着大嘴笑了，露出了一嘴的黄牙。他那长在半个葫芦样的头上的白发，也随着笑声一齐抖动着。"你为啥要给我做媳妇呢？""我要天天吃灶糖哩！"他把旱烟锅子朝鞋底上磕着："娃呀，你太小哩。""你等我长大嘛！"他摸着我的头顶说："不等你长大，我可该进土啦。"听了他的话，我着急了。他要是死了，那可咋办呢？我那淡淡的眉毛，在满是金黄色的茸毛的脑门上，拧成了疙瘩。我的脸也皱巴得像个核桃。他赶紧拿块灶糖塞进我的手里。看着那块灶糖，我又咧着嘴笑了："你别死啊，等着我长大。"他又乐了。答应着我："我等你长大。""你家住哪哒呢？""这担子就是我的家，走到哪哒，

就歇在哪哒!"我犯愁了:"等我长大,去哪哒寻你呀!""你莫愁,等你长大,我来接你!"

这以后,每逢经过我们这个村子,他总是带些小礼物给我。一块灶糖,一个甜瓜,一把红枣……还乐呵呵地对我说:"看看我的小媳妇来呀!"我呢,也学着大姑娘的样子——我偷偷地瞧见过——要我娘找块碎布,给我剪了个烟荷包,还让我娘在布上描了花。我缝呀,绣呀……烟荷包缝好了,我娘笑得个前仰后合,说那不是烟荷包,皱皱巴巴,倒像个猪肚子。我让我娘给我收了起来,我说了,等我出嫁的时候,我要送给我男人。我渐渐地长大了。到了知道认真地拣麦穗的年龄了。懂得了我说过的那些个话,都是让人害臊的话。卖灶糖的老汉也不再开那玩笑——叫我是他的小媳妇了。不过他还是常带些小礼物给我。我知道,他真疼我呢。我不明白为什么,我倒真是越来越依恋他,每逢他经过我们村子,我都会送他好远。我站在土坎坎上,看着他的背影,渐渐地消失在山坳坳里。年复一年,我看得出来,他的背更弯了,步履也更加蹒跚了。这时,我真的担心了,担心他早晚有一天会死去。

有一年,过腊八的前一天,我约摸着卖灶糖的老汉,那一天该会经过我们村。我站在村口上一棵已经落尽叶子的柿子树下,朝沟底下的那条大路上望着,等着。那棵柿子树的顶梢梢上,还挂着一个小火柿子。小火柿子让冬日的太阳一照,更是红得透亮。那个柿子多半是因为长在太高的树梢上,才没有让人摘下来。真怪,可它也没让风刮下来,雨打下来,雪压下。路上来了一个挑担子的人。走近一看,担子上挑的也是灶糖,人可不是那个卖灶糖的老汉。我向他打听卖灶糖的老汉,他告诉我,卖灶糖的老汉老去了。我仍旧站在那个那棵柿子树下,望着树梢上的那个孤零零的小火柿子。它那红得透亮的色泽,依然给人一种喜盈盈的感觉。可是我却哭了,哭得很伤心。哭那陌生的、但却疼爱我的卖灶糖的老汉。

后来,我常想,他为什么疼爱我呢?无非我是一个贪吃的,因为生得极其丑陋而又没人疼爱的小女孩吧?等我长大以后,我总感到除了母亲以外,再也没有谁能够像他那样朴素地疼爱过我——没有任何希求、也没有任何企望的。我常常想念他,也常常想要找到我那个像猪肚子一样的烟荷包。可是,它早已不知被我丢到哪里去了。

智慧窗

一个老者,一个少女,一个以走村串巷为生的人,一个在山村慢慢成长的人,这不对等的两极却有了一段宝贵的感情,这是一种人间最纯洁的感情、最无私的感情,如一股清泉流淌在少女的心中。

我们真应该善待每一个陌生人,或许我们也会留下一段最纯真的记忆,或许我们也会品尝到那甘泉之美,从而在我们的心底印下最美的痕迹,成为我们人生之中的宝贵财富,让我们一生的感情生活多了几分淡定、几分美好、几分幸福。

(韩红兵)

我与地坛 （节选）

◇史铁生

一

我在好几篇小说中都提到过一座废弃的古园，实际就是地坛。许多年前旅游业还没有开展，园子荒芜冷落得如同一片野地，很少被人记起。

地坛离我家很近。或者说我家离地坛很近。总之，只好认为这是缘分。地坛在我出生前四百多年就坐落在那儿了，而自从我的祖母年轻时带着我父亲来到北京，就一直住在离它不远的地方——五十多年间搬过几次家，可搬来搬去总是在它周围，而且是越搬离它越近了。我常觉得这中间有着宿命的味道：仿佛这古园就是为了等我，而历尽沧桑在那儿等待了四百多年。

它等待我出生，然后又等待我活到最狂妄的年龄上忽地让我残废了双腿。四百多年里，它一面剥蚀了古殿檐头浮夸的琉璃，淡褪了门壁上炫耀的朱红，坍圮了一段段高墙又散落了玉砌雕栏，祭坛四周的老柏树愈见苍幽，到处的野草荒藤也都茂盛得自在坦荡。这时候想必我是该来了。十五年前的一个下午，我摇着轮椅进入园中，它为一个失魂落魄的人把一切都准备好了。那时，太阳循着亘古不变的路途正越来越大，也越红。在满园弥漫的沉静光芒中，一个人更容易看到时间，并看见自己的身影。

自从那个下午我无意中进了这园子，就再没长久地离开过它。我一下子就理解了它的意图。正如我在一篇小说中所说的："在人口密聚的城市里，有这样一个宁静的去处，像是上帝的苦心安排。"

两条腿残废后的最初几年，我找不到工作，找不到去路，忽然间几乎什么都找不到了，我就摇了轮椅总是到它那儿去，仅为着那儿是可以逃避一个世界的另一个世界。我在那篇小说中写道："没处可去我便一天到晚耗在这园子里。跟上班下班一样，别人去上班我就摇了轮椅到这儿来。园子无人看管，上下班时间有些抄近路的人们从园中穿过，园子里活跃一阵，过后便沉寂下来。""园墙在金晃晃的空气中斜切下一溜荫凉，我把轮椅开进去，把椅背放倒，坐着或是躺着，看书或者想事，撅一杈树枝左右拍打，驱赶那些和我一样不明白为什么要来这世上的小昆虫。""蜂儿如一朵小雾稳稳地停在半空；蚂蚁摇头晃脑捋着触须，猛然间想透了什么，转身疾行而去；瓢虫爬得不耐烦了，累了祈祷一会儿便支开翅膀，忽悠一下升空了；树干上留着一只蝉蜕，寂寞如一间空屋；露水在草叶上滚动，聚集，压弯了草叶轰然坠地摔开万道金光。""满园子都是草木竞相生长弄出的响动，窸窸窣窣片刻不息。"这都是真实的记录，园子荒芜但并不衰败。

除去几座殿堂我无法进去，除去那座祭坛我不能上去而只能从各个角度张望它，地坛的每一棵树下我都去过，差不多它的每一米草地上都有过我的车轮印。无论是什么季节，什么天气，什么时间，我都在这园子里待过。有时候待一会儿就回家，有时候就呆到满地上都亮起月光。记不清都是在它的哪些角落里了。我一连几小时专心致志地想关于死的事，也以同样的耐心和方式想过我为什么要出生。这样想了好几年，最后事情终于弄明白了：一个人，出生了，这就不再是一个可以辩论的问题，而只是上帝交给他的一个事实；上帝在交给我们这件事实的时候，已经顺便保证了它的结果，所以死是一件不必急于求成的事，死是一个必然会降临的节日。这样想过之后我安心多了，眼前的一切不再那么可怕。比如你起早熬夜准备考试的时候，忽然想起有一个长长的假期在前面等待你，你会不会觉得轻松一点？并且庆幸并且感激这样的安排？

剩下的就是怎样活的问题了，这却不是在某一个瞬间就能完全想透的，不是一次性能够解决的事，怕是活多久就要想它多久了，就像是伴你终生的魔鬼或恋人。所以，十五年了，我还是总得到那古园里去，去它的老树下或荒草边或颓墙旁，去默坐，去呆想，去推开耳边的嘈杂理一理纷乱的思绪，去窥看自己的心魂。十五年中，这古园的形体被不能理解它的人肆意雕琢，幸好有些东西任谁也不能改变它。譬如祭坛石门中的落日，寂静的光辉平铺的一刻，地上的每一个坎坷都被映照得灿烂；譬如在园中最为落寞的时间，一群雨燕便出来高歌，把天地都叫喊得苍凉；譬如冬天雪地上孩子的脚印，总让人猜想他们是谁，曾在哪儿做过些什么，然后又都到哪儿去了；譬如那些苍黑的古柏，你忧郁的时候它们镇静地站在那儿，你欣喜的时候它们依然镇静地站在那儿，它们没日没夜地站在那儿，从你没有出生一直站到这个世界上又没了你的时候；譬如暴雨骤临园中，激起一阵阵灼烈而清纯的草木和泥土的气味，让人想起无数个夏天的事件；譬如秋风忽至，再有一场早霜，落叶或飘摇歌舞或坦然安卧，满园中播散着熨帖而微苦的味道。味道是最说不清楚的。味道不能写只能闻，要你身临其境去闻才能明了。味道甚至是难于记忆的，只有你又闻到它你才能记起它的全部情感和意蕴。所以我常常要到那园子里去。

二

现在我才想到，当年我总是独自跑到地坛去，曾经给母亲出了一个怎样的难题。

她不是那种光会疼爱儿子而不懂得理解儿子的母亲。她知道我心里的苦闷，知道不该阻止我出去走走，知道我要是老待在家里结果会更糟，但她又担心我一个人在那荒僻的园子里整天都想些什么。我那时脾气坏到极点，经常是发了疯一样地离开家，从那园子里回来又中了魔似的什么话都不说。母亲知道有些事不宜问，便犹犹豫豫地想问而终于不敢问，因为她自己心里也没有答案。她料想我不会愿意她跟我一同去，所以她从未这样要求过，她知道得给我一点独处的时间，得有这样一段过程。她只是不知道这过程得要多久，和这过程的尽头究竟是什么。每次我要动身时，她便无言地帮我准备，帮助我上了轮椅车，看着我摇车拐出小院；这以后她会怎样，当年我不曾想过。

有一回我摇车出了小院，想起一件什么事又返身回来，看见母亲仍站在原地，还是送我走时的姿势，望着我拐出小院去的那处墙角，对我的回来竟一时没有反应。待她再次送我出门的时候，她说："出去活动活动，去地坛看看书，我说这挺好。"许多年以后我才渐渐听出，母亲这话实际上是自我安慰，是暗自的祷告，是给我的提示，是恳求与嘱咐。只是在她猝然去世之后，我才有余暇设想。当我不在家里的那些漫长的时间，她是怎样心神不定坐卧难宁，兼着痛苦与惊恐与一个母亲最低限度的祈求。现在我可以断定，以她的聪慧和坚忍，在那些空落的白天后的黑夜，在那不眠的黑夜后的白天，她思来想去最后准是对自己说："反正我不能不让他出去，未来的日子是他自己的，如果他真的要在那园子里出了什么事，这苦难也只好我来承担。"在那段日子里——那是好几年长的一段日子，我想我一定使母亲做过了最坏的准备了，但她从来没有对我说过："你为我想想。"事实上我也真的没为她想过。那时她的儿子，还太年轻，还来不及为母亲想，他被命运击昏了头，一心以为自己是世上最不幸的一个，不知道儿子的不幸在母亲那儿总是要加倍的。她有一个长到二十岁上忽然瘫痪了的儿子，这是她唯一的儿子；她情愿瘫痪的是自己而不是儿子，可这事无法代替；她想，只要儿子能活下去哪怕自己去死也行，可她又确信一个人不能仅仅是活着，儿子得有一条路走向自己的幸福；而这条路呢，没有谁能保证她的儿子终于能找到。——这样一个母亲，注定是活得最苦的母亲。

有一次与一个作家朋友聊天，我问他学写作的最初动机是什么？他想了一会说："为我母亲。为了让她骄傲。"我心里一惊，良久无言。回想自己最初写小说的动机，虽不似这位朋友的那般单纯，但如他一样的愿望我也有，且一经细想，发现这愿望也在全部动机中占了很大比重。这位朋友说："我的动机太低俗了吧？"我光是摇头，心想低俗并不见得低俗，只怕是这愿望过于天真了。他又说："我那时真就是想出名，出了名让别人羡慕我母亲。"我想，他比我坦率。我想，他又比我幸福，因为他的母亲还活着。而且我想，他的母亲也比我的母亲运气好，他的母亲没有一个双腿残废的儿子，否则事情就不这么简单。

在我的头一篇小说发表的时候，在我的小说第一次获奖的那些日子里，我真是多么希望我的母亲还活着。我便又不能在家里待了，又整天整天独自跑到地坛去，心里是没头没尾的沉郁和哀怨，走遍整个园子却怎么也想不通：母亲为什么就不能再多活两年？为什么在她儿子就快要碰撞开一条路的时候，她却忽然熬不住了？莫非她来此世上只是为了替儿子担忧，却不该分享我的一点点快乐？她匆匆离我去时才只有四十九呀！有那么一会，我甚至对世界对上帝充满了仇恨和厌恶。后来我在一篇题为"合欢树"的文章中写道："我坐在小公园安静的树林里，闭上眼睛，想，上帝为什么早早地召母亲回去呢？很久很久，迷迷糊糊的我听见了回答：'她心里太苦了，上帝看她受不住了，就召她回去。'我似乎得了一点安慰，睁开眼睛，看见风正从树林里穿过。"小公园，指的也是地坛。

只是到了这时候，纷纭的往事才在我眼前幻现得清晰，母亲的苦难与伟大才在我心中渗透得深彻。上帝的考虑，也许是对的。

摇着轮椅在园中慢慢走，又是雾罩的清晨，又是骄阳高悬的白昼，我只想着一件事：母亲已经不在了。在老柏树旁停下，在草地上在颓墙边停下，又是处处虫鸣的午后，又是鸟儿归巢的傍晚，我心里只默念着一句话：可是母亲已经不在了。把椅背放倒，躺下，似睡非睡挨到日没，坐起来，心神恍惚，呆呆地直坐到古祭坛上落满黑暗然后再渐渐浮起月光，心里才有点明白，母亲不能再来这园中找我了。

曾有过好多回，我在这园子里待得太久了，母亲就来找我。她来找我又不想让我发觉，只要见我还好好地在这园子里，她就悄悄转身回去，我看见过几次她的背影。我也看见过几回她四处张望的情景，她视力不好，端着眼镜像在寻找海上的一条船，她没看见我时我已经看见她了，待我看见她也看见我了我就不去看她，过一会我再抬头看她就又看见她缓缓离去的背影。我单是无法知道有多少回她没有找到我。有一回我坐在矮树丛中，树丛很密，我看见她没有找到我；她一个人在园子里走，走过我的身旁，走过我经常呆的一些地方，步履茫然又急迫。我不知道她已经找了多久还要找多久，我不知道为什么我决意不喊她——但这绝不是小时候的捉迷藏，这也许是出于长大了的男孩子的倔强或羞涩？但这倔强只留给我痛悔，丝毫也没有骄傲。我真想告诫所有长大了的男孩子，千万不要跟母亲来这套倔强，羞涩就更不必，我已经懂了可我已经来不及了。

儿子想使母亲骄傲，这心情毕竟是太真实了，以致使"想出名"这一声名狼藉的念头也多少改变了一点形象。这是个复杂的问题，且不去管它了罢。随着小说获奖的激动逐日暗淡，我开始相信，至少有一点我是想错了：我用纸笔在报刊上碰撞开的一条路，并不就是母亲盼望我找到的那条路。年年月月我都到这园子里来，年年月月我都要想，母亲盼望我找到的那条路到底是什么。母亲生前没给我留下过什么隽永的哲言，或要我恪守的教诲，只是在她去世之后，她艰难的命运，坚忍的意志和毫不张扬的爱，随光阴流转，在我的印象中愈加鲜明深刻。

有一年，十月的风又翻动起安详的落叶，我在园中读书，听见两个散步的老人说："没想到这园子有这么大。"我放下书，想，这么大一座园子，要在其中找到她的儿子，母亲走过了多少焦灼的路。多年来我头一次意识到，这园中不单是处处都有过我的车辙，有过我的车辙的地方也都有过母亲的脚印。

智慧窗

地坛是祭地的场所，是祭祀大地母亲的场所，是他的精神家园，是他的整个世界。在这一个世界，什么都可以想，也可以什么都不想。于是，天地万物、人世牵绊、生命追求都从他的笔下流出，传递到其他世界，让世人感动，让世人惊醒。

在这个世界之中，他畅想生死问题，畅想如何活下去的问题，怀想母亲，怀想母亲的艰辛，遥想天地轮回，遥想人世变迁，理解人间苦难及不幸，理解如何继续写下去的问题，而最终这个世界中他找到了永恒。孩子、热恋的情人、老人，这三位一体的生命，这亘古不变的主题。我们最终将离去，我们还会回来。

（韩红兵）

阅览室

惊梦三十年

◇三　毛

那天，我坐在一个铁灰桌子前看稿，四周全是人，电话不停地闹，冷气不够让人冻清醒，头顶上是一盏盏日光灯，一切如梦。

电话响了，有人在接，听见对方的名字，我将手伸过去，等着双方讲话告一段落时，便接过了话筒。

"是谁？"那边问我。

今生没有与他说过几句话，自是不识我的声音。

"小时候，你的家，就在我家的转角，小学一年级的我，已经知道了你。"我说，那边又要问，我仍霸住电话，慢慢地讲下去："有一回，你们家的老人，站在我们的竹篱笆外面，呆看着满树盛开的芙蓉花。后来，他隔着门，要求砍一些枝丫分去插枝，说是老太爷喜欢这些花。"

"后来，两家的芙蓉花都再开谢了好多年，我们仍不说说话。"

"白先勇——"我大喊起他的名字。

这里不是松江路，也不是当年我们生长的地方。在惨白的日光灯下，过去的洪荒，只不过化为一声呼唤。

小时候，白家的孩子，是我悄悄注意的几个邻居，他们家人多，进进出出，热闹非凡。而我，只觉得，我们的距离，长到一个小孩子孱弱的脚步，走不到那扇门口。

十年过去了，我们慢慢地长大。当时的建国北路，没有拓宽，长春路的漫漫荒草，对一个自闭的少年而言，已是天涯海角，再远便不能了。

就是那个年纪，我念到了《玉卿嫂》。

黄昏，是我今生里最爱的时刻，饭后的夏日，便只是在家的附近散步，那儿往往不见人迹，这使我的心，比较安然。

那时候，在这片衰草斜阳的寂静里，总有另一个人，偶尔从远远的地方悠然地晃过来——那必是白先勇。又写了《谪仙记》的他。我怕他，怕一个自小便眼熟的人。看到这人迎面来了，一转身，跑几步，便藏进了大水泥筒里去。不然，根本是拔腿便逃，绕了一个大圈子，跑回家去。

散步的人，不只是白先勇，也有我最爱的二堂哥懋良，他学的是作曲，也常在那片荒草地上闲闲地走。堂哥和我，是谁也不约谁的，偶尔遇见了，就笑笑。

过不久，恩师顾福生将我的文章转到白先勇那儿去，平平淡淡的给了他，说是：

"有一个怪怪的学生，在跟我学画，你看看她的文字。"这经过，是上星期白先勇才对我说的。

我的文章，上了《现代文学》。

对别人，这是一件小事，对当年的我，却无意间种下了一生执著于写作的那颗种子。

刊了文章，并没有去认白先勇，那时候，比邻却天涯，我不敢主动找他说话，告诉他，写那篇《惑》的人，就是黄昏里的我。

恩师离开台湾的时候，我去送，因为情怯，去时，顾福生老师已经走了，留下的白先勇，终于面对面地打了一个招呼。正是最艰难的那一刹，他来了。

再来就是跳舞了，现代文学的那批作家们说要开舞会，又加了一群画家们。白先勇特别跑到我们家来叫我参加。又因为心里实在是太怕了，鼓足勇气进去的时候，已近曲终人散，不知有谁在嚷："跳舞不好玩，我们来打桥牌！"

我默立在一角，心里很慌张，不知所措。

那群好朋友们便围起来各成几组去分牌，叫的全是英文，也听不懂。过了一会儿，我便回家去了。

那一别，各自天涯，没有再见面。这一别，也是二十年了。

跟白先勇讲完电话的第二天，终于又碰到了。要再看到他，使我心里慌张，恨不能从此不再见面，只在书本上彼此知道就好。一个这么内向的人，别人总当我是说说而已。

跳舞的那次，白先勇回忆起来，说我穿的是一件秋香绿衣裙，缎子的腰带上，居然还别了一大朵绒做的兰花。

他穿的是什么，他没有说。

那件衣服的颜色，正是一枚青涩的果子。而当年的白先勇，在我的记忆中，却是那么的鲜明。

那时候的我，爱的是《红楼梦》里的黛玉，而今的我，爱的却是现实、明亮、泼辣，一个真真实实现世里的王熙凤。

我也跟着白先勇的文章长大，爱他的文字中每一个、每一种梦境下活生生的人物，爱那一场场繁华落尽之后的曲终人散，更迷惑他文字里那份超越了一般时空的极致的艳美。

这半生，承恩的人很多，顾福生是一个转折点，改变了我的少年时代。白先勇，又无意间拉了我很重要的一把。直到现在，对于每一位受恩的人，都记在心中，默默祝福。

又得走了，走的时候，台北的剧场，正在热闹《游园》，而下面两个字，请先勇留给我，海的那边空了一年多的房子，开锁进去的一刹那，是逃不掉的"惊梦"。

三十年前与白先勇结缘，三十年后的今天，多少沧海桑田都成了过去，回想起来，怎么就只那一树盛开的芙蓉花，明亮亮的开在一个七岁小孩子的眼前。

智慧窗

　　行万里路，读万卷书，这是古人总结的人生成长之路。她正是这样一路走来。把书的人物当做梦想，把作者当做朋友，或者说当作恩师，在和这样的恩师交流之中，她成长着自我的人生。

　　谁一生会不受别人影响？谁一生又会没有恩师？我们缺少的是去回味人生，提炼人生，以一种感恩的心理去默默祝福他们，同时为自己积淀下最美好的人生动力。以书为伴，以作者为友为师，这样的人生怎会缺少指引，这样的人生又怎会不走向成功？

(徐翠)

欢乐吧

* 别饿坏了那匹马

◇许申高

我上小学五年级那年，离学校不远处的那个书摊儿是我放学后唯一流连忘返的地方。可是更多的时候，身无分文的我只能装作选书的样子，像贼一样地偷看那么几则小故事，然后溜之大吉。

守候书摊儿的是一位坐在轮椅上的残疾青年。当我第二天上学经过书摊儿，看见坐在轮椅上的他依然宽厚地与我一笑时，我忐忑不安的心才得以平静。

清楚地记得当时我正读《红岩》这部小说，江姐忍受酷刑时那十指连心的疼痛直锥我少年的心，我泪流不止。突然身后有人揪住了我的衣领。张皇地回过头来，发现是父亲怒目圆睁的脸。继之，两巴掌不由分说地抽在我的脸上。

"别打孩子！"年轻人竭力想从轮椅上挣扎起来阻止我父亲。

"我不是反对他看书。"父亲的语气变得嗫嚅，"是，是为其他事，与这不相干。"说罢，父亲夺过我手中的那本书，匆匆地翻了一下，转而交给那年轻人，然后拽着我走了。

　　我不无留恋地回头去看愣愣地倚在轮椅上的他，以及握在他手中的那本书，奇怪的是书上分明多了一沓整齐的毛票。

　　这天晚上，父亲告诉我："都像你这样白看书，人家怎么过日子？搬运队的马车夫需要马草，你可以扯马草换钱。"

　　从此，每天清早我就去山坡上扯马草，上学前卖给那些马车夫。一把马草一毛钱，最多时我卖过六毛钱。攥着这来之不易的毛票，我立即奔向那书摊儿。

　　可好景不长，我渐渐发现马草并不那么好卖了。卖不出马草的日子，我只能强制自己不去书摊。

　　有一次，我背着马草四处寻找马车夫时，经过了书摊儿。轮椅上的他叫住了我："怎么不来看书了？"我抖了抖手里提的一捆马草，无奈地摇了摇头。他先是一愣，继之眼睛一亮，对我笑道："过来，让我看看你的马草。"他认真地看过马草后，冲里屋叫道："碧云，你出来一下！"

　　"碧云，老爸不是有一匹马吗？收下这孩子的马草。"他盯着姑娘茫然的眼睛，以哥哥的口吻命令道，"听见没有？快把马草提过去！"

　　这天傍晚我离开书摊儿时，轮椅上的他叮嘱我："以后马草就卖给我，别耽误时间饿坏了那匹马，行吗？""没问题。"我巴不得做这样的好事。

　　以后每天，当我背着马草来到书摊儿时，他便冲里屋叫道："碧云，快把马草提进去，别饿坏了那匹马。"

　　很久之后的一天，我一如既往地背着马草走向他的书摊儿。一如既往地，他冲着里屋叫道："碧云，快出来提马草！"接连喊了数声，可碧云迟迟不肯出来。"是不是有事出去了？"他疑惑地自语道。

　　"我自己提进去。"说着，我就往他身后的木板房走去。

　　"回来！"他在身后吼道，"那马会踢伤你的！"

　　可是迟了！我已经走进他家的后院，看见一堆枯蔫焦黄的马草——这些日子来我卖给他的所有马草！那匹马呢？香甜甜地吃着我的盘根草的那匹马呢？

　　我扭头冲了出来，偎在他的轮椅边上直想哭。

　　"对不起，我这样做可能伤害了你。"他拍着我的肩头，轻声说道，"我知道你希望真的有那么一匹马。其实，没有的，你继续看书吧。"

　　我努力点点头。使劲忍着，没让自己哭出来。

悦客群 ▫ ▢ ✕

　　含笑弯刀

　　总有一种信念让我们一往无前，总有一种情结让我们泪流满面。当我们身处逆境时，当我们自强不息时，总有陌生人献上一份爱心，总有热心人送来一份温暖。正因为如此，才令人感到这世界的美丽。

残日斜照荒寒
——忆燕子口村

◇赵鑫珊

并不是出于老年之寂寞，岁月之难捱，我才身居斗室，追怀往事。

不。论岁数，我只有 50 出头；论心理年龄，我好像才 30 多一点儿。

我之所以提起笔来写燕子口，是因为我怀念这个地方。在影集中，它是一张发黄的旧照片。

燕子口是个很小的不足百人的山村，坐落在北昌平县十三陵地下宫殿定陵的后面，靠近规模较小、年久失修的康陵和泰陵。

这已经是 30 多年前的旧事了。

按道理，我是 1960 年大学毕业，为着留恋北大图书馆的丰富藏书，我故意考砸了一门主课，结果达到了留一级的目的。

那年头的极"左"思潮令人压抑。出乎我的意料，1960 年 9 月初刚开学不久，我们全班将近 20 个同学便下放到燕子口去接受思想改造。时间是一个学期。据说这是教学改革的一部分。如果学生鉴定不及格，将不准予毕业。

北方山村的农活并不重。因为不用肩挑。比如给果树上肥主要靠的是毛驴。

有些女生不懂得怎样吆喝驴子，难免闹出一笑话。

"喂，站住，你站住!"有位来自上海的女同学就这样给毛驴下命令。

大伙听了直乐。

其实，你只需叫一声"吁——"，毛驴就会乖乖地停在一处不动。

毛驴、水牛、黄牛、马、猪和绵羊都是造物主赐给人类最好的礼物。尤其是毛驴和绵羊，它们有多驯服啊! 命运安排我同这两种家畜打了许多年的交道。我敬重它们的贡献，喜欢它们的温顺和善良。

燕子口像十三陵地区其他地方一样，柿子和梨是主要果品。中秋前夕，有的柿子在树上熟透了，啪哒一声落到地上，捡起来放进嘴里，真是造物主赐给你的一份口福。

十三陵的自然景观风貌非常雄丽，尤其是站在燕子口村的山峰去鸟瞰方圆几十里的山峦起伏。

江浙一带的风景是秀丽，是斜风细雨，小桥流水人家；燕子口则是一派悲壮，是西风残照，关河冷落。我尤其酷爱初冬飘着鹅毛大雪的十三陵。它的粗犷会教给人如何将世界哲学化。

在本质上，哲学思考不是斜风细雨，而是西风残照；不是阳光明媚的五月，而是残月斜照严冬的荒寒；不是春眠不觉晓，处处闻啼鸟，而是何处是归程，长亭更短亭。

浏览过十三陵的人恐怕不下千百万，但是我确信他们都失去了、遗漏了许多极有价值的副产品。我指的是具有极高美学价值夕阳西下、雁唳长空。

每天打柴回家，走下山坡，我总要环顾四周，接纳长城内外的浩然之气。在我看来，它比地下宫殿更有价值，更值得留恋。地下宫殿充其量可以作为历史哲学概括的一点资料，而天地间的浩然之气则是自然哲学永恒的灵魂和精髓。

随着那年第一场大雪的到来，饥荒也开始了。这是全国性饥饿。

我们只好扒开覆盖果园的一层，将杏树叶挖出来，给食堂做窝窝头。

这是我生平第一次吃树叶充饥。开始大便困难，一个月后我的消化机器才渐渐习惯、适应。

为了增加食欲，我们发明了烤杏树叶窝窝头。几个月肚子里没有进一滴荤油，使人们谈话的内容尽是回忆烤鸭、红烧肉和花生米。

我不愿浪费粮食便是从这个时候养成的习惯。

元旦前夕又下了一场大雪。村里有头老毛驴去山下驮煤，不小心折断了一条腿。队长考虑再三，决定将毛驴宰了。元旦那天，改善伙食：每人二两驴肉炒大白菜，两个纯玉米面贴饼。在我的记忆里，那是我一生中吃到的最丰盛、最高级的一顿晚餐。

我忘不了那年的大饥饿，也忘不了那顿美好的晚餐。

我体验到，人在饥寒交迫的状态是不需要哲学的，然而我还是坚持把哲学思考挽留了下来。

因为哲学思考是我在困境中的保护伞，就像臭氧层是地球生命的保护伞，免遭紫外线的伤害。

当时比饥饿更摧残人的是思想改造。

我是首当其冲。因为是留级生。道理很简单：该生思想反动，学业必是零蛋。相反的逻辑同样成立：专即白。白专道路必须批判。

1960 和 1961 年交接的时候，正是批判前苏联修正主义的高潮。

夜夜开会。既无聊又愚蠢。我的大好青春岁月就是这样白白消耗掉的。我厌烦那种政治气氛，却热爱那里的自然环境，即便是树叶窝窝头。

开会的场地是村里的食堂，上面有个砖制的十字架，这里原先是个天主教堂。值得奇怪的是，十字架何以能安然无恙地伫立在那里。唯一的解释是：村民的宗教信仰已深深埋藏在自己的心底。

当时我思考得最多的问题是家庭、私有制和国家的起源以及有关自然哲学的原理。恩格斯的两部著作我是随身携带，读了又读。

直到今天，我仍旧喜欢恩格斯，喜欢这位 19 世纪杰出的、渊博的思想家的机敏、个性和胸怀。

我懂得物质文明的重要性；更懂得农业对人类生存的意义。为了永远提醒我自己，我用了一个很小的玻璃瓶，盛了燕子口玉米地上一点脱去水分的土壤，再把三粒玉米装入瓶中。

30 多年了，这个瓶子作为一种"天高地厚"的象征，一直同我心爱的几十本典籍放在一起，供我时时琢磨。

是的，真正强有力的哲学是需要用"天高地厚"作背景，作基础的。否则，总有那么一天，它会轰隆一下倒塌、崩溃。

日后有机会回北京，我想去十三陵燕子口看看，去旧地重游，游长城内外，听深秋的野风呜呜咽咽地掠过长城的山谷……

青年时代读过的一些文学名著，到了晚年很有必要展卷重读。基于同样的道理，我今天也很想回燕子口小住三五天，至少那里曾给过我诗化哲学的冥想和启迪；给过我最初悲壮的心胸，有关饥饿的沉思。

智慧窗

无论多么艰苦的环境，无论多么难忍的生活，都无法阻止人去仰俯天地，无法阻止人呼吸天地间的浩然之气，这已足够，因为天地间的浩然之气是自然哲学永恒的灵魂和精髓。无论怎样的思想压抑，无论怎样荒芜的文化，都无法让人放弃思考，思考人生的哲学。

粮食是生命的动力之源，思考饥饿是思考生命的切入点，如果我们能够真正地沉思饥饿，肉体和精神的饥饿，我们还有什么问题不能看清呢？从生命本源出发，我们才能把自己的生命走出厚重的精彩。

（韩红兵）

阅览室

暖暖秋光

◇张曼娟

十几年来，每届春秋两季，我都和一位好友相聚，为彼此过生日。今年阵阵雷雨之中，我们约了一块儿吃饭，像大学时代一样，唧唧喳喳说着笑着，一些琐碎的感受，心安理得地分享，餐桌烛光掩映之下，像两个少女，夜了，朋友驾车送我回家，车子在宽敞平顺的道路上行驶。

"真好，你陪我过四十岁生日。"朋友轻声说。

我忽然被惊动了，一种措手不及的惊惶，使人失去了回应的能力。我知道她何时过生日，却从没算过她的岁数，四十岁，我的朋友竟然已经四十岁了。虽然她比我大一点，却表示我也不知不觉地往四十奔去了。我们不仍是校园里爱娇的女学生吗？穿着新裁的花裙子走过雨后湿潮的校园，仰首看着杨梅结子，并等待杨梅果变红变甜。

车子无声地进入安静的隧道，我仿佛见到自己在校园角落寻觅，因为失恋而失魂落魄的朋友，我怀抱蜷缩在痛苦中的她，与她一起哭泣。我仿佛见到自己有些胆怯地走向研究所的报考地点，还在犹豫，朋友推我向前，在我耳畔说，不要怕，加油加油加油！趁着老师写黑板的空当，她忽然转头对坐在后面的我扮鬼脸，因为我把长得像巧克力饼干的橡皮擦送给她，她没有上当……许多声音、许多影像，快速地在我眼前播放。然后，车子滑出隧道，秋虫鸣叫，秋风劲健，车声隆隆，恍惚又回到了人世。像一场转世未及的轮回。非常真实，非常结实的莽莽尘世，她已为人母，笑说儿子忽然长得比她还高，拥抱起来很费劲了。我是愈来愈自在的单身女子，我们都认为命运善待了我们，而我们也愈能体会生命中美好的滋味。

"就像天上的月亮。"雨后初升的圆月，泛着牛奶色的光华："秋天是最美丽的景象。"朋友说。

那夜的月亮太圆，太灿亮。我总觉得恒常美好的东西，是一些幽微的光，闪现在生命沉静的刹那，甚至难以具体形容的。

就像初秋时我往北海道的旅行。花季已过，枫红还没开始。连机场划位的先生都忍不住问我：我现在去北海看什么？有什么好看的。

巴士把我们送上了一座山。云层全围绕在脚下了，林间的休闲酒店幅员辽阔，每一幢就是一个区域，区域与区域之间，要靠穿梭巴士运送。我们在众多餐厅里，挑选了海鲜自助餐，一幢高大的木制玻璃屋，矗立在冷杉林中、光洁的玻璃使视线毫无阻隔，我们就像坐在林中用餐，看着夕阳坠落了，林中的探照灯忽然点亮，冷杉倏地伸展枝叶，如此高耸地拔地而起。明明置身在苍翠的高山上，我们的盘内却堆叠着艳红色的帝王蟹、粉褐色的毛蟹、新鲜的鲑鱼，是我见过最有层次、最细腻的红色，几乎移不开眼。这是极丰盛的一刻了，一种幸福的微光，令我晕然醺醺。

两天后，我们去层云峡，住宿在温泉宾馆。到公众女汤去泡温泉，是最重要的不是活动项目。你真的去了吗？听说的朋友曾经质疑，跟那么多女人赤裸相对，你敢去吗？是的，我去了，虽然也有过挣扎。我曾经一直排斥洗温泉这样的事，何况与人共浴。我去了露天风吕，建在幽深林间的温泉水滑，每个浸泡在池中的女人看起来都很驯良安静，固守在自己的角落，耐不住热便爬上岸坐着，三三两两细细低语，颈部以上粉白，颈部以下是虾的颜色，当然，是煮熟的虾，她们一定也不明白自己的异于平日的温驯柔顺，可能以为是羞怯的缘故，其实是因为，这是灵魂的活动时间，身体当然无法躁动了。我也乖乖地坐在自己的角落，蜷起腿，像个小女孩，周围女人喃喃话语，我完全听不懂，却觉得很安心。池中蒸腾的热气，与雾气混在一起，硫黄的气味很童年，亮亮白气缠绕古老的树林；缠绕着在池中或起或落的年轻女体，似隐若现的暖暖光辉。

林间一阵风过，把雾吹散了，吹来一阵细雨，凉凉的雨丝落在肩上、发上，我闭上眼，深深呼吸。春日已远夏日喧哗刚过，雪犹未至，我看到了生命中细微闪耀的秋光。

智慧窗

少女时代的朋友，一起走过了青涩的年华，她们分享着彼此的初恋故事，她们互相换穿着彼此的衣裙，她们珍藏着彼此的小秘密，她们手拉着手走过校园的每一个角落，留下一阵阵轻灵的笑声……

有一日，她们渐渐地从女孩蜕变成了女人，年少的记忆似乎并没有走远，她们之间的友情却越来越像那暖暖的秋光，一直温暖着彼此的心灵，那种温暖是淡淡的，却已经成为彼此生命的永恒情谊。在暖暖的秋光中，两个拉着手的女子，她们的笑声是否仍旧轻灵如昔？

(臧杰)

瞬息与永恒

　　生是起点，死是终点，生命是过程。生无法选择，死亦无法选择，我们可以选择过程。生命的意义全在这过程之中。看淡生死，并不是看淡生命；正因为看淡生死，我们才能看重生命。

　　明白生命的意义，遵循自然的节奏，直面生命的坎坷，确立自己的人生坐标，不在乎会如何死去，我们才能在自然的季节之中，把握瞬间与永恒，挥洒出自我生命的本色，成就属于自己的天空。

谈生命

◇冰 心

我不敢说生命是什么，我只能说生命像什么。生命像向东流的一江春水，他从最高处发源，冰雪是他的前生。他聚集起许多细流，合成一股有力的洪涛，向下奔注，他曲折地穿过了悬崖峭壁，冲倒了层沙积土，挟卷着滚滚的沙石，快乐勇敢地流走，一路上他享受着他所遭遇的一切。有时候他遇到巉岩前阻，他愤激地奔腾了起来，怒吼着，回旋着，前波后浪地起伏催逼，直到冲倒了这危崖，他才心平气和地一泻千里。有时候他经过了细细的平沙，斜阳芳草里，看见了夹岸红艳的桃花，他快乐而又羞怯，静静地流着，低低地吟唱着，轻轻地度过这一段浪漫的行程。有时候他遇到暴风雨，这激电，这迅雷，使他心魂惊骇，疾风吹卷着他，大雨击打着他，他暂时浑浊了，扰乱了，而雨过天晴，又加给他许多新生的力量。有时候他遇到了晚霞和新月，向他照耀，向他投影，清冷中带些幽幽的温暖；这时他只想休憩，只想睡眠，而那股前进的力量，仍催逼着他向前走……

终于有一天，他远远地望见了大海，啊！他已到了行程的终结，这大海，使他屏息，使他低头，她多么辽阔，多么伟大！多么光明，又多么黑暗！大海庄严地伸出臂儿来接引他，他一声不响地流入她的怀里。他消融了，归化了，说不上快乐，也没有悲哀！也许有一天，他再从海上蓬蓬的雨点中升起，飞向西来，再形成一道江流，再冲倒两旁的石壁，再来寻夹岸的桃花。然而我不敢说来生，也不敢信来生！生命又像一棵小树，他从地底聚集起许多生力，在冰雪下欠伸，在早春润湿的泥土中，勇敢快乐地破壳出来。他也许长在平原上，岩石上，城墙上，只要他抬头看见了天，啊！看见了天！他便伸出嫩叶来吸收空气，承受目光，在雨中吟唱，在风中跳舞，他也许受着大树的荫遮，也许受着大树的覆压，而他青春生长的力量，终使他穿枝拂叶地挣脱了出来，在烈日下挺立抬头！他遇着骄奢的春天，他也许开出满树的繁花，蜂蝶围绕着他飘翔喧闹，小鸟在他枝头欣赏唱歌，他会听见黄莺清吟，杜鹃啼血，也许还听见枭鸟的怪鸣。他长到最茂盛的中年，他伸展出他如盖的浓荫，来荫庇树下的幽花芳草，他结出累累的果实，来呈现大地无尽的甜美与芳馨。

秋风起了，他的叶子，由浓绿到绯红，秋阳下他又有一番庄严灿烂，不是开花的骄傲，也不是结果的快乐，而是成功后的宁静和怡悦！终于有一天，冬天的朔风，把他的黄叶干枝，卷落吹抖，他无力地在空中旋舞，在根下呻吟，大地庄严地伸出臂儿来接引他，他一声不响地落在她的怀里。他消融了，归化了，他说不上快乐，也没有悲哀！也许有一天，他再从地下的果仁中，破裂了出来。又长成一棵小树，再穿过丛莽的严遮，再来听黄莺的歌唱。然而我不敢说来生，也不敢信来生。

宇宙是一个大生命，我们是宇宙大气中之一息。江流入海，叶落归根，我们是大生命中之一滴，大生命中之一叶。在宇宙的大生命中，我们是多么卑微，多么渺小，而一滴一叶的活动生长合成了整个宇宙的进化运行。要记住：不是每一道江流都能入海，不流动的便成了死湖；不是每一粒种子都能成树，不生长的便成了空壳！生命中不是永远快乐，也不是永远痛苦，快乐和痛苦是相生相成的。好比水道要经过不同的两岸，树木要经过常变的四时。在快乐中我们要感谢生命，在痛苦中我们也要感谢生命。快乐固然兴奋，苦痛又何尝不美丽？

我曾读到一个警句，是"愿你生命中有够多的云翳，来造成一个美丽的黄昏"。

智慧窗

当这一次的生命中，我们活出了千姿百态，那才是生命的精彩。
我们可以不要精彩，但是我们要懂得生命。

（尉红梅）

阅览室

我为何而生

◇罗　素

对爱情的渴望，对知识的追求，以及对人类苦难不可遏制的同情，是支配我一生的单纯而强烈的三种感情。这些感情如阵阵狂风，吹拂在我动荡不定的生涯中，有时甚至吹过深沉痛苦的海洋，直抵绝望的边缘。

我所以追求爱情有三方面的原因。首先，爱情有时给我带来狂喜，这种狂喜竟如此有力，以致使我常常为了体验几小时爱的喜悦，而宁愿牺牲生命中其他一切。其次，爱情可以摆脱孤独——身历那种可怕孤寂的人的战栗意识，有时会由世界的边缘，观察到冷酷无生命的无底深渊。最后，在爱的结合中，我看到了古今圣贤以及诗人们所梦想的天堂的缩影，这正是我所追寻的人生境界。虽然它对一般的人类生活也许太过美好了，但这正是我透过爱情，所得到的最终发现。

我曾以同样的感情追求知识，我渴望去了解人类的心灵，也渴望知道星星为什么会发光，同时我还想理解毕达哥拉斯的力量。

爱情与知识的可能领域，总是引领我到天堂的境界，可对人类苦难的同情却经常把我带回现实世界。那些痛苦的呼唤经常在我内心深处引起回响。饥饿中的孩子，被压迫被折磨者，给子女造成重担的孤苦无依的老人，以及全球性的孤独、贫穷和痛苦的存在，是对人类生活理想的无视和讽刺。我常常希望能尽自己的微薄之力去减轻这不必要的痛苦，但我发现我完全失败了，因此我自己也感到很痛苦。

这就是我的一生，我发现人是值得活的。如果有谁再给我一次生活的机会，我将欣然接受这难得的赐予。

智慧窗

没有爱情的人生是苍白的，即使你活了很长，又能留下多少回忆，又如何把这个接力棒传递给下一代？没有知识的人生是无力的，不仅仅是你无法理解这个世界，也不仅是你浑浑噩噩地存在，更为重要的是你浪费了自己生命中的天赋。

生命的价值更在于你将以爱情和知识的能量，走向博大，由己及人，去关注周围的人，去关注国家，社会和民族，去关注整个人类整个世界，这才是万物之灵的高贵之处，这才是人类未来的希望。

（韩红兵）

阅览室

人生就是与困境周旋

◇史铁生

坐在这个位置上的本该是位大夫，可现在却是个病人，一个资深病人。我是以一个老牌病人的身份，跟各位交流一下生病的体会。所以我只能保证以毫不隐瞒的态度来说说我自己的经验，看看有没有什么可以让各位借鉴的东西。这个开场白有两个目的：一是请各位不要对我抱太大希望，二是我自己先给自己减轻一下负担。我写作的时候，也总是先给自己减去负担，劝自己：别去想这一回能写得多么好，能够在哪儿发表，甚至得一个什么奖。这一回只当是闲来无事自己跟自己说说话，写一篇废品吧。这样劝过自己心里就比较轻松。

困境不可能被消灭

同是生活在这个世界上，谁的生活中都难免有些艰难，谁心里都难免有些苦恼和困惑。甚至可以这样说，艰难和困惑就是生命本身，这是与生俱来的，甚至终生不能消灭的，否则人生岂不就太简单了？

设想一下，要是有一天生活中的困难都被消灭干净了，人生实在也就没什么意思了；就像下棋，什么困阻都没有，你还下什么劲儿？内心世界比外部世界要复杂得多，认识内心世界比认识外部世界要困难得多。心理的问题浩瀚无边，别指望一蹴而就即可解决所有我们心里的迷惑。那么指望什么呢？我想，人们能够坐在一起敞开心扉，坦诚地说一说我们的困惑，大胆地看一看平时不敢触动的某些心灵的角落，这就是最好的办法。心里的困惑存在一天，这办法就不会过时。就是说，一切具体的心理治疗方法，都要由这样的开端来引出。自我封闭，是心理治疗的最大障碍。

困境使我知命

那时候我也还是不大想活，希望能有一个自然的死亡。但是死亡一经耽搁，你不免就进入了另一些事情，就像小河里的水慢慢丰盈了，你难免就顺水漂流，漂进大河里去了。四周的风景豁然开朗，心情不由得也就变了。终于有一天你又想到了死，心说算了吧，再试试，何苦前功尽弃呢？凭什么我非得输给你不可呢？这时候，你已经开始对死亡有一种幽默的态度了。

启发我的是卓别林的一部电影，名字叫《城市之光》。女主人公要自杀，结果让卓别林把这女的救了。这女的说："你为什么救我？你有什么权力不让我死？"卓别林的回答妙极了，令我终生不忘，他说："急什么？咱们早晚不都得死？"这是大师的态度，不悟透生死的人想不出这样的话，这里面不仅有着非凡的智慧，而且有着深沉的爱心；就是说，这是困境，是我们谁也逃避不了的困境，但是，我们在一起，我们先一起来看看有没有什么别的办法。这就是爱！我就是靠了这种爱而耽搁和延缓了死亡的，然后才感到了生的诱惑。你要是说这爱就是生命的诱惑，也行。但那绝不是生理性生命的诱惑，而是精神性生命的诱惑，是生命意义的诱惑。不过，我觉得"诱惑"这个词并不算很贴切："诱"字常常是指失去了把握自己的能力，"惑"呢，是迷茫的意思。所谓"四十而不惑"，大概就是说明白了生命的意义吧。所以，当终于有一天我不再想自杀的时候，生命不见得是向我投来了它的诱惑，而是向我敞开了它的魅力和意义。所以我说，对病，对死，对一切困境，最恰当的态度是敬重，它使我提前若干年"知命"了。所谓"知命"，就是知道命运反正是不可能都遂人愿的。人呢？务必不能逃避困境，而是要正眼看它。你下棋吗？你打球吗？其实人生的一切事，都是与困境的周旋。

爱需要自己去建立

如果你觉得这仍然不够，你也可以一个人静静地思索，与天，与地，与上帝或与佛祖都谈谈，那样就能让你更清楚什么是生，什么是死。总之，千万别把自己封闭起来，你要强行使自己走出去，不光是身体走出屋子去，思想和心情也要走出去，走出一种牛角尖去，然后你肯定会发现别有洞天。我写过，地狱和天堂都在人间，地狱和天堂是人对生命以及对他人的不同态度罢了。友谊，爱以及敞开自己的心灵，是最好的医药。

但是，爱，或者友谊，不是一种熟食，买回来切切就能下酒了。爱和友谊，要你去建立，要你亲身投入进去，在你付出的同时你得到。在你付出的同时，你必定已经改换了一种心情，有了一种新的生活态度。

　　其实，人这一生能得到什么呢？只有过程，只有注满在这个过程中的心情。所以，一定要注满好心情。但你要是逃避困境——但困境可并不躲开你，你要是封闭自己，你要总是整天看什么都不顺眼，你要是不在爱和友谊之中，而是在愁恨交加之中，你想你能有什么好心情呢？其实，爱、友谊、快乐，都是一种智慧。

智慧窗

　　身患重病，仍毅然顽强地与生命相抗争，史铁生的不屈不挠给人一种征服命运的震撼力。

　　艰难困惑是生命本身。既然它与生俱来，无法消灭，那就心平气和地接纳它吧。不要把它当成敌人，那样会使你焦躁、愤怒。

　　可是，一般人也难有圣贤大彻大悟的豁达，视苦难为终生做伴的朋友。于是，我们可以把它当做一种挑战，对生命的挑战。虽然战胜困难主要得靠自己，但是我们不要封锁自己，依然要以平常心与外界交流。受难的人需要倾诉，亲人、好友，甚至陌生的好心人，都可以作为诉说的对象。有诉说才有安慰，才能感到人间的爱意，才能增强与苦难战斗的勇气。

　　一种新的生活态度不易建立，可是如果你有不向困难低头的傲气，就可以气冲天庭，让上帝都拿你没办法。

（艾静）

阅览室

父亲的死

◇周国平

　　一个人无论多大年龄上没有了父母，他都成了孤儿。他走入这个世界的门户，他走出这个世界的屏障，都随之塌陷了。父母在，他的来路是眉目清楚的，他的去路则被遮掩着。父母不在了，他的来路就变得模糊，他的去路反而敞开了。

　　我的这个感觉，是在父亲死后忽然产生的。我说忽然，因为父亲活着时，我丝毫没有意识到父亲的存在对于我有什么重要。从少年时代起，我和父亲的关系就有点疏远。那时候家里子女多，负担重，父亲心情不好，常发脾气。每逢这种情形，我就当他面抄起一本书，头不回地跨出家门，久久躲在外面看书，表示对他的抗议。后来我到北京上学，第一封家信洋洋洒洒数千言，对父亲的教育方法进行了全面批判。听说父亲看了后，只是笑一笑，对弟妹们说："你们的哥哥是个理论家。"

　　年纪渐大，子女们也都成了人，父亲的脾气是愈来愈温和了。然而，每次去上海，我总是忙

于会朋友，很少在家。就是在家，和父亲好像也没有话可说，仍然有一种疏远感。有一年他来北京，一个天气晴朗的日子，他突然提议和我一起去游香山。我有点惶恐，怕一路上两人相对无言，彼此尴尬，就特意把一个小侄子也带了去。

我实在是个不孝之子，最近十余年里，只给家里写过一封信。那是在妻子怀孕以后，我知道父母一直盼我有个孩子，便把这件事当做好消息报告了他们。我在信中说，我和妻子都希望生个女儿。父亲立刻给我回了信，说无论生男生女，他都喜欢。他的信确实洋溢着欢喜之情，我心里明白，他也是在为好不容易收到我的信而高兴。谁能想到，仅仅几天之后，就接到了父亲的死讯。

父亲死得很突然。他身体一向很好，谁都断言他能长寿。那天早晨，他像往常一样提着菜篮子，到菜场取奶和买菜。接着，步行去单位处理一件公务。然后，因为半夜里曾感到胸闷难受，就让大弟陪他到医院看病。一检查，广泛性心肌梗死，立即抢救，同时下了病危通知。中午，他对守在病床旁的大弟说，不要大惊小怪，没事的。他真的不相信他会死。可是，一小时后，他就停止了呼吸。

父亲终于没能看到我的孩子出生。如我所希望的，我得到了一个可爱的女儿。谁又能想到，我的女儿患有绝症，活到一岁半也死了。每想到我那封报喜的信和父亲喜悦的回应，我总感到对不起他。好在父亲永远不会知道这幕悲剧了，这于他又未尝不是件幸事。但我自己做了一回父亲，体会了做父亲的心情，才内疚地意识到父亲其实一直有和我亲近一些的愿望，却被我那么矜持地回避了。

短短两年里，我被厄运纠缠着，接连失去了父亲和女儿。父亲活着时，尽管我也时常沉思死亡问题，但总好像和死还隔着一道屏障。父母健在的人，至少在心理上会有一种离死尚远的感觉。后来我自己做了父亲，却未能为女儿做好这样一道屏障。父亲的死使我觉得我住的屋子塌了一半，女儿的死又使我觉得我自己成了一间徒有四壁的空屋子。我一向声称一个人无须历尽苦难就可以体悟人生的悲凉，现在我知道，苦难者的体悟毕竟是有着完全不同的分量的。

智慧窗

生命不仅是一种存在，更是一种传承。我们从父辈那里继承生命，我们把自己的生命演绎精彩，然后我们再将生命传承下去。这种传承除了自然因素之外，还有文化的传承，比如说爱、责任等。父辈的离去，将意味着我们从中间一环走到了第一环。

树欲静而风不止，子欲养而亲不待。这是一种人性的悲哀。所以当我们的生命逐步成长，我们就必须承担自己的责任，养老抚小，不要让自己等到父辈离去后再陷入后悔之中，也不要让自己等到孩子成人后而陷入自责之中。

（韩红兵）

年年岁岁 岁岁年年

◇张晓风

渐渐地，就有了一种执意的想要守住什么的神气，半是凶霸，半是温柔，却不肯退让，不肯商量，要把生活里细细的琐琐的东西一一护好。

一向以为自己爱的是空间，是山河，是巷陌，是天涯，是灯光晕染出来的一方暖意，是小小陶钵里的"有容"。

然后才发现自己也爱时间，爱与世间人"天涯共此时"。在汉唐相逢的人已成就其汉唐，在晚明相逢的人也谱就其晚明。而今日，我只能与当世之人在时间的长川里停舟暂相问，只能在时间的流水席上与当代人传杯共盏。否则，两舟一错桨处，觥筹一交递时，年华岁月已成空无。

天地悠悠，我却只有一生，只握一个筹码，手起处，转骰已报出点数，属于我的博戏已告结束。盘古一辨清浊，便是三万六千载；李白蜀道不通的年光，忽忽竟有四万八千岁；而天文学家动辄抬出亿万年，我小小的想象力无法追想那样地老天荒的亘古，我所能揣摩所能爱悦的无非是应属于常人神仙故事里的樵夫偶一驻足观棋，已经柯烂斧锈，沧桑几度。

如果有一天，我因好奇而在山林深处看棋，仁慈的神仙，请尽快告诉我真相。我不要偷来的仙家日月，我不要在一袖手之际误却人间的生老病死，错过半生的悲喜怨怒。人间的紧锣密鼓中，我虽然只有小小的戏份，但我是不肯错过的啊！

书上说，有一颗星，叫"岁星"，12年循环一次。"岁星"使人有强烈的时间观念，所以一年叫"一岁"。这种说法，据说发生在远古的夏朝。

"年"是周朝人用的，甲骨文上的年字代表人扛着禾捆，看来简直是一幅温暖的"冬藏图"。

有些字，看久了会令人渴望到心口发疼发紧的程度。当年，想必有一快乐的农人在北风里背着满肩禾捆回家，那景象深深感动了造字人，竟不知不觉用这幅画来做三百六十五天的重点勾勒。

有一次，和一位老太太用闽南语搭讪：

"阿婆，你在这里住多久了？"

"唔——有十几冬喽！"

听到有人用冬来代年，不觉一惊，立刻仿佛有什么东西又隐隐痛了起来。原来一句话里竟有那么丰富饱胀的东西。记得她说"冬"的时候，表情里有沧桑也有感恩，而且那样自然地把春耕夏耘秋收冬藏的农业情感都灌注在里面了。她和土地、时序之间那种血脉相连的真切，使我不知哪里有一个伤口轻痛起来。

朋友要带他新婚的妻子从香港到台湾来过年，长途电话里我大概有点惊奇，他立刻解释说："因为她想去台北放鞭炮，在香港不准放鞭炮。"

放下电话，我又想笑又端肃，第一次觉得放炮是件了不起的大事，于是把儿子叫来说："去买一串不长不短的鞭炮，有位阿姨要从香港到台湾来放鞭炮。"

岁除之夜，满城爆裂小小的、微红的、有声的春花，其中一串自我们手中绽放。

我买了一座小小的山屋，只十坪大。屋与大屯山相望，我喜欢大屯山，"大屯"是卦名，那山也真的跟卦象一样神秘幽邃，爻爻都在演化，它应该足以胜任"市山"的。走在处处地热的大屯山系里，每一步都仿佛踩在北方人烧好的土炕上，温暖而又安详。

下决心付小屋的订金，说来是因屋外田埂上的牛以及牛背上的黄头鹭。这理由，自己听来也觉得像撒谎，直到有一天听楚戈说某书法家买房子是因为看到烟岚，才觉得气壮一点。

我已经辛苦了一年，我要到山里去过几个冬夜，那里有豪奢的安静和孤绝，我要生一盆火，烤几枚干果，燃一屋松脂的清香。

你问我今年过年要做什么？你问得太奢侈啊！这世间原没有什么东西是我绝对可以拥有的，不过随缘罢了。如果蒙天之惠，我只要许一个小小的愿望，我要在有生之年，年年去买一钵素水仙，养在小小的白石之间。

中国水仙和自顾自盼的希腊孤芳不同，它是温驯的、偎人的，开在中国人一片红灿的年景里。

除了水仙，我还有一个俗之又俗的心愿，我喜欢遵循着老家的旧俗，在年初一的早晨吃一顿饺子。

素饺子的馅以荠菜为主，我爱荠菜的"野蔬"身份，爱小时候提篮去挑野菜的情趣，爱以素食为一年第一顿餐点的小小善心，爱民谚里"三月三，荠菜花，赛牡丹"的憨狂口气。

荠菜花花瓣小如米粒，粉白，不仔细看根本不容易发现，到了老百姓嘴里居然一口咬定荠菜花赛过牡丹。中国民间向来总有用不完的充沛自信，李凤姐必然艳过后宫佳丽，一碟名叫"红嘴绿鹦哥"的炒菠菜会是皇帝思之不舍的美味，郊原上的荠菜花绝胜宫中肥硕痴笨的各种牡丹。

吃荠菜饺子，淡淡的香气之余，总有颊齿以外嚼之不尽的清香。

如果一个人爱上时间，他是在恋爱了，恋人会永不厌烦地渴望共花之晨，共月之夕，共其年年岁岁，岁岁年年。

如果你爱上的是一个民族，一块土地，也趁着岁月未晚，来与之共其朝朝暮暮吧！

所谓百年，不过是一千二百番的盈月、三万六千五百回的破晓以及八次的岁星周期罢了。

所谓百年，竟是经不起蹉跎和迟疑的啊，且来共此山河守此岁月吧！大年夜的孩子，只守一夕华丽的光阴，而我们所要守的却是短如一生又复长如人生的年年岁岁岁岁年年啊！

智慧窗

爱默生说："若是爱千古，应该爱现在，昨日不能唤回来，明天还是不实在；能确有把握的，只有今日的现在。"

所以我们要珍爱时间，今日事今日毕。在把握今天的过程中，我们就会赢得时间。

（老井）

论年老——人生自然的节奏

◇林语堂

　　自然的节奏之中有一条规律，就是由童年、青年、老年、衰颓，以至死亡，一直控制着我们的身体。在安然轻松地进入老年之时，也有一种美。我常引用的话之中，有一句我常说的，就是"秋季之歌"。

　　我曾经写过在安然轻松之下进入老境的情调儿。下面就是我对"早秋精神"说的话。

　　在我们的生活里，有那么一段时光，个人如此，国家亦复如此，在此一段时光之中，我们充满了早秋精神，这时，翠绿与金黄相混，悲伤与喜悦相杂，希望与回忆相间。在我们的生活里，有一段时光，这时，青春的天真成了记忆，夏日茂盛的回音，在空中还隐约可闻；这时看人生，问题不是如何发展，而是如何真正生活；不是如何奋斗操劳，而是如何享受自己有的那宝贵的刹那；不是如何虚掷精力，而是如何储存这股精力以备寒冬之用。这时，感觉到自己已经到达一个地点，已经安定下来，已经找到自己心中向望的东西。这时，感觉到已经有所获得，和以往的堂皇茂盛相比，是可贵而微小，虽微小而毕竟不失为自己的收获，犹如秋日的树林里，虽然没有夏日的茂盛葱茏，但是所据有的却能经时而历久。

　　我爱春天，但是太年轻。我爱夏天，但是太气傲。所以我最爱秋天，因为秋天的叶子的颜色金黄，成熟，丰富，但是略带忧伤与死亡的预兆。其金黄色的丰富并不表示春季纯洁的无知，也不表示夏季强盛的威力，而是表示老年的成熟与蔼然可亲的智慧。生活的秋季，知道生命上的极限而感到满足。因为知道生命上的极限，在丰富的经验之下，才有色调儿的调谐，其丰富永不可及，其绿色表示生命与力量，其橘色表示金黄的满足，其紫色表示顺天知命与死亡。月光照上秋日的林木，其容貌枯白而沉思；落照的余晖照上秋日的林木，还开怀而欢笑。清晨山间的微风扫过，使颤动的树叶轻松愉快地飘落于大地，无人确知落叶之歌，究竟是欢笑的歌声，还是离别的眼泪。因为是早秋的精神之歌，所以有宁静，有智慧，有成熟的精神，向忧愁微笑，向欢乐爽快的微风赞美。对早秋的精神的赞美，莫过于辛弃疾的那首《丑奴儿》：

　　少年不识愁滋味，爱上层楼。

　　爱上层楼，为赋新词强说愁。

　　而今识尽愁滋味，欲说还休。

　　欲说还休，却道天凉好个秋。

　　我自己认为很有福气，活到这么大年纪。我同代好多了不起的人物，已早登鬼录。不管人怎么说，活到八十九十的人，毕竟是少数。胡适之、梅贻琦、蒋梦麟、顾孟余，都已经走了。史塔林、希特勒、丘吉尔、戴高乐，也都没了。那又有什么关系？至于我，我要尽量注意养生之道，至少再活十年。这个宝贵的人生，竟美到不可言喻，人人都愿一直活下去。但是冷静一想，我们立刻知道，生命就像风前之烛。在生命这方面，人人平等，无分贫富，无论贵贱，这弥补了民主理想的不足。我们的子孙也长大了。他们都有自己的日子过,各自过自己的生活,消磨自己的生命,在已然改变了的环境中,在永远变化不停的世界上,也许在世界过多的人口发生爆炸之前,在第三次世界大战当中,成百万的人还要死亡。若与那样的剧变相比,现在这个世界还是个太平盛世呢。若使那个灾难不来,人必须有先见,预做妥善的安排。

每个人回顾他一生,也许会觉得自己一生所作所为已然成功,也许以为还不够好。在老年到来之时,不管怎么样,他已经有权休息,可以安闲度日,可以与儿孙,在亲近的家族里,享天伦之乐,享受人中之至善的果实了。

我算是有造化,有这些孩子,孝顺而亲爱,谁都聪明解事,善尽职责。孙儿,侄子,侄女,可以说是"儿孙绕膝"了,我也觉得这些孩子,我颇有脸面。政治对我并不太重要。朋友越来越少,好多已然作古。即使和我们最称莫逆的,也不能和我们永远在一起。我们一生的作为,会留在我们身后,世人的毁誉,不啻风马牛,也毫不相干了。无论如何,紧张已经解除,担当重任的精力已经减弱了。即使我再编一本汉英字典,也不会有人付我稿费的。那本《当代汉英词典》之完成,并不比降低血压更重要,也比不上平稳的心电图。我为那本汉英字典,真是忙得可以。

我一写完那几百万字的巨册最后一行时,那最后一行便成为我脚步走过的一条踪迹。那时我有初步心脏病的发作,医生告诉我要静养两个月。

智慧窗

生命来自于自然,以四季来类比一生,自然贴切。走过人生的四分之三,没有伤感,一生功过如过眼云烟,且享受这金秋时光,五彩大地都呈现出恬美之光。收获秋之韵味,将淡然走进享受最后一篇生命乐章的冬阳之中。

所有的往事都只留下美好的记忆,达观人生,知足之美,天伦之乐,这都将成为生命最后的醉人的风景,这必将是人性之中怡人之慧。我们每一个人不都应该以自然之心来对待我们的生命吗?

(韩红兵)

阅览室

生　命

◇沈从文

我好像为什么事情很悲哀,我想起"生命"。

每个活人都像是有一个生命,生命是什么,居多人是不曾想起的,就是"生活"也不常想起。我说的是离开自己生活来检视自己生活这样的事情,活人中就很少那么做,因为这么做不是一个哲人,便是一个傻子了。"哲人"不是生物中的人的本性,与生物本性那点兽性离得太远了,数目稀少正见出自然的巧妙与庄严。因为自然需要的是人不离动物，方能传种。虽有苦乐，多由生活小小得失而来，也渴望从小小得失得到补偿与调整。一个人若尽向抽象追究，结果纵不至于违反自然，亦不可免疏忽自然，观念将痛苦自己，混乱社会。因为追究生命"意义"时，即不可免与一切习惯秩序冲突。在同样情形下，这个人脑与手能相互为用，或可成为一思想家、艺术家，脑与行为能相互为用，或可成为一革命者。若不能相互为用，引起分裂现象，末了这个人就变成疯子。其实哲人或疯子，在违反生物原则，否认自然秩序上，将脑子向抽象思索，意义完全相同。

我正在发疯。为抽象而发疯。我看到一些符号，一片形，一把线，一种无声的音乐，无文字的诗歌。我看到生命一种最完整的形式，这一切都在抽象中好好存在，在事实前反而消灭。

有什么人能用绿竹作弓矢，射入云空，永不落下？我之想象，犹如长箭，向云空射去，去即不返。长箭所驻，在碧蓝而明静之广大虚空。

明智者若善用其明智，即可从此云空中，读示一小文，文中有微叹与沉默，色与香，爱和怨。无著者姓名。无年月。无故事。无……然而内容极柔美。虚空静寂，读者灵魂中如有音乐。虚空明蓝，读者灵魂上却光明净洁。

大门前石板路有一个斜坡，坡上有绿树成行，长干弱枝，翠叶积叠，如翠羽，如羽葆，如旗帜。常有山灵，秀腰白齿，往来其间。遇之者即暗哑。爱能使人暗哑——一种语言歌呼之死亡。"爱与死为邻"。

然抽象的爱，亦可使人超生。爱国也需要生命，生命力充溢者方能爱国。至如阉寺性的人，实无所爱，对国家，貌作热诚，对事，马马虎虎，对人，毫无情感，对理想，异常吓怕。也娶妻生子，治学问教书，做官开会，然而精神状态上始终是个阉人。与阉人说此，当然无从了解。

夜梦极可怪。见一淡绿百合花，颈弱而花柔，花身略有斑点青渍，倚立门边微微动摇。在不可知地方好像有极熟悉的声音在招呼：

"你看看好，应当有一粒星子在花中。仔细看看。"

于是伸手触之。花微抖，如有所怯。亦复微笑，如有所恃。因轻轻摇触那个花柄，花蒂，花瓣。近花处几片叶子全落了。

如闻叹息，低而分明。

……

雷雨刚过。醒来后闻远处有狗吠。吠声如豹。半迷糊中卧床上默想，觉得惆怅之至。因百合花在门边动摇，被触时微抖或微笑，事实上均不可能！

起身时因将经过记下，用半浮雕手法，如玉工处理一片玉石，琢刻割磨。完成时犹如一壁炉上小装饰。精美如瓷器，素朴如竹器。

一般人喜用教育身份，来测量这个人的道德程度。尤其是有关乎性的道德。事实上这方面的事情，正复难言。有些人我们应当嘲笑的，社会却常常给以尊敬，如阉寺。有些人我们应当赞美的，社会却认为罪恶，如诚实。多数人所表现的观念，照例是与真理相反的。多数人都乐于在一种虚伪中保持安全或自足心境。因此我焚了那个稿件。我并不畏惧社会，我厌恶社会，厌恶伪君子，不想将这个完美诗篇，被伪君子和无性感的眼目所污渎。

百合花极静。在意象中尤静。

山谷中应当有白中微带浅蓝色的百合花，弱颈长蒂，无语如语，香清而淡，躯干秀拔。花粉作黄色，小叶如翠琅。

法郎士曾写一《红百合》故事，述爱欲在生命中所占地位，所有形，以及其细微变化。我想写一《绿百合》，用形式表现意象。

智慧窗

　　自然中的生命，原本很是简单。一旦生命放入社会，就变得无法说清，异常复杂。而追问生命本真，又会使人趋于抽象的极端。无论是哲人，还是疯子，都有些远离生活。

　　看来也只有再把生命放回自然，才能看清原本简单的生命本真。正如那百合花，"无语如语，香清而淡"。此时，我们才明白，只有生命力充溢者才会有健康的情感。这应该原本就是大自然的遗传密码，只有人类久已忘记。

　　　　　　　　　　　　　　　　　　　　　　　　　　　　　　（韩红兵）

阅览室

年

◇季羡林

　　年，像淡烟，又像远山的晴岚。我们握不着，也看不到。当它走来的时候，只在我们的心头轻轻地一拂，我们就知道：年来了。但是究竟什么是年呢？却没有人能说得清了。

　　当我们沿着一条大路走着的时候，遥望前路茫茫，花样似乎很多。但是，及至走上前去，身临切近，却正如向水里扑自己的影子，捉到的只有空虚。更遥望前路，仍然渺茫得很。这时，我们往往要回头看看的。其实，回头看，随时都可以。但是我们却不。最常引起我们回头看的，是当我们走到一个路上的界石的时候。说界石，实在没有什么石。只不过在我们心上有那么一点痕。痕迹自然很虚缥。所以不易说。但倘若不管易说不易说，说了出来的话，就是年。

　　说出来了，这年，仍然很虚缈。也许因为这一说，变得更虚缈。但这却是没有办法的事了。我前面不是说我们要回头看吗？就先说我们回头看到的罢。——我们究竟看到些什么呢？灰蒙的一片，仿佛白云，又仿佛轻雾，朦胧成一团。里面浮动着种种的面影，各样的彩色。这似乎真有花样了。但仔细看来，却又不然。仍然是平板单调。就譬如从最近的界石看回去罢。先看到白皑皑的雪凝结在杈桠着刺着灰的天空的树枝上。再往前，又看到澄碧的长天下流泛着的萧瑟冷寂的黄雾。再往前，苍郁欲滴的浓碧铺在雨后的林里，铺在山头。烈阳闪着金光。更往前，到处闪动着火焰般的花的红影。中间点缀着亮的白天，暗的黑夜。在白天里，我们拼命填满了肚皮。在黑夜里，我们挺在床上咧开大嘴打呼。就这样，白天接着黑夜，黑夜接着白天；一明一暗地滚下去，像玉盘上的珍珠。……

于是越过一个界石。看上去，仍然看到白皑皑的雪，看到萧瑟冷寂的黄雾，看到苍郁欲滴的浓碧，看到火焰般的红影。仍然是连续的亮的白天，暗的黑夜——于是又越过了一个界石。于是又一个界石，一个界石，界石接着界石，没有完。亮的白天，暗的黑夜交织着。白雪、黄雾、浓碧、红影、混成一团。影子却渐渐地淡了下来。我们的记忆也被拖到辽远又辽远的雾蒙蒙的暗处里去了。我们再看到什么呢？更茫茫。然而，不新奇。

不新奇吗？却终究又有些新的花样了。仿佛是跨过第一个界石的时候——实在还早，仿佛是才踏上了世界的时候，我们眼前便障上了幕。我们看不清眼前的东西；只是摸索着走上去。随了白天的消失，暗夜的消失，这幕渐渐地一点一点地撤下去。但我们不觉得。我们觉得的时候，往往是在踏上了一个界石回头看的一刹那。一觉得，我们又慌了："会有这样的事情发生到我身上吗？"其实，当这事情正在发生的时候，我们还热烈地参加着，或表演着。现在一觉得，便大惊小怪起来。我们又肯定地信，不会有这样的事情发生到我们身上的。我们想，自己以前仿佛没曾打算有这样的事情发生。实在，打算又有什么用呢？事情早已给我们安排在幕后。只是幕不撤，我们看不到而已。而且又真没曾打算过。以后我们又证明给自己：的确发生过这样的事情了。于是，因了这惊，这怪，我们也似乎变得比以前更聪明些。"以后我要这样了，"我们想。真的，以后我们要这样了。然而，又走到一个界石，回头一看，我们又惊疑："怎么又会有这样的事情发生到我身上呢？"是的，真有过。"以后我要这样了，"我们又想。一个界石，就在这随时发现的新奇中过下去，一直到现在，我们眼前仍然是幕。这幕什么时候才撤净呢？我们苦恼着。但也因而得到了安慰了。一切事情，虽然都已经安排在幕后，有时我们也会蓦地想到几件。其中也不少缺少一想到就使我们流汗战栗喘息的事情。我们知道它们一定会发生，只是不知道什么时候而已。但现在回头看来，许多这样的事情，只在这幕的微启之下，便悠然地露了出来，我们也不知怎样竟闯了过来。回顾当时的流汗、战栗、喘息，早成残象，只在我们心的深处留下一点痕迹。不禁微笑浮上心头了。回首绵绵无尽的灰雾中，竟还有自己踏过的微白的足迹在，蜿蜒一条长长的路，一直通到现在的脚跟下。再一想踏这路时的心情，看这眼前的幕一点一点撤开时的或惊，或惧，或喜的心情，微笑更要浮上嘴角了。

这样，这条微白的长长的路就一直蜿蜒到脚跟。现在脚下踏着的又是一块新的界石了。不容我们迟疑，这条路又把我们引上前去。我们不能停下来；也不愿意停下来的。倘若抬头向前看的时候——又是一条微白的长长的路，伸展开去。又是一片灰蒙蒙的雾，这路就蜿蜒到雾里去。到哪里止呢？谁知道，我们只是走上前去。过去的，混沌迷茫，不知其所以然了。未来的，混沌迷茫，更不知其所以然了。但是我们时时刻刻都在向前走着，时时刻刻这条蜿蜒的长长的路向后缩了回去，又时时刻刻向前伸了出去，摆在我们面前。仍然再缩了回去，离我们渐远，渐远，窄了，更窄了。埋在茫茫的雾里。刚才看见的东西，一转眼，便随了这条路缩了回去，渐渐地不清楚，成云，成烟，埋在记忆里，又在记忆里消失了。只有在我们眼前的这一点短短的时间———分钟，不，还短；一秒钟，不，还短；短到说不出来，就算有那么一点时间罢；我们眼前有点亮；一抬眼，便可以看到桌子上摆着的花的漫长的枝条在风里袅动，看到架上排着的书，看到玻璃杯在静默里反射着清光，看到窗外枯树寒鸦的淡影，看到电灯罩的丝穗在轻微地散布着波纹，看到眼前的一切，都发亮。然而一转眼，这一切又缩了回去，渐渐地不清楚、成云，成烟，埋在记忆里，也在记忆里消失罢。等到第二次抬眼的时候，看到的一切已经同前次看到的不同了。我说，我们就只有那样短短的时间的一点亮。这条蜿蜒的长长的路伸展出去，这一点亮也跟着走。一直到我们不愿意，或者不能走了，我们眼前仍然只有那一点亮，带着糊涂走开。

当我们还在沿着这条路走的时候，虽然眼前只有那样一点亮，我们也只好跟着它走上去了。脚踏上一块新的界石的时候，固然常常引起我们回头去看；但是，我们仍要时时提醒自己：前面仍然有路。我前面不是说，我们又看到一条微白的长长的路引到雾里去吗？渺茫，自然；但不必气馁。譬如游山，走过了一段路之后，乘喘息未定的时候，回望来路，白云四合，当然很有意思的。倘再翘首前路，更有青霭流泛，不也增加游兴不少吗？而且，正因为渺茫，却更有味。当我翘首前望的时候，只看到雾海，茫茫一片，不辨山水云树。我们可以任意把想象加到上面。我们可以自己涂上粉红色，彩红色；任意制成各种的梦，各种的幻影，各种的蜃楼。制成以后，随便按上，无不适合。较之回头看时，只见残迹，只见过去的面影，趣味自然不同。这时，我们大概也要充满了欣慰与生力，怡然走上前去。倘若了如指掌，毫发都现。一眼便看到自己的坟墓。无所用其涂色；更无所用其蜃楼，只懒懒地抬起了沉重的腿脚，无可奈何地踱上去，不也大煞风景，生趣全丢吗？

然而，话又要说了回来。——虽然我们可以把未来涂上了彩色，制成了梦、幻影和蜃楼；一想到，蜿蜒到灰雾里去的长长的路，仍然不过是长长的路，同从雾里蜿蜒出来的并不会有多大差别；我们不禁又惘然了。我们知道，虽然说不定也有点变化，仍要看到同样的那一套。真的，我们也只有看到同样的那一套。微微有点不同的，就是次序倒了过来。——我们将先看到到处闪动着的花的红影；以后，再看到苍郁欲滴的浓碧；以后，又看到萧瑟冷寂的黄雾；以后，再看到白皑皑的雪凝在杈桠着刺着灰的天空的树枝上。中间点缀着的仍然是亮的白天，暗的黑夜。在白天里，我们填满了肚皮。在夜里，我们咧开大嘴打呼。照样地，白天接着黑夜，黑夜接着白天。于是到了一个界石，我们眼前仍然只有那短短的时间的一点亮。脚踏上这个界石的时候，说不定还要回过头来看到现在。现在早笼在灰雾里，埋在记忆里了。我们的心情大概不会同踏在现在的这块界石上回望以前有什么差别吧。看了微白的足迹从现在的脚下通到那时的脚下，微笑浮上心头呢？浮上嘴角呢？惘然呢？漠然呢？看了眼前的幕一点一点地撤去，惊呢？惧呢？喜呢？那就都不得而知了。

于是，通过了一块界石，又看上去，仍然是红影，浓碧，黄雾，白雪。亮的白天，暗的黑夜，一个推着一个，滚成一团，滚上去，像玉盘上的珍珠。终于我们看到些什么呢？灰蒙蒙；然而不新奇。但却又使我们战栗了。——在这微白的长长的路的终点，在雾的深处，谁也说不清是什么地方，有一个充满了威吓的黑洞，在向我们狞笑，那就是我们的归宿。障在我们眼前的幕，到底也不全撤去。我们眼前仍然只有当前一刹那的亮，带了一个大混沌，走进这个黑洞去。

走进这个黑洞去，其实也倒不坏，因为我们可以得到静息。但又不这样简单。中间经过几多花样，经过多长的路才能达到呢？谁知道。当我们还没达到以前，脚下又正在踏着一块界石的时候，我们命定的只能向前看，或向后看。向看后，灰蒙蒙，不新奇了。向前看，灰蒙蒙，更不新奇了。然而，我们可以做梦。再要问：我们要做什么样的梦呢？谁知道。——一切都交给命运去安排罢。

智慧窗

年是时光，是生命无形的坐标，有点像界石，又不像界石，是一种虚缈的精灵。我们用这虚缈的界石，来标定人生，来丈量我们的人生之路，那必然是虚无缥缈的结局。可是，我们又没有其他办法，我们不得不选择这个不确定的伴侣。

但我们并不因此否定人生，反而因其虚缥而增加无限可能，反而让我们的人生充满无穷的探索，可以按照自己的心灵去寻找我们人生轨迹，或者说可以随心去设计自己的独特人生。那么我们还有什么理由再悲观呢，我们应该感谢上苍，感谢这个虚缥的年。生命本说不清，生命因说不清而美丽。

(韩红兵)

阅览室

母亲的来信
◇克拉夫琴科

母亲来信了。

在初来城里的日子里，文卡总是焦急地等待着母亲的信，一收到信，便急不可待地拆开，贪婪地读着。半年以后，他已是没精打采地拆信了，脸上露出讥诮的冷笑——信中那老一套的内容，不消看他也早知道了。

母亲每周都寄来一封信，开头总是千篇一律："我亲爱的宝贝小文卡，早上（或晚上）好！这是妈妈在给你写信，向你亲切问好，带给你我最良好的祝愿，祝你健康幸福。我在这封短信里首先要告诉你的是，感谢上帝，我活着，身体也好，这也是你的愿望。我还急于告诉你：我日子过得挺好……"每封信的结尾也没什么区别："信快结束了，好儿子，我恳求你，我祈祷上帝，你别和坏人混在一起，别喝伏特加，要尊敬长者，好好保重自己。在这个世界上你是我唯一的亲人，要是你出了什么事，那我就肯定活不成了。信就写到这里。盼望你的回信，好儿子。吻你。你的妈妈。"

因此，文卡只读信的中间一段。一边读一边轻蔑地蹙起眉头，对妈妈的生活兴趣感到不可理解。尽写些鸡毛蒜皮，什么邻居的羊钻进了帕什卡·沃罗恩佐的园子里，把他的白菜全啃坏了；什么瓦莉卡·乌捷舍娃没有嫁给斯杰潘·罗什金，而嫁给了科利卡·扎米亚京；什么商店里终于运来了紧俏的小头巾，——这种头巾在这里，在城里，要多少有多少。

文卡把看过的信扔进床头柜，然后就忘得一干二净，直到收到下一封母亲泪痕斑斑的来信，其中照例是恳求他看在上帝的面上写封回信。

文卡把刚收到的信塞进衣兜，穿过下班后变得喧闹的宿舍走廊，走进自己的房间。

今天发了工资。小伙子们准备上街：忙着熨衬衫、长裤，打听谁要到哪儿去，跟谁有约会等等。

文卡故意慢吞吞地脱下衣服，洗了澡，换了衣。等同房间的人走光了以后，他锁上房门，坐到桌前。从口袋里摸出还是第一次领工资后买的记事本和圆珠笔，翻开一页空白纸，沉思起来……恰在一个钟头以前，他在回宿舍的路上遇见一位从家乡来的熟人。相互寒暄几句之后，那位老乡问了问文卡的工资和生活情况，便含着责备的意味摇着头说："你应该给母亲寄点钱去。冬天眼看就到了。家里得请人运木柴，又要劈，又要锯。你母亲只有她那一点点养老金……你是知道的。"

文卡自然是知道的。

他咬着嘴唇，在白纸上方的正中仔仔细细地写上了一个数字：126，然后由上到下画了一条垂直线，在左栏上方写上"支出"，右栏写上"数目"。他沉吟片刻，取过日历计算到预支还有多少天，然后在左栏写上：12，右栏写一个乘号和数字4，得出总数为48。接下去就写得快多了：还债——10，买裤子——30，储蓄——20，电影、跳舞等——4天，1天2卢布——8，剩余——10卢布。

文卡哼了一声。10卢布，给母亲寄去这么个数是很不象话的。村里人准会笑话。他摸了摸下巴，毅然划掉"剩余"二字，改为"零用"，心中叨咕着："等下次领到预支工资再寄吧。"

他放下圆珠笔，把记事本揣进口袋里，伸了个懒腰，想起了母亲的来信。他打着哈欠看了看表，掏出信封，拆开，抽出信纸，当他展开信纸的时候，一张三卢布的纸币轻轻飘落在他的膝上……

智慧窗

如果这个世界存在永恒的爱恋，那就是亲情。

如果这个世界存在不计私利的奉献者，那就是双亲。

在对待父母、亲情的问题上，我们扪心自问，或多或少都是言多于行的。在自己繁忙的工作和生活中，我们常常将惦念他们的心掩埋或淡忘。面对父母一笔一笔写得工工整整的字迹和叠得妥妥帖帖的信纸，我们的厌倦总是决于幸福感的。

缺少刺激和新鲜感的爱，太容易让我们疲劳；但是，也只有这种恒久的爱能在我们疲劳时给予最可靠的依偎。真水无香，大爱无言。

（杨书）

瞬息与永恒的舞蹈

◇张抗抗

年复一年，那盆昙花养了整整六年，仍是一点动静也没有。心里早已断了盼它开花的念想，饥一餐饱一顿的，任其自生自灭。

六年后一个夏天的傍晚，我第三次走上阳台时，顺手又去给冬青浇水，然后弯下腰为冬青摘下了一片黄叶。我这样做的时候，忽然有一团鹅黄色的"绒球"，从冬青根部的墙角边"钻"出来，闪入我的视线。我几乎被那团鸡蛋大小的绒球吓了一大跳：那不是绒球，而是一枝花苞——昙花的花苞，千真万确。

我轻轻地将花盆移出墙角，慌慌张张又小心翼翼地把它搬到了房间里。

昙花入室，大概是下午六点左右。它就放在房间中央的茶几上，我每隔几分钟便回头望它一眼，每次看它，我都觉得那个花苞似乎正在一点点膨胀起来，原先绷紧的外层苞衣变得柔和而润泽，像一位初登舞台的少女，正在缓缓地抖开"她"的衫裙。昙花是真的要开了吗？也许那只是一种期待和错觉，但我又分明听见了从花苞深处传来的极轻微又极空灵的窸窣声，像一场盛会前柔曼的前奏曲，弥漫在黄昏的空气里……

天色一点点暗下来。那一支鹅黄色的花苞渐渐变得明亮，是那种晶莹而透明的白色，白色越来越纯然，像一片雨后的浓云，在眼前伫立不去。晚七点钟的时候，它忽然战栗了一下，战栗得那么强烈，以至于整盆花树都震动起来。就在那个瞬间里，闭合的花苞无声地裂开了一个圆形的缺口，喷吐出一股浓郁的香气，四散溅溢。它的花蕊是金黄色的，沾满了细密的颗粒，每一粒花粉都在传递着温馨呢喃的低语。那橄榄形的花苞渐渐变得蓬松而圆融，原先紧紧裹挟着花瓣的丝丝淡黄色的针状须茎，如同刺猬的毛发一根根耸立起来，然后慢慢向后仰去。在昙花整个开放的过程中，它们就像一把白色小伞的一根根精巧刚劲的伞骨，用尽了千百个日夜积蓄的力量，牵引着，支撑着那把小伞渐渐地舒张开来……

现在它终于完完全全地绽开了。像一朵硕大的舌状白菊，又像一朵冰清玉洁的雪莲；不，应该说它更像一位美妙绝伦的白衣少女，赤着脚从云中翩然而至。从音乐奏响的那一刻起，"她"便欣喜地抖开了素洁的衣裙，开始那一场舒缓而幽雅的舞蹈。"她"知道这是自己一生中唯一的一次，也是最后一次公开演出，自然之神给予"她"的时间太少，"她"的公演必须在严格的时限中一次完成，"她"没有机会失误，更不允许失败。于是"她"虽初次登台，却是每一个动作都娴熟完美，昙花于千年岁月中修炼的道行，已给"她"注入了一个优秀舞者的遗传基因。然而由于生命之短促，使得她婀娜轻柔的舞姿带有一种动人心魄的凄美。花瓣背后那金色的须毛，像华丽的流苏一般，从"她"白色的裙边四周纷纷垂落下来……

那时是晚九点多钟，这一场动人心弦的舞蹈，持续了将近两个小时。"她"一边舞着，一边将自己身体内多年存储的精华，慷慨地挥洒，耗散殆尽，就像是一位从容不迫地走向刑场的侠女。盛开的昙花就那么静静地悬在枝头，像一帧被定格的胶片。但昙花的舞蹈并未就此结束。

那个奇妙的夏夜，白衣少女以"她"那骄傲而忧伤的姿态，默默等待着死亡的临近。在我见过的奇花异草之中，似乎没有一种鲜花，是以这样的方式告别的。那个瞬间，我比亲眼见到它开花的那一刻，更是惊讶得无言以对——

"她"忽然又颤动了一下，张开的手臂，渐渐向心口合抱；"她"用修长的指尖梳理着金发般的须毛，又将白色的裙衫一片片收拢；然后垂下"她"白皙的脖颈，向泥土缓缓地匍匐下去。

"她"平静而庄严地做完这全套动作，大约用了三个小时——那是舞蹈的尾声中最后复位的表演。昙花的开放是舞蹈，闭合自然也是舞蹈。片片花瓣根根须毛都一丝不苟。"她"用轻盈舒缓的舞姿最后一次阐释艺术和生命的真谛。如果死亡不可抗拒，为什么不能让死亡变得美丽？如果死亡不可避免，为什么不能让死亡变得神圣？"她"定是为自己选择了安乐死那种没有痛苦的死亡方式，所以在最后的限期到来之前，"她"来得及为自己更衣梳洗，用端庄而整洁的仪态，微笑着迎接死亡；"她"由于珍惜生命而加倍地珍惜死亡，赋予永别以再生的意味。"她"不会像那些落英缤纷的花树，将花瓣的残骸凄凉地抛洒一地；"她"要在入殓前将自己的容颜复归原状，一如生前的娇媚和高贵……

智慧窗

有谁能够坦然面对死亡，有谁能够为死亡积攒一个惊心动魄的巨大力量，有谁能够把人生的最高峰安排在死亡前夕来演绎一段绝世舞蹈、华美乐章？选取这样的人生告别方式，注定让它的生命卓立于众生之中，这就是昙花的生命。

我们总是以昙花一现来惋惜生命中的美好，其实昙花自己因珍惜生命而加倍地珍惜死亡，它以它高贵的方式来进行生命告别。这总让我们想起同样高贵的牡丹——没有花谢花败之时，要么烁于枝头，要么归于泥土，它跨越萎顿和衰老，由青春而死亡，由美丽而消遁。

(韩红兵)

阅览室

季节深处

◇孙继泉

我拉开抽屉的时候，蝉静静地伏在那里，已经没有一丝躁性，我小心地把它捏起，它的翅膀扇动几下，发出低而短的叫声。这是一只昏头昏脑的蝉，一只迷失家园的蝉，它从后窗飞进来的时候，就不停地在我的书房里乱撞，叫，我半是出于爱怜，半是出于厌烦，把它放进抽屉里，在抽屉里它还是叫，我的书桌变成了一只八音盒。

在这之前，已经有一只蝉从后窗进来，如今，它已经风干成标本，放在我的书橱里。

我把这只蝉放在窗台上，我想让它吹吹风，恢复一下力气。

一里以外，是一片杂树林子，杨树、槐树、柏树、樗树、桃树、梧桐……在围墙根部，还有几棵桑，已有碗口粗细，这个时候正结了一树红红的桑葚，被鸟吃掉一些，自己落掉一些。桑一般没有人专门栽它，它长得很慢，能栽树的地方都栽上了成材快的树，桑都是自己出的。在乡下，你随便将谁家的一棵幼小的桑树折断，用它抽驴打牛，没人和你计较。许多日子过去，桑在某个角落悄悄长得粗大，别人就不能去动了，桑质轻、韧，做扁担的好材料哩。

这片林子里有多少蝉，没有人能说得清，夏日的正午，你走进林子，随意晃动哪一棵树，都会惊飞十几只或者几十只蝉，它们四散奔逃，有的遗下一泡尿来，躲不及就会浇在脸上。一次我猛地踩了一棵杨树，蝉们四处逃窜，我只数下了往东往北两个方向飞去的蝉，共 13 只。

林子后面就是岗山。山脚下，是勤快的人开出的一方方荒地，种着花生和地瓜，地瓜已拖了很长的秧，秧的根部是深绿色，梢部是浅绿色。昨夜下了一场雨，我想那段浅绿色的半尺长的秧子肯定是一个雨夜生长的。往上，有石砌的盘山路，凹处生满了野草。路沿石上贴着几棵蒺藜，几日前，还顶着一朵朵黄色的小花，如今却已结实，用手摸一摸它棱状的果实，硬硬地有些扎手。一块卧在那里的巨石，中间裂了一道直直的纹，像是用剑劈的。就在这条纹缝里，生出一溜小草，密密地像是要把分成两块的石头缝合。谁拔下的一把草放在石头上，草上的泥土被雨水冲掉，散着白色的根须，它们的梢子却微微翘起，试图慢慢站立起来。路两边及至更远的地方，便是满目景芝了，景芝正开了紫白色的碎花，有不少被雨水打落，洒了一地落英。还有拉拉秧，将没有生长植物的地方填满……其实拉拉秧山上并不是很多。平地上多。你到田野里看一看，路边、沟边、河边，甚至河道里所有没有水的地方，拉拉秧一丛一丛，将所有的裸土覆住，那才壮观。拉拉秧可以说是夏天最野性最霸气的一种植物，如果不是人们一丝不苟地盯着，在这块地里种玉米，让那块地里长芝麻，恐怕整个平原就都长了拉拉秧了。

蝉一天都没叫，也没飞，甚至没有走离它原来的地方。我把它放在纱窗上，想让它在纱窗的小方格上走一走，一松手，却啪地掉下来。这可能是一只老年的蝉，它已经没有活动的力量。我后悔，没有将它放出去。据说一只蝉要在地下生长四年才拱出地面，在地上只能生长 18 天。18 天，一寸光阴一寸金。这只误飞进来的蝉，可能比在树林中要少活一天，一天，对它来说是多么宝贵。不过，它如果在树林里，也可能早被一只饥饿的鸟啄去，成为鸟的果腹之物，也许不少蝉都不能够安全地度过 18 天。

下午四五点钟，蝉开始活动了。我注意到它先是把两只前足蜷起来，两只后足伸长，蹬直，它的尾便慢慢地翘起来，翘得接近直角，又无力地落下来。这样反复了十余次。后来我明白过来，它是想翻一个身。这是一只将死的蝉。你注意过蝉尸吗？地面上一只只死掉的蝉，都是六足朝上，安静地躺着，这大约是它临死的最佳状态。蝉将它自己的身体翻转过来，使用的可能是它最后的仅有的力气。我的这个用高密度板铺成的光滑的窗台不利于它完成这个动作。如果在泥地上就好了，它可以借助于一个坎儿，可是这里不行，它得花大力气。我把一根铅笔放在它跟前，看它能不能用上，它没有去凑近铅笔，它的眼睛可能失明了。我索性把它捏起来，倒放在地上，它微微地扇动着翅膀，明显地感觉不舒服，我又把它翻过来。

七点，我去看蝉，蝉一动不动，它死了。它最终都没有翻过身去，它在痛苦中死去。太阳还很高，从后窗照进来，照不到伏在前窗窗台上的蝉。

代表夏天的东西有多少？蝉、蛙、草、树、雨。缺一样，都不是一个完整的夏天。它们是夏天的旗。在一个夏天里将出生多少只蝉，多少只蛙，多少株草，一棵树会生出多少枝丫，一场雨会催发多少生命，无法计数。但，缺一株草，大地将缺少一抹嫩绿，缺一场雨，空气中就缺少些许湿润，缺一腔蝉鸣，夏日的混响都不够浓烈……一只蛙的夭折就会使一个夏天出现残缺，每死掉一只蝉，夏天都背向我们迈出一步。

夏天，你到林子里去，树木旺长，草茂密，可是，你蹲下身来，地下，不少昆虫已悄然谢世，它们翅膀上的花纹还那么美丽。一棵好端端的树，不久前还是那么蓬蓬勃勃，如今却陡然枯掉一个枝杈。大约这个枝杈的生发原本是一个错误，或者这个枝杈所指的方向在拒绝这棵树。还有的整棵死去，你看不出它死掉的原因。一个活得好好的人面对一棵站着死去的树，总会心生感伤。

整个田野都是这样。掀开几个阔大的叶片，你可能会惊喜地发现一串果实，但是，在你歇息的地头上，却散乱着一堆白花花的鸟或兽的骨骸，它们的皮肉被强者吃掉，或者烂进泥里。一条穿越玉米地的柏油路上，一条蛇被车轮轧扁，它的花纹鲜亮清晰。河湾里，几座新坟堆起，插在坟上的纸花被急雨冲洗得褪掉了颜色。不久前，如今埋在坟中的人还肩扛一把铁锨，从这里走来走去，心里想着一些美好的事情，或者，哼着一首曲子。等到秋天庄稼收割，坟丘暴露，它上面的青草已经能够供野兔藏身，新坟变作旧坟。有些东西在亢奋的季节里猝然死去。有些东西在冬天茫茫大雪的覆盖下静静地生长。这些事情像大地的秘密，完成在季节深处。

智慧窗

　　季节深处，是生命的永不停息，是一片旺盛的生命力，尤其是夏节。但这只是外表，当你走近去，你仔细地观察，才会发现，整个田野是大量的死亡。所以只有走进季节深处，我们才真正认清天地万物的运行，我们才会反观人类自己。

　　我们一定惊叹于一个埋藏地下四年的生命换来的只是18天的短暂，我们一定感叹一个完整的夏季是一样都不能缺少的，这正是我们应该向自然学习的地方，天人合一、和谐自然，这才是人类需要追求的明天。只有把人当作生命放入自然，我们才能理解自然。

（韩红兵）

阅览室

静观其变，张弛有度
◇李　青

　　穿梭于季节的客车，生命的流程倏忽不定，我们须"不畏浮云遮望眼""毕竟西湖六月中，风光不与四时同"。世间的旖旎风光瞬息万变，有的需要我们缓步行走，细细品尝；有的则需要我们泰然处之，疾行而过。

前者呼唤一颗懂得细细品尝的心，后者则呼唤一颗不为眼前风光所羁绊而止步不前反倒在疾风中追寻遥远梦想的心。

于是乎，我们在只身穿越这些华丽的风景时，须学会静观其变，并做到张弛有度。

我们曾经因为已成蹉跎的时光而后悔万分，打点好行囊，整装待发，心里誓创美好的未来，以慰藉和弥补过去的失落与空虚。终于有一天，我们真的做到了，能够在细雨微风中享受惬意，在浓香淡茗中品读生活。然而却有人继续无日无夜地忙碌着，快步行走着，没有停下匆匆前行的步伐，给自己一份闲暇，去细究眼前自己创造的极美景色。

我们曾经因为目色迷离的现状而停滞不前，收拾好心情，驻足凝望，心里充满着豪迈与自满，借此逃避惨淡和不愿面对的挫折。终于有一天，我们可以超脱了，能够脱离现状去追寻未来，能够不用华而不实的表态欺骗自己。然而却有人继续永无止境地沉溺着，慢拍缓行着，没有挥别停滞不前的沉醉，没有给自己一份理性，去憧憬自己未来的方向和前途。

风云变幻，日月流转。在永恒的变化中，有些人落伍了。他们不懂得欣赏，不懂得生活，却继续辛劳，继续失望。

若静观其变，花上几分钟，小舟轻摇、林间徜徉或驻足欣赏，过往云烟会恰如炊烟袅袅升起，心中的失落与空虚亦化解得开。

若静观其变，放下一份情，拨云见日、拂去华妆或驰骋飞翔，现实之美不再值得驻足，前方的希望和心中的企盼熠熠生辉。

屠格涅夫说，幸福没有昨天，没有未来，不迷恋过去，不满足现状。幸福要靠我们在轮回变化中静观其变，张弛有度地把握。

没有永远不逝去的光芒，没有永远不褪色的辉煌。这就像一个人，像一部人生童话，需要有静观其变的耐心，需要从容放弃的潇洒，洞察世相，方能缔造奇迹。

尽管流程倏忽，命运难测，带着这份理性和度量，继续穿梭，继续欣赏季节的更迭之美。

智慧窗

只有静观才能品尝人生的百味，张弛间方显人生之豪迈。

有时候，一个小小的改变，就能让我们的生活进入一个意想不到的境地，或走投无路，或海阔天空。我们无法预知人生中那数不清的转折点，但是我们可以用积极的态度来面对每一次风雨的挑战。

（刘俞江）